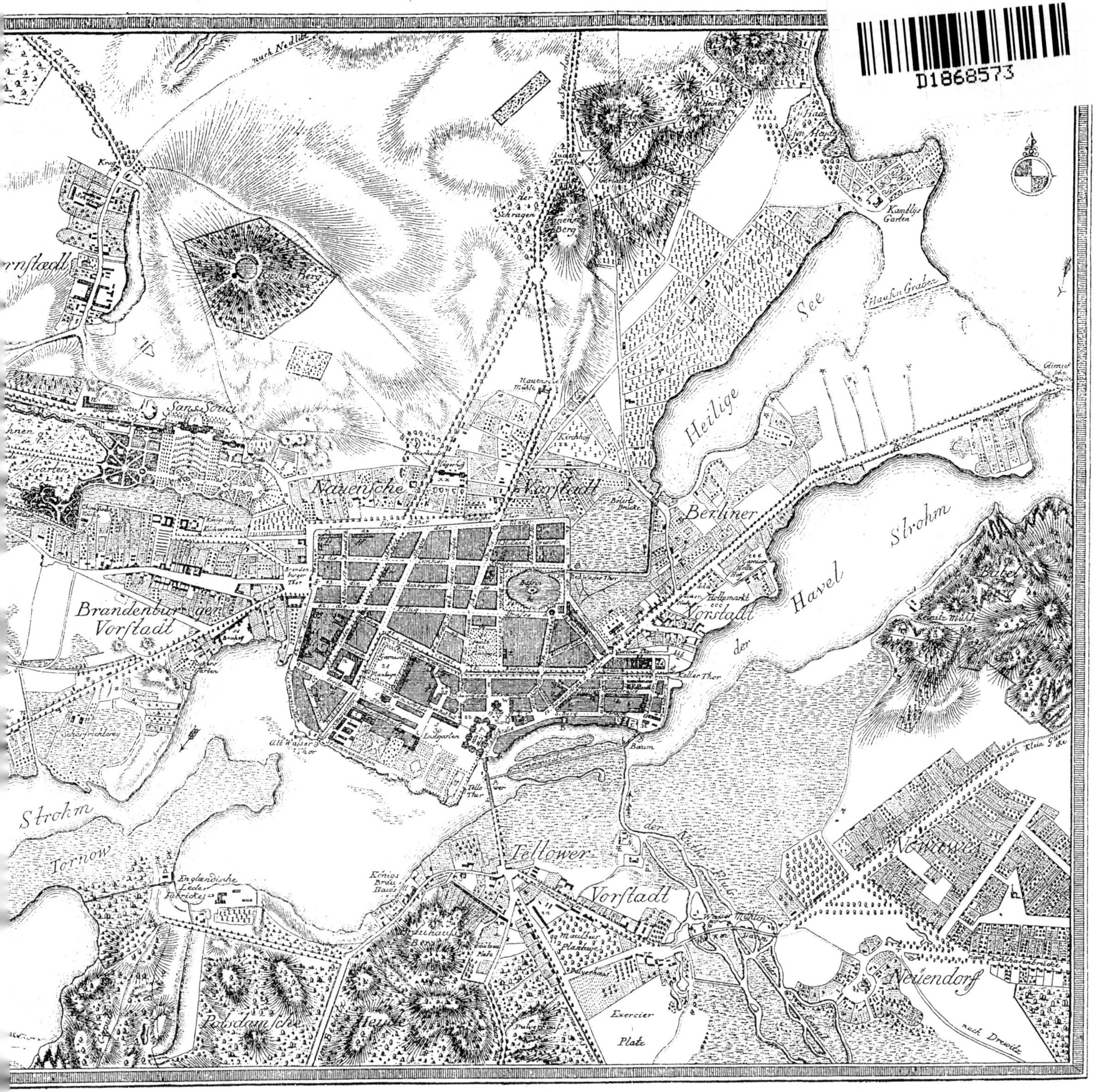

Sans Souci
Nauensche Vorstadt
Brandenburger Vorstadt
Berliner Vorstadt
Heilige See
der Havel Strohm
Strohm
Tornow
Tellower Vorstadt
Nowawes
Neüendorf
Potsdamsche Heide
Exercier Platz
Englændische Leder Fabricke
Königs Brau Haus
Kamblys Garten
Hausen Graben
Nauensche Mühle
Kirchhoff
Brandenburger Thor
Keller Thor
Baum
Alt Wasser Thor
Tello Thor
Lustgarten
Scharfrichterey
Schragen
Maulbeer Plantage
nach Drewitz
nach Spandau
nach Nedlitz

Bauer
Knitter
Ruppert

Vernichtet · Vergessen
Verdrängt

»... Ich erkläre und beteure der Welt und der Nachwelt: daß ich die warnenden Begebenheiten alter und neuer Zeit, die weisen Lehren ganzer Jahrhunderte, die edlen Beispiele berühmter Völker, nicht im Taumel der Angst unserer Tage vergesse und die Weltgeschichte hingebe für das Blatt einer lügenhaften Zeitung...«

Carl von Clausewitz
(Bekenntisdenkschrift, 1812)

Frank Bauer · Hartmut Knitter · Heinz Ruppert

Vernichtet · Vergessen Verdrängt

Militärbauten und militärische Denkmäler in Potsdam

Seit 1789

Verlag E. S. Mittler & Sohn · Berlin · Bonn · Herford

Bildnachweis

Foto-Sammlung Potsdam-Museum: Seiten 11, 15, 26, 27, 33, 37, 39, 40, 46, 51, 52, 53, 64, 65, 66, 69, 74, 76, 78, 79, 84, 85, 91, 93, 95, 99, 101, 102, 103, 104, 105, 110, 134, 137, 138, 139, 141, 142, 146, 147, 149, 151, 153, 154, 155, 156, 157, 158, 159, 160, 163, 164, 170, 174, 175, 176, 177, 178, 179, 180, 181
Manfred Paul Schulze: Seiten 99, 100
Frank Bauer: Seiten 94, 152, 165
Heinz Ruppert: Seiten 24, 25, 28, 29, 30, 35, 44, 45, 47, 48, 50, 54, 57, 60, 62, 63, 76, 97, 121, 122, 123, 124, 125, 126, 127, 128, 129, 130, 132, 161, 172
Erik Bauer: Karte und Skizze auf den Seiten 45 und 140

Die Vorsätze und die Kartenskizzen auf den Seiten 23, 32, 34, 36, 42, 49, 56, 58, 59, 61, 67, 68, 72, 77, 80, 83, 96, 106, 108 und 109 sind dem 1900 beim Verlag E. S. Mittler & Sohn in Berlin erschienenen Buch »Garnisonsbeschreibungen vom Standpunkt der Gesundheitspflege aus aufgestellt; Bd. 6: Potsdam« entnommen.

Schutzumschlag: Die Vorderseite zeigt das Gebäude der Kommandantur (siehe Seite 84) sowie das Denkmal des Generals Friedrich Wilhelm von Steuben (siehe Seite 181).
Auf der Rückseite sind vier Gutscheine der Notgeldserie der Stadt Potsdam von 1921 abgebildet. Die Motive zeigen Angehörige von in Potsdam stationierten Truppenteilen.
Die Schutzumschlagabbildungen stammen aus der Foto-Sammlung des Potsdam-Museums.

Die Deutsche Bibliothek – CIP-Einheitsaufnahme
Bauer, Frank
Vernichtet, vergessen, verdrängt: Militärbauten und militärische Denkmäler in Potsdam
Frank Bauer; Hartmut Knitter; Heinz Ruppert.
Berlin, Bonn, Herford: Mittler, 1993
ISBN 3-8132-0413-8
NE: Knitter, Hartmut:; Ruppert, Heinz:

ISBN 3 8132 0413 8; Warengruppe 45

Umschlaggestaltung: T. Flexen, Hamburg, unter Verwendung der im Bildnachweis genannten Abbildungen
Produktion: Robert Johannes
Gesamtherstellung: Hans Kock Buch- und Offsetdruck GmbH, Bielefeld
Printed in Germany

Inhaltsverzeichnis

I Vorwort

Vor über 150 Jahren prägte Leopold von Ranke, der Begründer der deutschen Geschichtswissenschaft den Satz, daß die Geschichte eines jeden Volkes unteilbar ist. Vergangenheit, Gegenwart und Zukunft bilden ein unteilbares Ganzes. Niemand, so Leopold von Ranke, könne sich der Mitverantwortung für die Vergangenheit entziehen. Niemand könne aus der Gegenwart aussteigen und niemand könne seine Verantwortung für die Zukunft leugnen.

Auch wenn heute vielfach der Versuch unternommen wird, den Inhalt dieser Gedanken zu negieren, indem man sich schon wieder diejenigen Rosinen aus der Geschichte herausklaubt, die man glaubt als alleinige geschichtliche Wahrheit und als allein bewahrenswert verkaufen zu müssen, soll mit dieser Publikation den Rankschen Gedanken gefolgt werden.

Mit dem Buch über die Militärbauten und die militärischen Denkmäler der Stadt Potsdam wenden wir uns ganz bewußt einer Thematik zu, die gerade im tausendsten Jahr des Bestehens der Stadt stiefmütterlich oder gar nicht behandelt wird, obwohl sie für die Stadtentwicklung die entscheidenden Impulse gesetzt hat und das städtische Leben über Jahrhunderte dominierte — ihre Vergangenheit als Soldaten- und Garnisonstadt.

In der Fülle der Potsdamliteratur ist bis auf wenige Ausnahmen dieser Problematik kaum Raum gewidmet. Beinahe ängstlich versuchen Magistrat und Landesregierung das Thema Militär möglichst wenig zu erwähnen bzw. negieren es ganz. Sie folgen damit allerdings nur dem allgemeinen und als besonders progressiv geltenden Trend in unserem Vaterland — auch dieser Begriff ist ja in den Augen Vieler, seltsamerweise fast nur bei den Deutschen, anstößig geworden.

Trotzdem die Bundeswehr unbestritten (?!) ein anerkannt notwendiger Bestandteil unserer rechtsstaatlichen Grundordnung ist, setzte gerade in jüngster Vergangenheit eine neue Diffamierungswelle gegenüber den deutschen Soldaten ein. Vorläufiger Gipfel dieser Entwicklung ist, daß Soldaten als »potentielle Mörder« verunglimpft werden dürfen. Wo blieb hier der offizielle und unmittelbare Protest von Politikern und Parteien? Wie steht es doch so schön in unserem Grundgesetz im Artikel 1: »Die Würde des Menschen ist unantastbar, sie zu achten und zu schützen Verpflichtung aller staatlichen Gewalt.« Sind unsere Soldaten keine Menschen, deren Würde es zu schützen gilt?

Die Soldaten der Bundeswehr als Träger der Verteidigung für Frieden, Freiheit und Recht gilt es in Schutz zu nehmen. Jeder Soldat ist und bleibt ein Verteidiger des Friedens bis zu jener Zeit, da die Menschheit ein Konzept für den ewigen Frieden gefunden hat. Aber nach diesem Konzept sucht sie seit Tausenden von Jahren. Weder die Philosophen der Antike noch des modernen Zeitalters, weder die Entwicklung eines allgemeinen Völkerrechts noch die christliche Lehre oder die anderen Religionen, weder Völkerbund noch UNO haben Kriege, wo auch immer auf diesem Planeten, verhindern können. Die Gegenwart erinnert nur zu schmerzhaft an diese Tatsache.

»Si vis pacem, para bellum« — »wenn Du den Frieden erhalten willst, mache dich so stark, daß der andere davon absieht, dich anzugreifen, weil sein Risiko zu groß wird« —, dieser alte (oftmals verkürzt interpretierte) römische Satz gilt leider noch immer. Also brauchen wir Soldaten als Verteidiger unseres Landes und als Friedenshüter. Für eine bewaffnete Macht bedarf es wohl dazu nicht eines Feindbildes. Dafür steht einfach das Notwehrrecht. Jedes Volk hat das Recht, einen gegenwärtigen rechtswidrigen Angriff abzuwehren. Darin besteht der Sinn des Soldatseins, nicht im Feindbild, sondern zur Ausübung dieses Notwehrrechts, wenn die Souveränität des Staates und des Volkes angegriffen wird.

Zum Soldatsein gehört auch die Tradition. Aus der Tradition von 1813 ist uns das von Schinkel entworfene Eiserne Kreuz überkommen als Teil freiheitlicher Gesinnung und christlicher Gesittung. Auch bei der Bundeswehr blieb es als Symbol der neuen demokratischen Streitkräfte erhalten.

Zu den bewahrenswerten Symbolen der soldatischen Tradition gehören auch die militärischen Bauten und Denkmäler — und das nicht nur aus denkmalpflegerischen Gründen. Mit diesem Buch soll dem Besucher und Bewohner Potsdams die Möglichkeit geboten werden, sich über dieses Thema zu informieren und anhand des noch Vorhandenen in Augenschein zu nehmen.

Wir sind uns bewußt, daß wir mit diesem Thema in einer das Wort Toleranz so oft gebrauchenden Gesellschaft, daß dieses schon zum bloßen Schlagwort verkommen ist, diese vielleicht bei einigen Vertretern einer geschichtslosen Denkungsart nicht finden werden. Aber sei es drum! Was prägte doch Jean Jaurés, der große französische Philosoph und Sozialist für einen bemerkens- und überdenkenswerten Satz: »Tradition heißt nicht, Asche aufzubewahren, sondern eine Flamme am Leben zu erhalten.«

Die Geschichte der Soldaten aller Nationen ist ebenso unteilbar verbunden mit der Geschichte des jeweiligen Staates und Volkes, sie bleibt komplex mit allen ihren Höhen und Tiefen. Man kann sie nicht dadurch eliminieren, indem man sie totschweigt — oder fast noch schlimmer — besserwisserisch beurteilt und verurteilt oder zurechtbiegt.

Potsdam als Synonym für die Garnisonstadt par exellence in Preußen und Deutschland verfügt auch in ihrem gegenwärtigen Stadtbild trotz der zahlreichen Zerstörungen vom April 1945 und die nach 1945 diese fortsetzenden »Aktivitäten« einer sozialistisch-kommunistischen Geschichtsbewältigung noch über zahlreiche steinerne Zeugen und Zeugnisse ihrer militärischen Vergangenheit. Diesen Objekten und der Geschichte der damit verbundenen unzähligen Soldaten ist dieses Buch gewidmet. Wir wollen damit einen Aspekt der Stadtgeschichte, der immer mehr in Vergessenheit gerät — bewußt und unbewußt —, etwas aufarbeiten, der für die Entwicklung der Stadt von eminenter Bedeutung war.

In den in Potsdam beheimatet gewesenen militärischen Formationen haben ...zig Soldatengenerationen ihre Ausbildung erhalten und Dienst getan. Zahllose Familien in ganz Deutschland haben in ihrer Familiengeschichte Angehörige, die über einen kürzeren oder längeren Zeitraum mit der Garnisonstadt Potsdam zu tun hatten. Unzählige Erinnerungen positiver und sicherlich auch negativer Art sind damit verbunden, manifestiert in Fotos, Briefen und zahlreichen Erinnerungsstücken, die wohl auch heute noch Gegenstand von Gesprächen und Erörterungen sind.

Wir wollen mit den Militärbauten, die wir in diesem Buch vorstellen, nicht nur das Bauwerk an sich behandeln, sondern auch etwas von der Geschichte derjenigen militärischen Formationen vermitteln, die diese Gebäude bezogen hatten und in ihnen lebten.

Die Fülle der noch vorhandenen bzw. vorhanden gewesenen militärischen Bauten und Anlagen sowie Denkmäler zwingt uns dazu, dies in sehr unterschiedlichem Umfang zu tun. Dabei soll dieser z.T. gravierende Unterschied aber keine Wertung darstellen. Erstens würde bei weitem der Rahmen der Publikation gesprengt, und zweitens ist einfach unser momentaner Wissensstand zu den einzelnen Objekten sehr unterschiedlich. In einigen Fällen ist somit die Darstellung relativ ausführlich, in anderen beschränkt sie sich auf nur wenige Daten und Fakten. Aber gerade letzteres hoffen wir mit Hilfe dieses Buches verändern zu können, weil jeder Leser aufgerufen ist, uns Ergänzungen und Berichtigungen mitzuteilen und uns dafür eventuell vorhandenes Material zur Verfügung zu stellen. So kann dann sicherlich manche Lücke ausgefüllt werden.

Die Fülle des vorhandenen Bildmaterials sowie von Skizzen und Karten zwang uns gleichfalls zur Beschränkung, so daß z.B. nicht bei allen Formationen und ihren Bauten gleichmäßig auf alle durchaus möglichen Aspekte einer Illustration eingegangen werden konnte. Vielleicht gelingt dies in einer etwa noch zu erarbeitenden Garnisongeschichte Potsdams bzw. in Publikationen zu einzelnen Formationen besser. Wir haben vor allem Wert auf Lagepläne gelegt, um hiermit auch ausführliche Erläuterungen im Text einsparen zu können und gleichzeitig dem Leser eine rasche Orientierung zu ermöglichen.

Bei den Denkmalen kam es natürlich auf wenigstens ein Bild an, da ja fast keines erhalten blieb. Gleichzeitig sollen die Denkmalstandorte daran erinnern — die ja fast immer schön gestaltete Anlagen waren —, welch ein Verlust an zusätzlichem Grün der Stadt durch ihr Verschwinden entstanden ist.

Über den bau- und architekturgeschichtlichen Wert vieler ursprünglicher Militärbauten zu schwärmen, kann durchaus kein Fehler sein, um Aufmerksamkeit zu erregen, denn auch hier hat der Zahn der Zeit an vielen Objekten genagt. Vielleicht kann auch das Buch auf diesem Sektor dazu anregen, das eine oder andere Gebäude bzw. Denkmal zu restaurieren bzw. wiedererstehen zu lassen. Erste Anfänge hat die Bundeswehr z.B. mit der Kaserne der Leib-Garde-Husaren gemacht.

Möge mit diesem Buch ein bescheidener Beitrag zum 1000jährigen Jubiläum unserer Stadt geleistet sein. Welchen Nutzen und welche Anregung der Einzelne daraus zu ziehen mag, wer weiß?

»Die Zeit ist euer; was sie sein wird, wird sie durch euch sein!«

Carl von Clausewitz (1812)

Potsdam, im Sommer 1993 — Die Autoren

II Bemerkungen zur Entwicklung der Garnison Potsdam

Der Nachfolger des Großen Kurfürsten, Kurfürst Friedrich III., als König Friedrich I. (1688–1713), legte die Friedrichsstadt an, verschönerte das Stadtschloß (in erster Linie durch das im Jahre 1701 vollendete Fortuna-Portal) und erbaute eine Landstraße über Nowawes nach Zehlendorf und Berlin, den »Alten Königsweg«. Der Lustgarten wurde wesentlich vergrößert und an der Havel ein Hafenbecken angelegt, dessen Reste den Neptunsteich bildeten, wo eine glänzend ausgestattete, in Holland erbaute Lustyacht ankerte. 1717 wurde diese Yacht gegen 150 russische Riesen und das Versprechen, alljährlich weitere 100 für die Potsdamer Garde geeignete Leute stellen zu wollen, an Peter den Großen abgegeben.

Die Neigung Friedrich Wilhelms I. (1713 bis 1740), fast immer das militärische Nützlichkeitsprinzip walten zu lassen, war gerade für Potsdam von schwerwiegendster Bedeutung. Seit jener Zeit wurde dem Ort der Stempel der Soldatenstadt aufgeprägt, deren Charakter ihm trotz seiner herrlichen Umgebung und des reichen Schmuckes, mit welchem die nachfogenden Könige Potsdam ausstatteten, bis 1945 erhalten geblieben ist.
Die Wasserkünste des Lustgartens und die Gartenanlagen an der Süd- und Westseite des Schlosses verschwanden; der gewonnene Platz wurde zum Exerzierplatz, das Orangeriehaus in einen Reitstall verwandelt. Das Jagdschloß Glienicke fand als Lazarett für kranke Soldaten Verwendung, und der jenseits der Havel, dem Stadtschloß gegenüberliegende Weinberg wurde zur Anlage eines Königlichen Brauhauses benutzt.
Erst mit der Regierung Friedrich Wilhelms I. fing die eigentliche Blütezeit Potsdams an. Begünstigt durch den fast dauernden Aufenthalt des Königs am Orte, hat die Stadt unter Friedrich Wilhelms I. Fürsorge einen wesentlichen Aufschwung genommen und eine erhebliche Vergrößerung erfahren.
Die Riesengarde des Königs wurde nach Potsdam gelegt. Als es den Bürgern an Betten von geeigneter Größe fehlte, mußte die Kur- und Neumark 10.000 Thaler »Potsdamer Bettgelder« aufbringen. Dem Platzmangel wurde durch Vergrößerungen des Stadtgebietes und Erbauung zahlreicher Bürgerhäuser mit entsprechenden Soldatenstuben abgeholfen.
Die Grenze der ersten Erweiterung der Stadt (1717 bis 1722) entsprach der Südseite des Bassins und dem Zuge der Charlottenstraße (damals Pflugstraße). Auf ihr wurde eine Mauer errichtet, welche den Kiez und die Friedrichstadt mit einschloß. In der Charlottenstraße entstanden das Nauener und das Jägertor nebst ihren Wachthäusern. Von diesen Torgebäuden ist die »Hauptwache« an der Ecke der Linden- und Charlottenstraße noch heute vorhanden. Der »Faule See« wurde durch Zuschüttungen bis auf das Gebiet des jetzigen Platzes der Einheit (Wilhelmplatz) verkleinert und bebaut. Die Befestigung des Baugrundes verursachte große Schwierigkeiten und gelang endgültig erst unter Friedrich dem Großen.
Auch der Stadtkanal wurde unter Friedrich Wilhelm I. angelegt. Ebenso wurde der unweit des Faulen Sees gelegene Sumpf in ein Bassin mit einer gemauerten Einfassung von Bruchstein verwandelt, dessen Mitte eine Insel mit dem bis 1945 auf dem Bassinplatz erhaltenen kleinen Lusthäuschen, der Gloriette, einnahm. Dieses Bassin erhielt eine doppelte Verbindung: durch einen bedeckten schmalen Kanal mit dem Stadtkanal und durch einen offenen Graben mit dem Heiligen See.
Eine zweite Vergrößerung des Stadtgebietes (1733 bis 1737), bei welcher die erwähnte Mauer wieder abgebrochen werden mußte, reichte nördlich bis zum jetzigen Nauener und Jägertor bzw. bis zum Bassin. Zur selben Zeit wurde auch das Brandenburger Tor errichtet. Das nördlich vom Bassin gelegene sogenannte holländische Revier, welches vier Quartiere von je 62 Häusern umschloß, entstand hauptsächlich während der Jahre 1737 bis 1739 und wurde erst unter Friedrich dem Großen vollendet, der es anstatt mit holländischen Samt- und Seidenwirkern, wie ursprünglich geplant war, mit Soldaten belegte. Von der neu erbauten Stadtmauer, deren Bau durch die erhebliche Stadterweiterung notwendig geworden war, sind die letzten Reste noch in der Großen Fischerstraße zu sehen.
Von großen bemerkenswerten Gebäuden entstanden während der Regierungszeit König Friedrich Wilhelms I. das alte Rathaus, die alte Gewehrfabrik, das Große Militär-Waisenhaus, die erste (im Jahre 1795 abgebrannte) Nikolaikirche, die Heiligegeist- und die

Garnisonkirche. Die gesamte Häuserzahl Potsdams war in der gleichen Zeit von 220 auf 1.154 gestiegen und die Anzahl der Bevölkerung (einschließlich der Soldaten) von 4.000 auf 12.000. Diese Entwicklung setzte sich unter Friedrich dem Großen (1740 bis 1786) verstärkt fort. Er vollendete und verschönerte die von seinem Vater angefangenen Bauten und fügte neue bedeutende Schöpfungen hinzu, wobei alle Zweige der Kunst und Wissenschaft als Hilfskräfte dienen mußten. Was Friedrich I. in bescheidenem Umfange begonnen hatte: die Kunst in den Dienst des Staates zu stellen, das wurde bei Friedrich dem Großen zum ersten leitenden Grundsatz, und seiner Begeisterung für das Schöne auf allen Gebieten verdankt Potsdam eine Reihe von hervorragenden Bauten und Gartenanlagen, die noch heute das Ziel vieler Tausende von Besuchern bilden.

Die unter Friedrich Wilhelm I. meist in Fachwerk aufgeführten Bauten wurden nach mühevoller Sicherung des Baugrundes durch langwierige Rammarbeiten massiv erneuert. 1752 gründete der König in Potsdam ein eigenes Hofbauamt, das sogenannte Baukomptoir, sowie eine besondere Bau- und Gartenkasse. Die Kosten, welche den Bürgern durch Neubauten entstanden, wurden sämtlich oder zum größten Teil aus dem (erst im Jahre 1849 aufgehobenen) Königlichen Immediatfonds beglichen.

Wie rege die Bautätigkeit unter Friedrich II. war, vermitteln nachfolgende Zahlen: Die Zahl der neu errichteten Bürgerhäuser belief sich auf 616. Dazu kamen 100 Kolonistenhäuser in der Teltower Vorstadt und in Nowawes, 27 Fabrikhäuser, 119 neue Militärgebäude (darunter 100 »Kasernen«, die damals größtenteils als Bürgerhäuser in Privatbesitz waren), 8 Kirchen und Kirchengebäude und fast 100 kleinere und größere königliche und öffentliche Bauwerke, die teilweise noch heute stehen.

Unter der Regierung Friedrich II. erhielt im Jahre 1744 das Havelufer am Lustgarten eine steinerne Einfassung. In die folgenden Jahre fiel der Ausbau des Stadtschlosses (bis 1751), in die Zeit von 1745 bis 1747 die Erbauung des Schlosses Sanssouci. Im Jahre 1748 erfolgte die Errichtung des Obelisken bei Sanssouci sowie die Anlage des Schafgrabens und 1751 die Erbauung des Militärlazaretts in der Burgstraße 29. Im folgenden Jahr entstanden die Französische Kirche am Bassin, das Kommandeurhaus Am Kanal 3 und das Regierungsgebäude (Priesterstraße 13); 1753 wurde das Berliner Tor mit der angrenzenden Stadtmauer weiter in Richtung Berlin hinausgerückt, das Neustädter Tor gebaut, das bisherige Rathaus abgebrochen und ein neues errichtet. 1754 wurde der Boden des Alten Marktes und der Brauerstraße wegen ungünstiger Abflußverhältnisse um 1 bis 1,5 m abgetragen und zur weiteren Auffüllung der Plantage und des Wilhelmsplatzes verwandt. Das folgende Jahr brachte die Vollendung des Obelisken auf dem Marktplatz und an Neubauten das Nauener Tor in seiner jetzigen Gestalt sowie das Direktionshaus der Gewehrfabrik an der Breiten Brücke. In den Jahren 1756 bis 1770 erhielt der Stadtkanal seine Einfassung mit Mauern, Treppen und Geländern sowie neue Brücken. Von 1763 bis 1769 vollzog sich der Bau des Neuen Palais (damals »Neues Schloß« genannt), der Communs und verschiedener kleinerer Prachtbauten im Park von Sanssouci. Im Jahre 1764 wurde zwischen Bassin und Stadtkanal an Stelle des früheren hölzernen ein steinerner Kanal angelegt, und 1770 erhielt das Brandenburger Tor seine jetzige Gestalt. In der Zeit von 1771 bis 1777 kam der Neubau des Großen Militär-Waisenhauses zur Ausführung. Gleichzeitig enstanden 1772 das Militärlazarett in der Lindenstraße 25 und das Armenhaus vor dem Berliner Tor (1773 bis 1774). In die Jahre 1776 bis 1780 fällt der Abbruch und Neubau der Gewehrfabrik, 1781 die Errichtung des südlichen Giebels am »Langen Stall« sowie der Neubau der Garnison-Predigerhäuser (Priesterstraße 9 und 10). Im Jahre 1785 endlich wurde nach Abbruch des nördlichen Giebelgebäudes des Langen Stalles, welches als griechische Kirche gedient hatte, eine neues erbaut und als Montierungskammer eingerichtet.

Die von Friedrich dem Großen in Potsdam aufgewandten Baukosten beliefen sich insgesamt auf 10.241.079 Thaler 1 Groschen 4 Pfennige. In dieser Summe sind die Ausgaben, welche der König für Statuen, Gemälde, die Orangerie und verschiedene kleinere Schöpfungen aus seiner Schatulle bezahlt hat, nicht einbegriffen.

Friedrich Wilhelm II. (1786 bis 1797) setzte die Verschönerung Potsdam fort. Während seiner elfjährigen Regierungszeit erbaute er mehrere Bürgerhäuser, das Schauspielhaus und das Schlößchen auf der Pfaueninsel (1797). Er verband Potsdam und Berlin durch eine Chaussee, legte den »Neuen Garten« an und errichtete das Marmorpalais (1787–1791).

Friedrich Wilhelm III. (1797 bis 1840) schuf eine große Reihe neuer Verschönerungsanlagen. Auch das Belvedere auf dem Brauhausberg, die Peter-Paulskirche zu Nikolskoe und die südli-

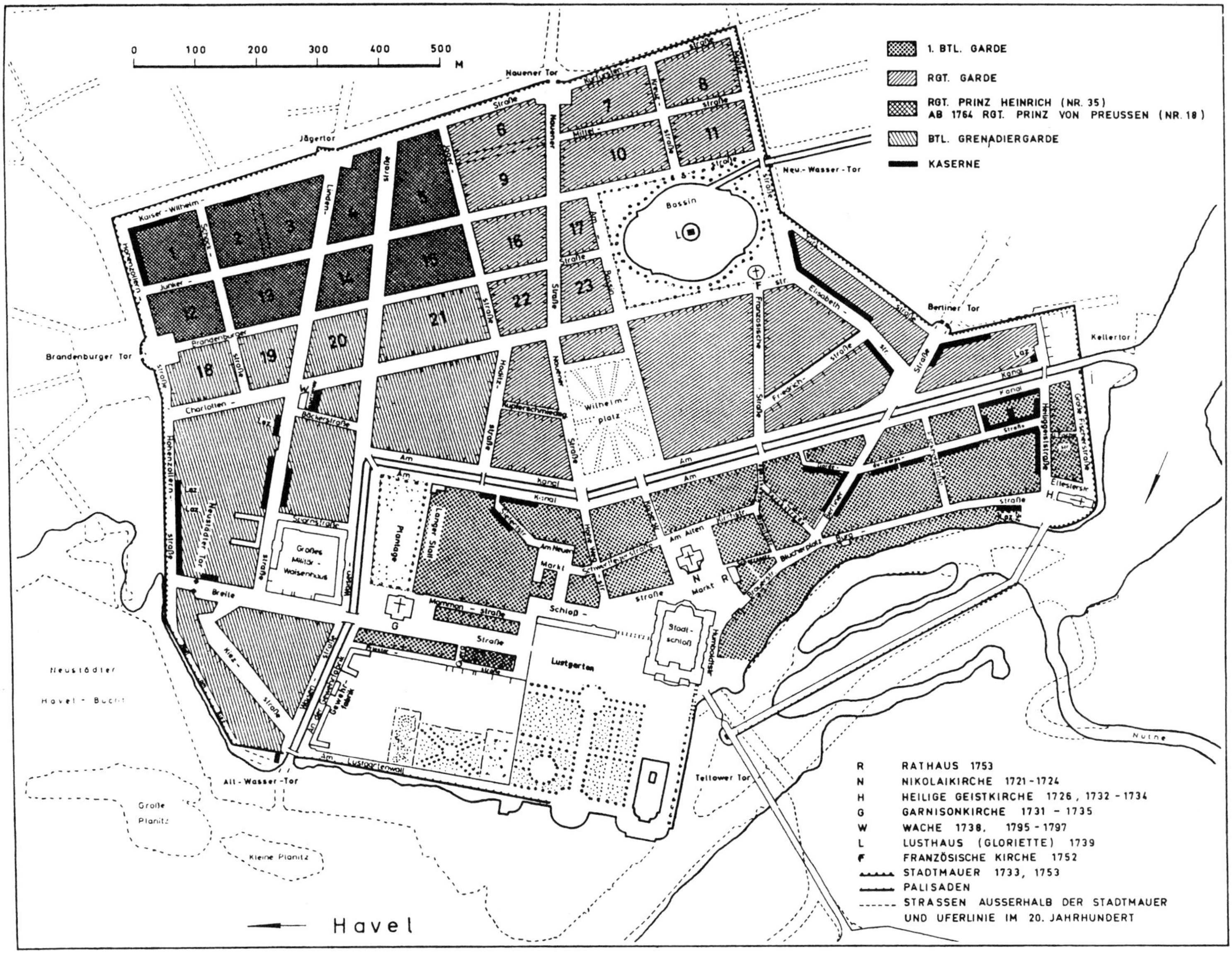

Potsdam im 18. Jahrhundert — Kasernen- und Einquartierungsgebiete

chen, als »Charlottenhof« bezeichneten Anlagen des Parks von Sanssouci verdanken ihm ihre Entstehung.

Der »Neue Garten« erfuhr nach den Lennéschen Plänen eine gänzliche Umgestaltung. Die hölzerne Brücke, welche vom Stadtschloß aus über die Havel führt, wurde durch eine steinerne (die Vorgängerin der »Langen Brücke«) ersetzt, und die Berliner sowie die Glienicker Brücke gestaltet.

Für den Kronprinzen wurde von 1826 bis 1828 das in den Anlagen von Charlottenhof stehende Schlößchen erbaut, während sich Prinz Wilhelm, der nachmalige Kaiser Wilhelm I., Schloß Babels-

berg (1834 bis 1849) und Prinz Karl in Klein-Glienicke das später vom Prinzen Friedrich Leopold bewohnte Schloß errichten ließ. Im Jahre 1826 wurde am südlichen Fuße des Pfingstberges die russische Kolonie Alexandrowka angelegt.
Im Westen des Schlosses erbaute Friedrich Wilhelm IV. die Orangerie; zwischen beiden legte er den nordischen und den sizilianischen Garten an. Das südliche Drittel der Potsdamer Insel wurde in einen Wildpark umgewandelt, und in den Jahren 1845 bis 1848 im Marly-Garten die Friedenskirche erbaut, welche dem weltlich negativen »Ohne Sorgen« das geistlich positive »Frieden« gegenüberstellen sollte. Hieran schlossen sich als weitere Schöpfungen das Belvedere auf dem Pfingstberge und — nach eigenständigen Zeichnungen des Königs — das Portal zu dem Königlichen Weinberge am Südabhange des Mühlenberges.
In den Jahren 1834 bis 1836 entstand die 1895 der Leibgendarmerie überwiesene Kaserne am Luisenplatz Nr. 9, und im Jahre 1842 wurde die Kaserne des Garde-Husaren-Regiments in der Berliner Vorstadt vollendet. Diesen folgten das Hauptgebäude des städtischen Krankenhauses vor dem Berliner Tor und das Heu- und Strohmagazin in der Leipzigerstraße (später Proviantmagazin).
In das Jahr 1845 fiel die Errichtung eines Denkmals für den König Friedrich Wilhelm III. (auf dem Wilhelmsplatz).
Im Jahre 1849 wurde der seit Friedrich dem Großen bestehende Immediat-Baufonds aufgehoben, so daß die Potsdamer Bürger seit jener Zeit ihre Privathäuser ohne Staatsbeihilfe bauen mußten. Jedoch erlitt die Bautätigkeit, wie das schnelle Anwachsen der Vorstädte vor dem Brandenburger, Jäger-, Nauener und Berliner Tor zeigte, dadurch keine Einbuße.
Kaiser Wilhelm I. ließ die bis 1918 vom 1. Garde-Regiment z.T. auf dem Platze der alten Gewehrfabrik (1864/65 und 1877/79) und vom 3. Garde-Ulanen-Regiment (in der Jäger-Allee; Mittelbau 1867/68, Flügel 1874/76) bewohnten Kasernen errichten.
Auf dem westlichen Teil des Bassinplatzes, der bereits 50 Jahre früher zu einem Exerzierplatz aufgefüllt worden war, wurde eine neue katholische Kirche (1867 bis 1870) errichtet.
Im Jahre 1874 erfolgte die Auflösung der von Friedrich Wilhelm I. gegründeten »Hof- und Garnisonschule«. Die Gebäude, in welchen zuletzt 16 Klassen untergebracht waren, wurden drei Jahre später von der Kriegsschule bezogen, die zu Beginn des 20. Jahrhunderts das neue Objekt auf dem Brauhausberg erhielt.

Die Militärbauten von Potsdam widerspiegeln die Wandlung von den einfachsten Soldatenhäusern bis zu den nach den neuesten Erfahrungen und Grundsätzen erbauten Kasernen des Regiments der Gardes du Corps und des 2. und 4. Garde-Feldartillerie-Regiments zum Ende des 19. Jahrhunderts. Neben den Prachtbauten der letzteren findet sich auch heute eine ganze Anzahl von Gebäuden, die bereits gegen Ende des 18. Jahrhunderts für militärische Zwecke errichtet worden sind.
König Friedrich Wilhelm I. ließ zuerst für die beweibten Soldaten »Kasernen« errichten, während die unbeweibten bei den Bürgern einquartiert wurden. Von den Prediger- und Schulhäusern abgesehen, mußte in jedem Hause ohne Unterschied eine Stube, in größeren Häusern dazu noch eine Kammer für zwei, vier oder sechs Mann hergerichtet und unterhalten werden. Auch Häuser, welche im Besitz von Offizieren waren, und sogar das Königliche Schloß machten hiervon keine Ausnahme. Letzteres hatte eine Einquartierung von sechs Mann. Auf die damalige Bestimmung, daß die Soldatenstuben und -kammern stets nur eine Treppe hoch liegen durften — und zwar nach der Straße hinaus — wurde der Umstand zurückgeführt, daß die Alt- und Neustadt von Potsdam, auf welche sich in jener Zeit die Einquartierung beschränkte, so wenig zweistöckige Häuser hat. Die Leute vom 1. Bataillon Garde hatten das Vorrecht, nicht wie die Soldaten der übrigen Garde-Bataillone zu sechs, sondern nur zu vier Mann in einer Stube nebst Kammer zu liegen.
Der Wirt mußte für Beleuchtung und Aufwartung sorgen, vom 1. Oktober bis Ende April heizen, an Exerziertagen für die Einquartierung kochen, Geräte, Geschirr und Stroh beschaffen und das Bettzeug waschen lassen. Bis in die ersten Regierungsjahre des Königs Friedrich des Großen war er außerdem verpflichtet, alle süßen und sauren Zutaten zum Essen zu liefern.
Eine besonders eigentümliche Einrichtung der Garnison Potsdam bildeten die sogenannten Bettgelder. König Friedrich Wilhelm I. ließ (wahrscheinlich gleich zu Anfang seiner Regierung), als es den Potsdamer Bürgern an Bettstellen und Betten mangelte, solche für die Soldaten anfertigen. Die hierdurch entstehenden Beschaffungs- und Unterhaltungskosten mußte bis zum Jahre 1721 der Teltower Kreis ganz allein tragen. Als dieser später mit zur Verpflegung der Kavallerie herangezogen wurde, erging am 12. Dezember 1721 die Ordre: »... so sollen ... die Kosten vor den

Betten und Bettgeräth des Königlichen Regiments zu Potsdam von den gesammten Chur- und Neumärktischen Kreisen, nebst dem Uebertrage der Herrschaft Wusterhausen und Teupitz übernommen werden, so jährlich 5.000 Taler betragen.« So blieb es von 1721 bis 1740. In letzterem Jahre wurden infolge Verstärkung der Garnison durch K. O. vom 25. Juli 1740 zur Reparatur und Anschaffung neuer Betten für 1740: 12.000 Taler, für 1741: 12.300 Taler und für jedes folgende Jahr 10.000 Taler bestimmt, welche alljährlich in drei Raten von den Kur- und Neumärkischen Kreisen an den Magistrat zu Potsdam abgeliefert werden sollten. In der Auszahlungsweise traten später vielfach Veränderungen ein; ebenso fand bisweilen ein Erlaß der Gelder statt. Jedes Bett war zweischläfrig, mit Federbetten ausgestattet und kostete 36 Taler 7 Silbergroschen. Einschläfrige Bettstellen mit wollenen Decken wurden erst im Jahre 1824 eingeführt.

Außer den Mannschaftsquartieren hatte jede Kompanie noch zwei Stuben als Montierungskammern. Diese harte Last für die Einwohnerschaft erscheint weniger drückend, wenn man bedenkt, daß die Potsdamer Bürger — welche, soweit es sich um geborene Potsdamer handelte, gleich den Berlinern von »Einrollirung« frei waren, d.h. keine Kriegsdienste zu nehmen brauchten — keine weiteren Steuern zahlten als die Akzise, und daß der König die meisten Häuser selbst erbaute und den Einwohnern schenkte, so daß die Einquartierung gewissermaßen nur eine Art Erbzins darstellte.

Zu den Feuerungsmitteln, welche die Quartierwirte liefern mußten, gab König Friedrich Wilhelm I. außer mehr als 200 Haufen Torf noch einen Holzzuschuß aus den königlichen Forsten, der für

das 1. Bataillon Garde	77 Haufen
das Regiment Garde	194 Haufen
das Grenadier-Garde-Regiment	102 Haufen
das Korps Unrangierte	12 Haufen

betrug.

Erst später setzte sich General v. Rohdich als Kommandant der Garnison Potsdam bei König Friedrich II. durch, daß dieser nicht allein einen jährlichen Zuschuß für die Unterhaltung der Gerätschaften bewilligte, sondern auch allmählich fast den ganzen Holzbedarf und die übrigen Ausgaben übernahm, bis schließlich der Hauseigentümer eigentlich nur noch die Stube hergab.

Gegen Ende seiner Regierung vergütete Friedrich II. alljährlich aus der General-Kriegskasse für die Garnison Potsdam

an Servis für die gesamten Offiziere	7.604 Rtlr.	– Gr.	– Pf.
für die Unterhaltung der Soldatenbetten	7.075 Rtlr.	8 Gr.	8 Pf.
für Wachen und Lazarettkosten	978 Rtlr.	16 Gr.	– Pf.
zusammen	15.658 Rtlr.	– Gr.	8 Pf.

Ferner bekam die Bürgerschaft auf die Einquartierung jährlich 6.324 Klafter Brennholz frei geliefert, für welches sie nur Schlag- und Fuhrlohn bezahlen brauchte. Außerdem gab der König für die Wachen, Lazarette und Kasernen noch 1.326 Haufen und 170 Kloben Holz.

Das Geld für die Truppenbedürfnisse, deren Bestreitung früher Sache der Hauswirte gewesen war, erhielten nunmehr die Kompaniechefs monatlich ausgezahlt. Der Wert der Häuser stieg hierdurch in Potsdam durchschnittlich um 1.000 Taler. Die Brot-, Fleisch- und Biertaxe wurde für jeden Monat von einem Stabsoffizier und einigen Magistratsmitgliedern neu festgesetzt, und man rechnete damals in Potsdam, daß die Garnison monatlich für 30.000 Taler »konsumierte«.

Von den in Kasernen untergebrachten verheirateten Soldaten hatte ursprünglich jeder eine Stube für sich. Eine eigentliche Kaserneneinrichtung bestand nicht; vielmehr enthielten die dem König gehörigen Häuser nur dürftige Wohnräume, die mit einem hölzernen Tisch und einigen Stühlen möbliert waren, während die weitere Ausstattung dem Inhaber des Raumes überlassen blieb.

Mit der Zeit scheinen sich in diese Kasernen Mißstände aller Art eingeschlichen zu haben. Anstatt daß jeder Verheiratete eine Stube für sich innehatte, wohnten vielfach beweibte und unbeweibte Unteroffiziere und Mannschaften zusammen. Die Frauen — welche übrigens keineswegs immer im Besitze eines ordentlichen Trauscheins waren — kochten für sämtliche Leute der Stube, mitunter auch noch gegen Entrichtung eines geringen Menage-Geldbetrages für eine zweite und dritte Stube, besorgten die Wäsche und übernahmen die Heizung und Beleuchtung von dem gelieferten Material.

Während früher Soldatenehen begünstigt worden waren (in erster Linie wohl deshalb, weil man glaubte, bei beweibten Militärs weniger eine Desertation befürchten zu müssen), scheint mit Beginn des 19. Jahrhunderts sich die entgegengesetzte Ansicht geltend gemacht zu haben, nach welcher eine Einschränkung der

Eheschließungen erwünscht war. So bestimmte eine Kabinetts-Ordre vom 10. Mai 1810, daß in Zukunft den verheirateten Unteroffizieren und Mannschaften weder Servis für ihre Familie noch Kindergelder gezahlt werden durften; nur die zur Zeit schon Verheirateten sollten weiter nach den bisherigen Grundsätzen behandelt werden.
Insgesamt dienten im Jahre 1786 in der Garnison Potsdam 1.081 Bürgerhäuser zur Unterkunft der Soldaten; in den Vorstädten durften Unteroffiziere und Mannschaften nicht wohnen.
Es lagen (nach Nikolai)
1. das erste Bataillon Leibgarde in der Altstadt. 2. das Regiment Garde in der Neustadt, 3. das Grenadier-Garde-Bataillon gleichfalls in der Neustadt (in der Gegend vom Kiez bis ans Brandenburger Tor), 4. das Korps Unrangirte in der Altstadt bei der Heiligegeistkirche, 5. das Regiment Seiner Königlichen Hoheit des Prinzen von Preußen in dem »Jägertor- oder Kommandantenviertheil in der Neustadt«, 6. die Leibschwadron der Leibgarde zu Pferde »in ihren besonderen Kasernen in der Altstadt, 7. die reitende Artillerie in der Neustadt am Berliner Tor, 8. das Korps Ausrangirte über die Stadt verteilt und 9. das Kommando Feldjäger in der Berliner Vorstadt.
Die vier Garde-Bataillone hatten in der Mitte des 18. Jahrhunderts drei Lazarette: eins für das I. Bataillon Garde in der Burgstraße (später Lazarett des Garde-Husaren-Regiments), eins für das Regiment Garde an der Neustädter Kommunikation und das dritte für das Grenadier-Garde-Bataillon ebenda. Das im Jahre 1752 erbaute Krankenhaus für die Leibgarde zu Pferde lag Am Kanal und wurde später zur Offizierspeiseanstalt des Regiments der Gardes du Corps umgebaut.
In Glienicke hatte überdies König Friedrich Wilhelm I. in dem vom Großen Kurfürsten erbauten Lustschloß ein Lazarett für geschlechtskranke Soldaten der Fußgarde eingerichtet.
Die Montierungskammern der Garnison waren auf den drei Hauptkirchen, über den Hauptwachen und später »in dem 1785 neu erbauten Hause, welches ehemals das Komödienhaus war«, untergebracht.
Die Wachtparaden fanden im Lustgarten statt, die größeren Übungen auf dem Bornstedter Felde oder vor dem Brandenburger Tor bis zur Pirschheide, ab Mitte des 19. Jahrhunderts auch außerhalb des Stadtgebietes.

Die Kasernen, in denen das Garde-Jäger-Bataillon, die Eskadron Garde-Jäger zu Pferde und das Kinderhaus des Militär-Waisenhauses untergebracht waren, stammten aus der Mitte des 18. Jahrhunderts.
Von Kaiser Wilhelm II. wurde vorzugsweise das Neue Palais als Residenz benutzt. Das bis dahin in den Communs dieses Schlosses untergebrachte Lehr-Infanterie-Bataillon bezog bis auf eine Kompanie, welche in dem Commun I verblieb, am 1. Juli 1891 eine neu erbaute Kaserne bei dem nordwestlich vom Neuen Palais gelegenen Dorfe Eiche (siehe Seite 53 ff.).
Am Südufer des Jungfernsees entstanden die norwegischen Blockhäuser der Matrosenstation mit einem Anlegepavillon für die Kaiserlichen Boote bzw. Schiffe (siehe Seite 98 ff.).
Nach den Herbstübungen des Jahres 1889 wurde das ganze Regiment der Garde du Corps in Potsdam in neugebauten Kasernen vereinigt (siehe Seite 31 ff.).
Am 1. Oktober 1894 war das neue Garnisonlazarett in den östlich vom Ruinenberg gelegenen Anlagen zur Aufnahme der Lazarettkranken von sämtlichen Truppenteilen der Garnison fertiggestellt (siehe Seite 83 ff.).
In den Jahren 1892 bis 1895 wurde zwischen Potsdam und Nedlitz (an der Landstraße nach Spandau) eine große Kasernenanlage für das 2. Garde-Feldartillerie-Regiment errichtet, das kurz darauf durch eine ganze Anzahl von An- und Neubauten erweitert wurde, weil seit dem 1. Oktober 1899 darin das 2. und 4. Garde-Feldartillerie-Regiment untergebracht waren (siehe Seite 59 ff.).
Die Kavallerieställe, welche sich an der alten Stadtmauer vom Brandenburger bis zum Nauener Tor hinzogen, wurden durch breite Promenaden und Zierplätze ersetzt. Nur ein Stall blieb um 1900 noch für die Eskadron Garde-Jäger zu Pferde erhalten (siehe Seite 67 ff.).
Im Jahre 1895 wurde die Lange Brücke auf Befehl Seiner Majestät des Kaisers mit Kriegergestalten aus alter und neuer Zeit und mit Trophäen geschmückt (siehe Seite 177 ff.), die den Besuchern der Stadt schon beim Betreten der Stadt die geschichtliche Bedeutung Potsdams zum Bewußtsein bringen sollten.

III Die Entwicklung der Militärbevölkerung Potsdams

Das erste Militär, welches vorübergehend in Potsdam untergebracht wurde, war die aus etwa 150 Mann bestehende Leibgarde des Kurfürsten Georg Wilhelm. Auch der Große Kurfürst und König Friedrich I. hatten, sobald sie in Potsdam residierten, eine Leibwache bei sich. Zur ständigen Garnison wurde die Stadt erst unter König Friedrich Wilhelm I., welcher sein Regiment großer Grenadiere (Lange Kerls) hier in Garnison legte. Dasselbe bestand aus 3 Bataillonen und einem Korps Unrangierter von ungefähr 1.000 Mann — zusammen etwa 3.000 Mann.

Unter Friedrich dem Großen erfuhr die Besatzung eine wesentliche Verstärkung. Beim Tode des großen Königs umfaßte sie folgende Truppenteile:

1. Das 1. Bataillon Leibgarde zu Fuß (803 Mann, die Offiziere, Unteroffiziere und Spielleute nicht mitgerechnet).
2. Das 2. und 3. Bataillon der Fußgarde, welche zusammen 1.548 Mann ausmachten und »eigentlich das Regiment Garde« hießen. Diese drei Bataillone machten zusammen 18 Kompagnien, inclusive der 3 Grenadier-Kompagnien aus.
3. Das Grenadier-Garde-Bataillon (damals das Rohdich'sche Bataillon genannt). »Es ist das alte Grenadier-Regiment König Friedrich Wilhelms, von welchem nach seinem Ableben ein Bataillon beibehalten worden ... Es besteht aus 6 Kompagnien und ist 1.294 Mann stark.«
4. Das Korps Unrangierte. »Jedes Feldregiment der ganzen Armee gibt jährlich 2 bis 3 Mann seiner schönsten Leute zu diesem Korps, welches 300 bis 400 Mann stark ist, und aus welchem aller Abgang vorstehender 4 Gardebataillone und der Leibgarde zu Pferde ersetzt wird.«
5. Das Regiment Seiner Königlichen Hoheit des Prinzen von Preußen (51 Offiziere, 118 Unteroffiziere, 48 Spielleute und 1.740 Gemeine). »Dies Regiment stand sonst in Spandau und Nauen in Garnison und ist statt des ehemals hier liegenden Prinz Heinrichschen Regiments nach Potsdam gelegt worden.«
6. Die Leibschwadron der Leibgarde zu Pferde (214 Mann).
7. Die Reitende Artillerie. »Es sind nur 60 Mann und 20 Knechte unter dem Kommando eines Majors, 2 Offiziere und 10 Unteroffiziere, welche von Berlin aus jährlich abgelöst werden.«
8. »Das Korps Ausrangierte beträgt etwa 4 Kompagnien. Es sind die aus der Leibgarde zu Fuß und der zu Pferde Ausrangierte, oder Invaliden; sie erhalten ebendieselbe Löhnung, die sie zu ihrer Dienstzeit bekommen. Die Ausrangierten der Leibgarde 1. Bataillons liegen in Potsdam, und stehen unter den Befehlen des jeweiligen Kommandeurs vom 1. Bataillon Garde. Die vom 2. und 3. Bataillon Garde desgl. vom Bataillon von Rhodich stehen unter dem Kommando eines Hauptmanns und liegen in Werder. Sie besetzen von dort aus die Posten auf der Baumgartenbrücke, an der Glienicker Brücke und der Nedlitzer Fähre und rücken bloß in Kriegszeiten zur Besatzung nach Potsdam. Von den Ausrangierten des 1. Bataillons wohnen 12 Mann beim neuen Schlosse in einem besonderen Hause, und geben Acht, daß niemand etwas am Schlosse oder an den Statuen beschädigt.«

Zu diesen Truppenteilen kamen noch die Königliche Suite nebst Adjutanten und Generalstab (zusammen 200 Köpfe und mehr) sowie 21 Pagen und ein Kommando von 12 reitenden Feldjägern. Letztere vermittelten die tägliche Beförderung der Königlichen Depeschen, »in welcher Absicht auf dem halben Wege im Dorfe Zehlendorf ebenfalls 12 reitende Jäger auf Kommando stehen«.

»Außer dieser beständigen Garnison hält der König in Potsdam gewöhnlich jährlich im Monat Mai die Revue, und das große Herbstmanöver im September, wozu 10 Bataillone und 27 Schwadronen aus den benachbarten Garnisonen nebst einem Zug Artillerie einrücken.«

Zu Beginn des 19. Jahrhunderts war die Stärke der Besatzung von Potsdam, wie bei den kriegerischen Ereignissen jener Zeit leicht erklärlich ist, einem sehr häufigen Wechsel unterworfen. Im Jahre 1810 bestand die Garnison aus dem Garde-Regiment zu Fuß, dessen Garnisonskompagnie, der Garde du Corps und einem Invaliden-Bataillon von etwa 500 Köpfen.

Seit Beendigung des Befreiungskrieges von 1813–1815 wuchs die Garnison beständig.

Die nachfolgenden Zusammenstellungen verdeutlichen, in welchen Jahren die verschiedenen in Potsdam untergebrachten Truppenteile und militärischen Anstalten der Garnison zugeteilt wurden und wie sie sich in der Stadt verteilten:

1713 Leib-Bataillon »Rothe Grenadiers«.
1722 Militär-Waisenhaus.
1740 (bzw. 1810) 1. Garde-Regiment zu Fuß.
1753 Schwadron Leib-Garde zu Pferde.
1812 Kadettenhaus.
1817 Garde-Jäger-Bataillon.
1819 Garde-Landwehr-Kavallerie-Regiment, welches im August 1821 in das 1. und 2. Garde-Ulanen-Regiment geteilt wurde.
1820 Lehr-Infanterie-Bataillon.
1823 Garde-Husaren-Regiment.
1824 Unteroffizierschule, damals Schulabteilung des Lehr-Infanterie-Bataillons.
1859 Kriegsschule.
1860 3. Garde-Ulanen-Regiment.
1890 Reitende Abteilung des 2. Garde-Feldartillerie-Regiments.
1894 Leibgendarmerie.
1895 Eskadron Garde-Jäger zu Pferde.
Stab, I., II., III. Abteilung des 2. Garde-Feldartillerie-Regiments.
1899 4. Garde-Feldartillerie-Regiment.
1901 Garde-Maschinengewehr-Abteilung Nr. 1.

Die Verteilung der Garnison auf die einzelnen Unterkunftsräume 1900:

Truppenteil	Unterkunft
1. Garde-Regiment zu Fuß	Kaserne an der Gewehrfabrik und Priesterstraße
Garde-Jäger-Bataillon	Kasernen in der Elisabeth- und der Berliner Straße
Maschinengewehr-Abteilung	Kasernen östlich vom Garnisonslazarett
Lehr-Infanterie-Bataillon	Auguste Viktoria-Kaserne in Eiche und Commun II
Regiment der Gardes du Corps	Kasernen in der Neuen Königstraße und Am Kanal
Leib-Garde-Husaren-Regiment	Kaserne in der Neuen Königstraße
1. Garde-Ulanen-Regiment	Kaserne am Bornstedter Feld
3. Garde-Ulanen-Regiment	Kaserne in der Jägerallee
Eskadron-Garde-Jäger zu Pferde	Kaserne an der Brandenburger Kommunikation
Leibgendarmerie	Kaserne am Luisenplatz
2. Garde-Feldartillerie-Regiment	Kaserne Nedlitzer Straße
4. Garde-Feldartillerie-Regiment	Kaserne Nedlitzer Straße
Kriegsschule	Kriegsschule in der Waisenstraße
Kadettenhaus	Kadettenhaus in der Saarmunderstraße
Unteroffizierschule	Kaserne in der Jägerallee
Bezirkskommando	Dienstgebäude in der Gardes-du-Corps-Straße
Militärkrankenwärter	Garnisonslazarett am Königsweg

Am 15. Mai 1900 war die Zusammensetzung der Militärbevölkerung von Potsdam folgende:

Truppenteil bzw. Behörde	Offiziere und Sanitätsoffiziere	Militärbeamte		Unteroffiziere und Mannschaften*)	Bemerkungen
		obere	untere		
Kommandantur	3	1	1	4	
1. Garde-Infanterie-Brigade	2	—	—	6	
2. Garde-Kavallerie-Brigade	2	—	—	5	
4. Garde-Kavallerie-Brigade	2	—	—	6	
2. Garde-Feldartillerie-Brigade	2	—	—	7	
1. Garde-Regiment zu Fuß	71	3	3	1.878	
Garde-Jäger-Bataillon	25	1	2	621	
Lehr-Infanterie-Bataillon	23	1	1	927	
Unteroffizierschule	24	3*	2	607	* 1 Zahlmeister, 2 Lehrer
Regiment der Gardes du Corps	27	3	2	669	
1. Garde-Ulanen-Regiment	25	3	2	655	
3. Garde-Ulanen-Regiment	25	3	2	680	
Leib-Garde-Husaren-Regiment	27	3	2	647	
Eskadron Garde-Jäger zu Pferde	4	—	—	127	
Leibgendarmerie	3	—	—	50	
2. Garde-Feldartillerie-Regiment	25	4	2	533	
4. Garde-Feldartillerie-Regiment	24	4	2	589	
Kadettenhaus	19	3	18	20	178 Kadetten
Kriegsschule	18	1	—	81	
Bezirkskommando	3	—	—	21	
Garnisonsverwaltung	—	11*	26	1	* Zivilbeamte der Militärverwaltung
Proviantamt	—	8	6	15	
Garnisonslazarett	1	3	15	51*	* 35 Sanitätsmannschaften, 12 Militärkrankenwärter und 4 Polizeiunteroffiziere
Militär-Waisenhaus	4	—	—	13	762 Waisenkinder
Insgesamt	359	55	86	8.213	

Fassade des Langen Stalles (von Unger 1781). Sie bildete den Eingang zu diesem eingeschossigen von Gayette 1734 errichteten Exerziergebäude, das sich von der Garnisonkirche bis zum Stadtkanal erstreckte (Aufnahme um 1930)

Teil 1

Die Stadtkasernen — ihr Werden und Wachsen

Die Kasernen des 1. Garde-Regiments zu Fuß sowie des Infanterie-Regiments 9

Wenn wir die Entstehungsgeschichte des Ersten Garde-Regiments zu Fuß und seiner Vorläufer im historischen Umfeld betrachten, müssen wir in erster Linie die vom Dreißigjährigen Krieg durch schwedische und kaiserliche Söldnerheere verwüstete Mark Brandenburg sehen.

Der Große Kurfürst Friedrich Wilhelm erkannte bei seinem Regierungsantritt 1640, daß nur ein starkes Heer fähig sein würde, seinem Staate die nötige Sicherheit zu verschaffen. Sein Nachfolger, Kurfürst Friedrich III., Markgraf von Brandenburg und späterer König Friedrich I. (1701), übernahm 1688 von seinem Vater ein kampferprobtes, tüchtiges Heer von 28.000 Mann, daß er um weitere 10.000 Mann verstärkte. Im Kriege gegen Türken und Franzosen, als Verbündeter des Kaisers, konnten die Truppen erneut Ruhm und Ehre ernten.

Zu einem der neu aufgestellten Truppenteilen gehörte auch das Regiment Garde Nr. 15, zu dessen Chef durch Order des Kurfürsten, der spätere Generalfeldmarschall Graf von Wylich und Lottum ernannt wurde. Dieses am 1. August 1688 errichtete Regiment sowie das Regiment Kurprinz Nr. 6 bildeten die Wurzeln des Stammbaumes des Ersten Garde-Regiments zu Fuß.

Der Nachfolger Friedrichs I., der Soldatenkönig Friedrich Wilhelm I., handelte in seiner 27jährigen Regierungszeit (1713–1740) nach dem Grundsatz »Soldaten und Geld regieren die Welt«. Durch eiserne Sparsamkeit und Einschränkungen verdreifachte er die Staatseinnahmen und häufte einen Staatsschatz von 9 Millionen Talern an. Das Heer wurde von 38.000 auf 83.000 Mann verstärkt. Mit Hilfe seines besten Generals, des Fürsten Leopold von Anhalt-Dessau, war er unablässig bemüht, nicht nur die Stärke, sondern auch die Schlagkraft der Armee zu erhöhen.

Das 1675 aufgestellte »Regiment Kurprinz Nr. 6«, dessen Chef der Kurprinz später auch als Kronprinz war, wurde zur Garde erhoben und erhielt die Bezeichnung »das lange Potsdamsche Grenadier- oder Königs-Regiment«. Ab 1730 bestand es aus den »Rothen Leib-Bataillons Grenadieren« und dem II. und III. Bataillon »Königs-Regiment«. Es sollte als Garde für den unmittelbaren Schutz der Person des Monarchen sorgen und in Straffheit und Disziplin allen anderen vorangehend, ein Muster und Vorbild für die ganze Armee werden.

Seiner Vorliebe für »lange Kerls« folgend, scheute der Soldatenkönig im wahrsten Sinne des Wortes keine Mittel, um die größten Männer des In- und Auslandes in seine Garde einzureihen. Mit dem Wahlspruch »Semper Talis« und dem silbernen Stern des schwarzen Adlerordens an den hohen Grenadiermützen, den roten Westen und Hosen, dem blauen Rock sowie den bis über die Knie reichenden weißen Gamaschen erlangten sie einen Ruf, der sie weltbekannt machte.

Im Lustgarten und im später erbauten Langen Stall exerzierte Friedrich Wilhelm I. oft selbst »seine lieben blauen Kinder«. Alle Neuerungen des Reglements prüfte er hier praktisch auf seine Brauchbarkeit. Er malte sie auch vielfach selbst und war um ihr Seelenheil besorgt. So ließ er für die evangelischen Gardisten die Garnisonkirche mit dem Glockenspiel errichten und für die Ausländer der Garde Gottesdienst in ihrer Sprache halten.

Zum Chef des ehemaligen Regiments von Lottum (danach von Koenen und von der Goltz) wurde durch königliche Kabinetts-Order vom 29. Februar 1732 Kronprinz Friedrich (II.). Nach seinem Regierungsantritt löste er aus Kostengründen die Formation der »langen Kerls« auf. Vom 3.800 Mann starken Königsregiment blieb nur ein Bataillon »Grenadier-Garde« bestehen, dessen Chef der General von Rohdich war. Die übrigen Angehörigen dieser Truppe wurden je nach Wunsch entweder entlassen oder bei anderen Truppen eingestellt.

Sein Regiment (Nr. 15) verlegte der König von Ruppin nach Potsdam und bildete daraus und aus Rekruten das »Regiment Garde«

Nr. 15, bestehend aus dem I. Bataillon »Leib-Garde« sowie dem II. und III. Bataillon Regimentsgarde. Jedes Bataillon bestand aus 6 Kompanien. Friedrich war, wie vorher sein Vater, Chef der Leibkompanie der Leibgarde. Dieses Bataillon nahm den ersten Platz unter den Garden ein. Das Grenadier-Garde-Bataillon behielt, auf des Königs Weisung, die Uniform der alten Riesengarde, die anderen bekamen anders gestaltete neue Uniformen. Im Gegensatz zu den anderen Regimentern war der Ersatz der Garde nicht aus den feststehenden Kantonen zu bestreiten, sondern wurde aus den Besten der anderen Truppenteile zusammengestellt, sie durften nicht zu alt sein und nicht unter 8 Zoll messen. Ihr Dienst bestand hauptsächlich aus Exerzier- und Wachdienst, der

Erstes Bataillon Garde (1780)

Erstes Bataillon Garde. Parad' oder Schlacht
Ihm wenig »Differenzen« macht,
Ob in Potsdam sie trommelnd auf Wache ziehn,
Ob sie stehen und fallen bei Kolin,
Ob Patronenverknattern, ob Kugelpfiff,
Immer derselbe feste Griff,
Dieselbe Ruh. Jede Miene drückt aus:
»Ich gehör' zur Familie, bin mit vom Haus.«

Ihrer viere sitzen im Knapphanszelt,
Eine Kottbuser hat sich jeder bestellt,
Einen Kornus dazu; das Bier ist frisch.
Ein Berliner setzt sich mit an den Tisch,
Ein Berliner Budiker — da währt's nicht lange,
Plappermühl' ist im besten Gange.
»Wahrhaftig, ihr habt die schönste Montur,
Litzen, Paspel, Silberschnur,
Blechmützen wie Gold, gut Traktement,
Und der König jeden von euch kennt.
Erstes Bataillon Garde, Prachtkerle vor all'n,
Solch Götterleben sollt' mir gefall'n.«

Drei schwiegen. Endlich der vierte spricht:
»Ne, Freund Berliner! so is es nicht.
Eine propre Montur, was soll uns die geben?
Unser Götter — is bloß ein Jammerleben.
Potsdam, o du verfluchtes Loch,
Führst du doch heut in die Hölle noch
Und nähmst ihn mit mitsamt seinen Hunden,
Da wär' auch der gleich mit abgefunden,
Ich mein' den da oben — uns läg' nichts dran,
Is doch bloß ein Quälgeist und Tyrann,
Schont nicht Fremde, nicht Landeskinder,
Immer derselbe Menschenschinder,
Immer dieselbe verfluchte Ravage —
Potsdam, o du große Blamage!«

Das war dem Berliner nach seinem Sinn,
Er lächelte pfiffig vor sich hin:
»Ich sag' das schon lange. Was hat er denn groß?
Große Fenster hat er, sonst is nich viel los.
Und reden kann er. Na, das kann jeder,
Hier aber, er zieht nicht gerne von Leder.«

Da lachen alle vier, und der eine spricht:
»Ne, Freund Budiker, so geht es nicht.
Zuhören kannst du, wenn wir mal fluchen,
Aber du darfst es nicht selbst versuchen;
Wir dürfen frech sein und schimpfen und schwören,
Weil wir selber mit zugehören,
Wir dürfen reden von Menschenschinder,
Dafür sind wir seine Kinder;
Potsdam, o du verfluchtes Loch,
Aber er, er ist unser König doch,
Unser großer König. Gott soll mich verderben,
wollt ich nicht gleich für Fritzen sterben.«

Theodor Fontane

in der Regel an einem der vielen Stadttore zu leisten war. Auch Felddienst- sowie Ziel- und Ladeübungen mit dem Steinschloßgewehr waren an der Tagesordnung — jedoch kein Übungsschießen.
Der erste Schlesische Krieg (1740–42) zeigte auch dem Ausland, daß die oft verspottete »Potsdamer Wachtparade« nicht nur im Lustgarten, sondern auch auf dem Schlachtfeld gleichermaßen unerschütterlich stand.
Die folgenden Friedensjahre nutzte man wieder zur Verstärkung und Vervollkommnung der Armee. Die Gardeeinheiten wurden im Lustgarten häufig vom König selbst exerziert, auch Felddienstübungen standen unter seinem persönlichen Kommando.
Dabei ging die Armee in zwei Treffen gegen die feindliche Schlachtordung vor, denn ein Schützengefecht war damals noch unbekannt. Der Feind wurde bis zum letzten Augenblick über den Angriffspunkt getäuscht, dann wurde der Flügel plötzlich mit allen verfügbaren Kräften geworfen und die feindliche Schlachtlinie aus der Flanke aufgerollt (schiefe Schlachtordnung). Scheinangriffe auf dem nichtbedrohten Flügel leiteten diese Operationen ein. Während des Siebenjährigen Krieges (1756–1763) war u.a. diese Angriffsart, wie z.B. in der Schlacht bei Leuthen, entscheidend. Das Regiment Garde und die Grenadier-Garde hatten bei Leuthen Verluste von 24 Offizieren und 827 Mann.
Nach dem Tode des großen Königs 1786 konnten ab 1792 die verbündeten Mächte und damit auch die preußischen Garden, keine Siege gegen das revolutionäre Frankreich verbuchen, trotz rühmlicher Ausnahmen wie der Gefechte bei Pirmasens und Kaiserslautern, bei denen sich auch die Garden auszeichneten.
Während die Uniformen der Grenadier-Garde sich in dieser Zeit nicht veränderten, gab es Änderungen bei der Leib- und Regiments-Garde. Bald nach dem Regierungsantritt Friedrich Wilhelm III. im Jahre 1797 erhielt das Grenadier-Garde-Bataillon eine für den Felddienst praktischere Uniform, ähnlich den anderen Garde-Einheiten — nur mit Goldstickerei. Die Uniformen der Riesengarde blieben für besondere Repräsentationsanlässe weiter in Gebrauch.
Friedrich Wilhelm III. war als erster preußischer Prinz im Alter von 7 Jahren zum Leutnant dieses Bataillons von seinem Großonkel Friedrich II. ernannt worden. Seit dieser Zeit war es üblich, daß alle königlichen Prinzen in dieser Truppe ihre erste militärische Erziehung erhielten.

Zum letzten Mal zog die alte Garde im August 1806 ins Feld. Bei Jena und Auerstedt wurde die preußische Armee durch die Truppen Napoleons I. vollständig geschlagen. Die erst nach Erteilen des Rückzugsbefehls eingesetzten Gardeeinheiten konnten den Rückzug nicht ausreichend decken und erlitten das gleiche Schicksal wie die gesamte Armee.
Ein Zug der Leib-Garde konnte sich dem Untergang entziehen und gelangte am 4. November nach Graudenz. Hier wurde er der Stamm der neu aufzustellenden Garden. Bereits am ersten Tag des Jahres 1807 wurde der spätere Kaiser Wilhelm I. zum Fähnrich in dieser Einheit ernannt. Im gleichen Monat konnten aus Versprengten der ehemaligen Gardetruppe in Memel zwei Kompanien aufgestellt werden. Im Oktober stellte Major von Kessel dem König bereits wieder ein Bataillon zu vier Kompanien vor.
Nach dem Friedensschluß von Tilsit im Juli 1807 hatte Preußen neben dem Verlust der Hälfte des Territoriums 150 Millionen Kriegsentschädigung an Frankreich zu zahlen. Trotz dieser ungünstigen politischen Konstellation konnte die »Garde zu Fuß« im Verlauf des folgenden Jahres wieder in Regimentsstärke, mit allerdings nur zwei Bataillonen, formiert werden. Im April 1808 waren dem Bataillon vier neue Fahnen verliehen worden und es hatte darauf den Eid der Treue geleistet. Am 9. November, nach erfolgter Aufstellung des II. Bataillons, ernannte sich der König zum Chef des Regiments und zum Chef der wieder Leib-Kompanie genannten 1. Kompanie. Im Mai 1809 erhielt das Regiment ein drittes Bataillon mit der Bezeichnung Füsilier-Garde-Bataillon. Alle Einheiten wurden wegen der Besetzung Berlins durch die Franzosen in Königsberg in Ostpreußen aufgestellt. Erst im Dezember 1809 konnte der König an der Spitze der Gardeeinheiten wieder in Berlin einziehen.
Der Einzug in die alte Potsdamer Garnison erfolgte im April 1810. In der folgenden kurzen Friedensperiode bis zum Beginn der Befreiungskriege 1813/14 wurde im laufenden Dienstbetrieb die Zeit für die Umsetzung der neuen Schießinstruktion sowie für Exerzier- und Felddienstübungen genutzt. Die neuen Kriegsartikel stärkten das Ehrgefühl der Soldaten und bereiteten sie auf die vor ihnen stehenden Aufgaben vor.
Die erste große Schlacht des Befreiungskrieges, die Schlacht bei Großgörschen am 2. Mai 1813, wurde ein Ehrentag für die Garde, obwohl noch kein Sieg zu erreichen war. 32 Offiziere, 874 Mann

hatte das Regiment hier an Verlusten, in Bautzen waren dann 11 Offiziere und 283 Mann zu beklagen.
Nach der Formierung des 2. Garde-Regiments, erhielt das 1. am 19. Juni 1813 die Bezeichnung »Erstes Garde-Regiment zu Fuß«. Stark dezimiert, aber stolz, zog es mit den anderen Gardeeinheiten am 31. März 1814 an seinem König vorbei in Paris ein. Im Frühjahr 1815, bei der Rückkehr Napoleons von der Insel Elba, rückte das Regiment noch einmal aus, durfte aber nicht mehr an der Schlacht bei Belle-Alliance, wo Napoleons Herrschaft durch das Zusammenwirken Blüchers und Wellingtons ein jähes Ende fand, teilnehmen. Zum zweiten Mal zog es in Paris ein, aber schon im Dezember 1815 traf das Regiment wieder in Potsdam ein.
Nach den Befreiungskriegen wurde die allgemeine Dienstpflicht eingeführt, so wie sie im allgemeinen bis 1914 üblich war. Zur Verbesserung der Trainingsmöglichkeiten des Regiments im Schießen legte man 1816 Schießstände im Katharinenholz an.
Aus 62 russischen Kriegsgefangenen des Feldzuges 1812 ließ der König einen Sängerchor bilden, der dem Regiment zugeteilt wurde. Zwölf der ehemaligen Angehörigen blieben nach den Befreiungskriegen in Potsdam und erhielten 1826 Blockhäuser in der russischen Kolonie »Alexandrowka«. 1817 führte Prinz Wilhelm (I.) zeitweilig das Regiment. 1824 führte man für das I. und II. Bataillon die Grenadier- und 1843 für das Füsilier-Bataillon die Füsiliermützen ein. 1842 erhielt das Regiment neue Uniformen, die mit nur geringfügigen Veränderungen lange weitergetragen wurden.
Seit dem Tode Friedrich Wilhelms III. war Friedrich Wilhelm IV. Chef des Regiments und der Leib-Kompanie.
Bei der Heeresreform im Jahre 1860 wurde das stehende Heer um 117 Bataillone verstärkt. Aus Abgaben des »Ersten Garde-Regiments« formierte sich das 3. Garde-Regiment zu Fuß, das mit dem »Ersten« und dem Garde-Jäger-Bataillon die I. Garde-Infanterie-Brigade bildete. 1861, nach dem Tode Friedrich Wilhelms IV. wurde der bisherige Prinzregent Wilhelm König und Chef des Regiments.
Im Krieg zwischen Preußen und Österreich 1866 gehörte das Erste Garde-Regiment zur II. Armee. Am 27. und 28. Juni hatte es durch Gefechte bei Nachod, Trautenau und Soor den Übergang über die Iser zu erzwingen. Das Füsilier-Bataillon kämpfte dabei

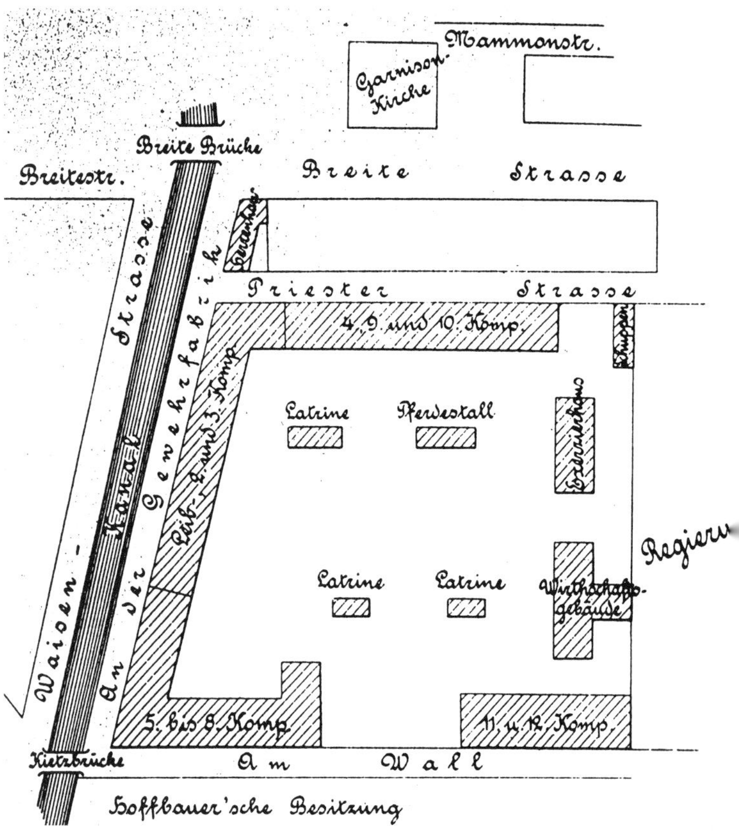

Lageplan Kasernen 1. Garde-Regiment zu Fuß

ausgezeichnet bei Soor und am 29. als Avantgarde der 1. Garde-Infanterie-Division bei Königinhof. Während der Schlacht bei Königgrätz am 3. Juli waren es nun das I. und II. Bataillon, die bei Angriff und Abwehr gleichermaßen erfolgreich gegen Ortsbefestigungen, Batterien und Kavallerieverbände zum Einsatz kamen. Nach dem Friedensschluß Ende Juli, trat das Regiment den Rückmarsch an und traf Ende September in seiner Garnison ein. Es hatte im Verlauf des Krieges 17 Offiziere, 47 Unteroffiziere und 511 Mann verloren.
Am 29. Juli 1870 marschierte das Regiment noch einmal unter dem Kommando von Oberst von Roeder in Berlin am König vorbei, ehe es am folgenden Tage zur II. Armee unter Prinz Friedrich Karl abfuhr, um am Krieg gegen Frankreich teilzunehmen. Am

18. August erhielt die 1. Garde-Infanterie-Brigade unter General von Kessel um 5.30 Uhr den Befehl stürmend gegen St. Privat la Montagne vorzugehen. Das bedeutete für die Kämpfer über 2.000 m ohne Deckung gegen ein hoch gelegenes Dorf anzustürmen, im Feuer des technisch weit überlegenen Chassepot-Gewehrs, der Mitrailleusen und Granaten. Unter dem Ruf »Nun vorwärts, Grenadiere« führte Oberst von Roeder sein Regiment an. Zahlreiche Grenadiere fielen, der Kommandeur vor der Front der 3. und 4. Kompanie. Er wurde später auf dem Friedhof Potsdam-Bornstedt (wo man sein Grab noch heute besuchen kann) beigesetzt. Nach Verstärkung durch das 4. Garde-Regiment und mit Hilfe der Spitzen des XII. Armeekorps konnten dann die noch kampffähigen Teile des Ersten Garde-Regiments gegen Abend St. Privat einnehmen. Das Regiment verlor hier 36 Offiziere und 1.072 Mann an Toten und Verwundeten.

Für die Gefallenen der Kriege 1866 und 1870/71 wurde 1872 im Katharinenholz ein Denkmal feierlich eingeweiht (siehe Seite 152).

Die Unterbringung des Ersten Garde-Regiments und seiner Vorläufer war lange Zeit problematisch. Als das Königs-Regiment Nr. 6 von 1713 bis 1733 nach Potsdam verlegt wurde, mußte die Stadt erweitert werden. Die Häuser am Kiez wurden um ein Stockwerk erhöht und der Bau des Holländerviertels begann. Hier wurden die Soldaten genau wie in der gesamten Stadt in Bürgerquartieren gegen ein »Bettgeld« untergebracht. Bald darauf entstanden auch die ersten kleinen »Kasernen«, die zum Teil für Verheiratete gedacht waren. So wurden ab 1740 11 »Kasernen« in der Berliner Straße und 5 an der Heilige-Geist-Kirche für das I. Bataillon Leib-Garde errichtet. Das II. Bataillon Regiments-Garde lag in 13 kleinen, teils aus Holz gebauten Kasernen an der Heiligegeiststraße, 1777 kamen noch 4 weitere dazu. 1753 entstanden 16 massive Kasernen des III. Bataillons Regimentsgarde zwischen dem Berliner Tor und der Französischen Kirche. Das Berliner Tor war 1752 als Siegesbogen für den ersten und zweiten Schlesischen Krieg nach Entwürfen Friedrichs II. von Boumann errichtet worden.

Einzelne Kasernen befanden sich auch in der Lindenstraße, in der auch das noch existierende Gebäude des Regiments- und späteren Garnisonslazarett (bis 1894) steht. Erstmals vom Soldatenkönig im Fachwerkstil für sein Potsdamer Langes Königsregiment errichtet und 1772 durch seinen Nachfolger als massives dreistöckiges Gebäude ausgeführt, auf dessen Attika zwei Figurengruppen die Kranken sowie die behandelnden Feldschere (mit vertauschten Instrumenten) darstellen. In der Nr. 25 befand sich nach dem Neubau das Krankenrevier des Regiments Garde und die Wohnung des Regiments-Feldschers. In der Burgstraße war ein »Bettsaal« für das I. Bataillon Leib-Garde und in der Neustädter Kommunikation (später Hohenzollernstraße) das Lazarett des Garde-Grenadier-Bataillons.

Die 17 vom Bataillon Grenadier-Garde belegten Kasernen im Siefertgäßchen sowie der anderen Gardetruppen zwischen Brandenburger und Nauener Tor, in der Heiligegeiststraße und an der Stadtmauer außerhalb des Neustädter Tores wurden alle bis etwa 1775 fertiggestellt. Sie waren teils massiv, teils aus Holz. Die Unterbringung erfolgte aber hauptsächlich in Bürgerquartieren, wie z.B. im Holländerviertel. Erst 1862 erfolgte die Verlegung des 1. Bataillons in verschiedene kleine Kasernen, die in der Heiligegeist- bzw. Garde-du-Corps-Straße, am Berliner Tor und in der Elisabethstraße lagen. Die dezentralisierte Einquartierung brachte mancherlei Probleme in Fragen der Disziplin, Ordnung und Hygiene mit sich, die erst mit der beginnenden zentralen Unterbringung in der umgebauten alten Gewehrfabrik ab April 1866 allmählich gelöst wurden. Zuerst bezog die Leib-, 2. und 3. Kompanie des I. Bataillons die Anlagen der ehemaligen Fabrik, die 4. Kompanie verblieb noch in der Kaserne am Neustädter Tor. Der Umzug ging aber nur langsam vonstatten und zog sich von 1866 bis 1875 hin. Das zweite Bataillon war bis 1878 in den Privatquartieren des holländischen Viertels untergebracht, bevor es am 1. Oktober in die Kaserne am Wall einziehen konnte. Am 1. Oktober 1885 konnte auch das Füsilier-Bataillon endlich in die ehemalige Gewehrfabrik einziehen. Bis dahin lag es nach Kompanien getrennt und zwar die 9. am Berliner Tor, die 10. Kompanie zur Hälfte in der Elisabethstraße, die andere Hälfte in der Heiligegeiststraße, die 11. in der Garde-du-Corps-Straße und die 12. Kompanie in der Heiligegeiststraße.

Nach dem auch die 4. Kompanie in das neue Regimentsquartier eingezogen war, lagen nun in der alten Gewehrfabrik die Leib-, die 2. und 3. Kompanie, im neuen Block an der Priesterstraße die 4., 9. und 10. Kompanie. Der Fabrik schloß sich am anderen Flügel, am sogenannten Wall, im spitzen Winkel die Kaserne für das II. Bataillon und mit einem größeren Zwischenraum die der 11.

Kaserne des 1. Garde-Regiments zu Fuß, Ecke Priesterstraße/An der Gewehrfabrik mit Stadtkanal

und 12. Kompanie an. Eine Reihe von Erweiterungen erfuhren in der folgenden Zeit das Ökonomiegebäude, daß seinen Platz an der Begrenzungsmauer zum Nachbargrundstück, dem Hofpredigerhaus, Priesterstraße 9, hatte. Es beherbergte die Kammern für die Ausrüstung, die Werkstätten, Büchsenmacherei sowie das Geschäftszimmer des Regimentszahlmeisters und die Badeanstalt. Sehr bald stellte sich heraus, das der Komplex für den Dienstbetrieb eines ganzen Regiments zu eng war. Versuche, die Grundstücke Nr. 9 und 10 1895 dazu zu gewinnen, scheiterten. Die Aufstellung einer Maschinengewehr-Kompanie im Jahre 1908 beim Regiment führte schließlich zur Errichtung eines Neubaus auf dem schon zu engen Kasernenhof. Der neue Anbau wurde neben der Kaserne des II. Bataillons, zu der die neue Kompanie gehörte, mit den Unterkünften, Garagen für die Fahrzeuge und Wirtschaftsräumen errichtet. Die Waffenmeisterei kam in einen Neubau anschließend an die Latrine des II. Bataillons, die Pferde der Kompanie wurden in dem erweiterten Offizierspferdestall, der auch die Krümperpferde aufnahm, gegenüber der 9. und 10. Kompanie eingestellt. Die 1909 begonnenen Baumaßnahmen wurden erst 1911 beendet.

Die Angehörigen des Königshauses pflanzten im letzten Jahrzehnt des vorigen Jahrhunderts auf dem Kasernenhof eine Reihe von Eichen, auch Fürst Bismarck sandte 1895 einen Baum aus dem Sachsenwald. Die Flure der Kompanien waren mit vielen Bildern geschmückt, fremden Fürstlichkeiten zeigte man besonders gern den Paroleflur der Leib-Kompanie mit seinen Bildern von riesigen Flügelmännern.

Dem Begründer des Rohdichschen Legatenfonds, dem früheren preußischen General von Rohdich zu Ehren, wurde zum 100. Todestag 1897 ein Gedenkstein mit seiner Büste auf dem Turnplatz im Kasernenbereich aufgestellt. Dieser Stiftung zufolge konnte Kindern von Regimentsangehörigen ein monatliches Kindergeld von 15,—, ab 1913 sogar 20,— Mark sowie Schulgeldbeihilfen gezahlt werden.

Der Raum zwischen Lustgarten und Garnisonskirche war besonders für das Erste Garde-Regiment zu Fuß von großer Bedeutung, hier spielte sich der Hauptteil des dienstlichen wie außerdienstlichen Lebens seiner Angehörigen ab. An diesem Ort hatte schon der Soldatenkönig oft persönlich seine »blauen Kinder« gedrillt und die Potsdamer Wachtparade ihren Weltruf begründet. Der

Angehörige des Regiments um 1900 mit den charakteristischen »Grenadiermützen« aus der Tradition der Langen Kerls

Lustgarten war auch der Platz der alljährlichen Frühjahrsparaden der Potsdamer Garnison. Das Erste Garde-Regiment trat hier, zusammen mit dem 1. Garde-Reserve-Regiment, am 9. August 1914 das letzte Mal vor dem Kaiser und König Wilhelm II. an. Der Lustgarten ist somit ein Teil der Geschichte des Regiments wie auch der »Lange Stall«, dessen Portal auch heute noch erhalten ist. Diese Bezeichnung hatte das 1734 als Reit- und Exerzierhaus durch Friedrich Wilhelm I. errichtete Gebäude seit dem Ende des 18. Jahrhunderts. Hier fanden in der Regel auch die Vereidigungen der Rekruten des Regiments statt. Die Plantage neben dem Langen Stall war bis 1897 insbesondere vom IV. Bataillon als Exerzierplatz genutzt und danach von der Stadt übernommen worden. 1901 stellte man in die Mitte des auf dem zur Grünanlage umgewandelten Platzes ein Denkmal Friedrichs II. auf. Das Bornstedter Feld dagegen diente der ganzen Garnison als Exerzier- und Übungsplatz. Ab 1896 übten u.a. die Bataillone des Ersten Garde-Regiments auf dem neu eingerichteten Truppenübungsplatz Döberitz. Die Einsatzbereitschaft dieser Truppe wurde im Laufe der Jahre in vielen Brigade-, Divisions- und Kaisermanövern in den verschiedensten Landesteilen immer wieder hart getestet, dabei sich herausstellende Unzulänglichkeiten konsequent beseitigt und die Gefechtsbereitschaft weiter erhöht.

Das o.g. IV. (Halb-)Bataillon war am 1. Oktober 1893 aufgrund der Heeresvorlage 1892, bei Einführung der zweijährigen Dienstzeit, zur Überbrückung der dadurch entstandenen Ausbildungsprobleme bei Rekruten bzw. Angehörigen des Beurlaubtenstandes aufgestellt und 1897 wieder aufgelöst und deren Angehörige auf die anderen Einheiten verteilt worden. Während dieser Zeit war das IV. Bataillon in den alten Bürgerkasernen am Neustädter Tor einquartiert worden.

Die Bekleidung, die über mehrere Jahrzehnte fast unverändert getragen wurde, erfuhr 1888 durch die Einführung der »Semper talis« (Immer von der selben Art)-Helminschrift für die 3. und 4. Kompanie erste Veränderungen. Sie wurde später auch dem Regimentsstab und dem gesamten I. Bataillon verliehen.

Die Einführung der feldgrauen Uniform war 1909, nach Überwindung traditioneller Bedenken, ein objektives Erfordernis der modernen Kriegführung.

An dieser Stelle ist auf das besondere Verhältnis der preußischen Könige und Prinzen zum Regiment zu verweisen. Das Erste

Vereidigung von Rekruten des 1. Garde-Regiments zu Fuß vor dem Langen Stall in Gegenwart Kaiser Wilhelms II.

Garde-Regiment war als Königliche Haus- und Gardetruppe nicht nur für deren Schutz (neben anderen Truppenteilen/Einheiten wie z.B. Lehr-Infanterie-Bataillon) zuständig, sondern auch, wie bereits gesagt, erste militärische Bildungsstätte der jungen Prinzen. Sie wurden in der Regel mit 10 Jahren als Leutnant in diesem Regiment eingestellt, nahmen aber nur bei bestimmten Paraden am militärischen Leben des Regiments teil. Erst als Erwachsene war der normale Dienstbetrieb für sie militärischer Alltag. Dadurch, daß die Prinzen in diesem Regiment später Kompaniechefs, Bataillons- und z.T. Regimentskommandeure wurden, bildete sich hier ein besonderes, fast familiäres Verhältnis, mit dem Gefühl der unbedingten Zusammengehörigkeit, heraus.

In der Freizeit betätigten sich die Offiziere bei speziellen Schießwettbewerben, wie dem Adlerschießen, an unterschiedlichen Jagdveranstaltungen sowie auch im Segel- und Rudersport. Aber auch an die gesellschaftlichen Fähigkeiten des Offizierkorps wurden im bevorzugten Ersten Garde-Regiment hohe Anforderungen gestellt. Ihr gesellschaftlicher Verkehr spielte sich in der Regel in

den Kasinos der Potsdamer Truppenteile, den Räumen des Zivilkasinos und in den Familien ab. Ihr eigenes Kasino in der Mammonstraße 4 ließ sie in der Regel täglich zusammenkommen.
Fast alle dieser Beziehungen wurden aber mit Ausbruch des Weltkrieges 1914 gegenstandslos. Nach dem Feldgottesdienst im Lustgarten am 9. August rückten das Erste Garde-Regiment und die aus ihm gebildeten mobilen Formationen unter dem gerade erst ernannten Kommandeur, Oberst Prinz Eitel Friedrich, mit dem Gardekorps ins Aufmarschgelände bei Stavelot an die Westfront. Hier wurde das Regiment in den Verband der 2. Armee (Bülow) eingegliedert. Seine Feuertaufe erhielt es am 23. August im Gefecht bei St. Gérard.
Die folgenden unzähligen Gefechte und Schlachten dieses Krieges fand das Regiment stets an exponierter Stelle.
Nach Beginn des Waffenstillstandes am 11. November 1918 und der Nachricht vom Ausbruch der Revolution in der Heimat, erläuterte der Regimentskommandeur den versammelten Kompanien die Lage und brachte seine Haltung zu Gehorsam und Pflichttreue zum Ausdruck. Durch den Einfluß der Soldatenräte nicht beeinträchtigt, gelangte die ganze 1. Garde-Infanterie-Division und damit auch das Erste Garde-Regiment am 11. Dezember nach Potsdam. Sie rückte mit klingendem Spiel und unter großer Anteilnahme der Bevölkerung in die Stadt ein. Allen voran die Leib-Kompanie mit den silbernen Fahnen. Die einziehenden ausgemergelten und mitgenommenen Grenadiere und Füsiliere hatten an allen Operationen des Krieges mit Erfolg teilgenommen und auch große Verluste erlitten. Das Erste Garde-Regiment verlor im Weltkrieg 4.601 Mann, darunter auch seinen Kommandeur von Bismarck. Das 1. Garde-Reserve-Regiment hatte 3.518 Mann an Toten, dabei ebenfalls der Kommandeur (21.3.1918) Oberstleutnant von Schmidt, zu beklagen.
Ihnen zu Ehren wurde neben der Garnisonkirche ein Ehrenmal errichtet, das nach 1945 auf Befehl der russischen Besatzungsmacht beseitigt werden mußte.
Nach dem Ersten Weltkrieg und der Auflösung des Regiments ging ein Teil der ehemaligen Angehörigen ins Baltikum, um gegen den Bolschewismus anzutreten, andere nahmen im Rahmen des »Freikorps Potsdam« unter Major Stephani an den Kämpfen in Berlin teil. Offiziere und Unteroffiziere des Regiments, die nach Aufstellung der Reichswehr und des 9. (Preuß.) Infanterie--

Haupteingang zur Kasernenanlage des Infanterie-Regiments 9 (vorher war hier das 1. Garde-Regiment zu Fuß) in der Priesterstraße (heute: Henning-von-Treskow-Straße)

Regiments (1.1.1921) in Potsdam bleiben wollten, wurden diesem Regiment zugewiesen. Im 9. Infanterie-Regiment, dessen Geschichte untrennbar mit der des Ersten Garde-Regiments verbunden ist, wurde die Tradition des Ersten Garde-Regiments und anderer Gardetruppen bewahrt und weitergeführt. Der sich über ganz Deutschland erstreckende Regimentsverein »Semper-talis Bund« vereinigte ehemalige Offiziere, Unteroffiziere und Mannschaften und pflegte die Erinnerung dieser ausgezeichneten Gardetruppe.
Nach kurzfristigen Übergangsbelegungen war in der SEMPER-TALIS-Kaserne in der Priesterstraße der Stab des I. Bataillon/I.R. 9 mit der 1., 2. und 3. Kompanie sowie vom III. Bataillon die 9. und 11. Kompanie bis zum Beginn des Zweiten Weltkrieges stationiert.
Das Infanterie-Regiment, das dem Infanterieführer III unterstand, gliederte sich in der Reichswehrzeit in drei Feldbataillone, die 13. (Minen-Werfer-, später Granatwerfer-)Kompanie und ein Ausbildungsbataillon. Zu jedem Regiment gehörte außerdem eine Infanterie-Geschütz-Kompanie (zunächst dargestellt mit Holzgeschützen).
Die Feldbataillone bestanden aus drei Schützenkompanien und einer MG-Kompanie (im Regimentsverband die 4., 8. und 12. Kp.). Das III. Bataillon war 1921 nach Spandau verlegt worden, die drei Kompanien des Ausbildungsbataillons (14.–16. Kp.) sowie die restlichen Gliederungen des Regiments lagen in Lübben, Lichterfelde und Wünsdorf. Diese Dislokation war weder in der Reichswehr noch in der Wehrmacht endgültig, sondern unterlag im Zuge der Heeresverstärkungen und des Neubaus von Objekten verschiedenen Veränderungen. So wurde im Herbst 1928 der Stab des II. Bataillons und die 8. Kompanie, 1929 auch die 5. Kompanie von Lichterfelde nach Potsdam verlegt. Nachdem die Ausbildung der Rekruten in allen Kompanien erfolgte, ging 1933 das bisherige Ausbildungsbataillon (Lübben) zum Infanterie-Regiment 8 über.
Im Herbst 1934 gab das I.R. 9 eine größere Anzahl von Unteroffizieren und Mannschaften zur Aufstellung des Infanterie-Regiments 29 nach Crossen ab. Zur gleichen Zeit wurde im I.R. 9 eine neue 14. (Panzer-Abwehr-)Kompanie aufgestellt. Zum Aufbau des Infanterie-Regiments 50 (Küstrin), des Infanterie-Regiments 67 (Spandau) und 68 (Brandenburg) wurden 1935 erhebliche Teile des Regiments (auch »Graf Neun« genannt) verwandt. Im Falle I.R. 67 sogar das ganze III. Bataillon.
Durch den Neuaufbau des III. Bataillons in Potsdam war das ganze Regiment in diesem Standort vereinigt, dessen Unterbringungsprobleme aber erst durch die Fertigstellung der im Bau befindlichen neuen Kasernen am Bornstedter Feld gelöst wurden. Die Gliederungen des Regiments hatten in den Jahren 1936/37 bis

Seite aus dem Urkundenheft des Schützen Gustav Weber von der 1. Kompanie des I.R.9, u.a. mit der Unterschrift Henning von Tresckows, der dort zeitweise als Sportoffizier fungierte

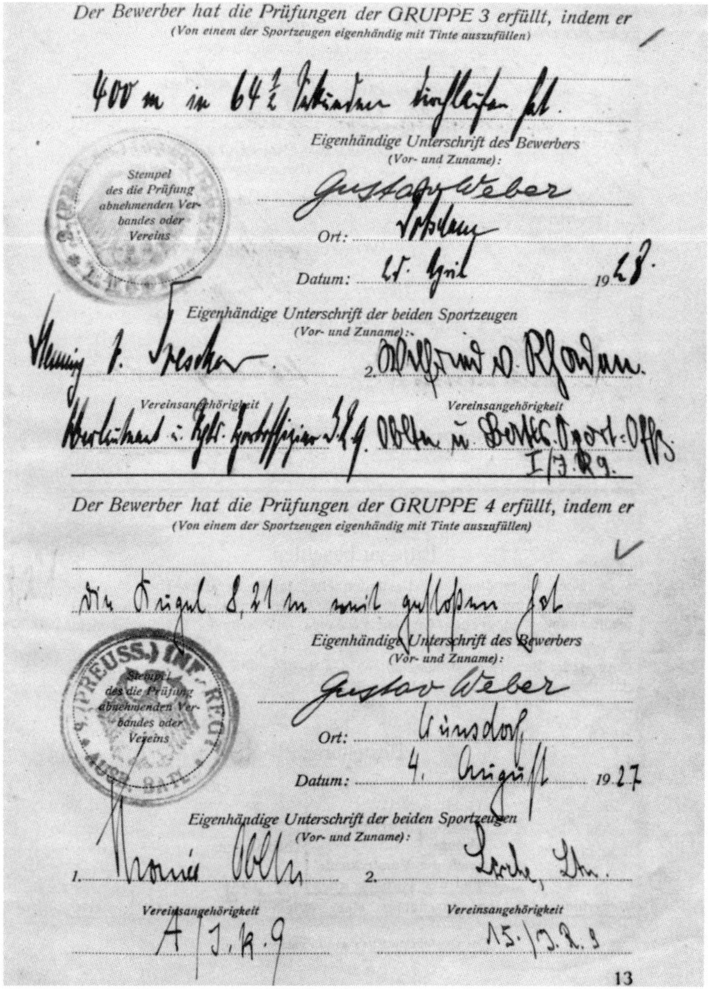
Der Bewerber hat die Prüfungen der GRUPPE 3 erfüllt, indem er
(Von einem der Sportzeugen eigenhändig mit Tinte auszufüllen)

400 m in 64½ Sekunden durchlaufen hat.

Stempel des die Prüfung abnehmenden Verbandes oder Vereins

Eigenhändige Unterschrift des Bewerbers (Vor- und Zuname): Gustav Weber

Ort: Potsdam

Datum: ... 19..

Eigenhändige Unterschrift der beiden Sportzeugen (Vor- und Zuname):

1. Henning v. Tresckow 2. ...

Vereinsangehörigkeit *Vereinsangehörigkeit*

I/I.R.9.

Der Bewerber hat die Prüfungen der GRUPPE 4 erfüllt, indem er
(Von einem der Sportzeugen eigenhändig mit Tinte auszufüllen)

die Kugel 8,21 m weit gestoßen hat

Stempel des die Prüfung abnehmenden Verbandes oder Vereins

Eigenhändige Unterschrift des Bewerbers (Vor- und Zuname): Gustav Weber

Ort: Wünsdorf

Datum: 4. August 1927

Eigenhändige Unterschrift der beiden Sportzeugen (Vor- und Zuname):

1. ... Oblt. 2. ... Ltn.

Vereinsangehörigkeit *Vereinsangehörigkeit*

A/I.R.9 15./I.R.9

13

zum Kriegsausbruch 1939 in folgenden Kasernen des Standortes Potsdam ihre endgültige Unterkunft gefunden. In der SEMPER-TALIS-Kaserne des ehemaligen Ersten Garde-Regiments zu Fuß in der Priesterstraße Nr. 2 bis 8 befand sich das I. Bataillon (ohne die 4. Kompanie, die sich nach wie vor in ihrer bisherigen Kaserne an der Pappelallee/Bornstedter Feld befand) sowie vom III. Bataillon die 9. und 11. Kompanie. Diese Kaserne war zuvor weiter ausgebaut worden und hatte eine der historischen Überlieferung entsprechende und auch wohnliche Ausgestaltung erfahren, die vom damaligen Kommandeur des I. Bataillons, Oberstleutnant von Schellwitz, besonders gefördert wurde.

In der neuen bzw. bedeutend erweiterten »Adolf-Hitler-Kaserne« am Bornstedter Feld lagen nun neben der 4. Kompanie, dem Regimentsstab mit der aus Reiterzug, Nachrichtenzug und Musikkorps bestehenden Stabskompanie, die 13. (Infanterie-Geschütz-) und die 14. (Pak-) Kompanie, desweiteren vom II. Bataillon der Stab und die 8. (MG-)Kompanie. Die 8. Kompanie lag vorher (1. Hälfte dreißiger Jahre) gemeinsam mit der 5. Kompanie sowie dem Nachrichtenzug des II. Bataillons in der Kaserne des ehemaligen 1. Garde-Ulanen-Regiments am Ruinenberg.

Die drei Schützenkompanien (5., 6., 7.) des II. Bataillons lagen in der sogenannten »Jägerkaserne« (ehemalige Unteroffiziersschule Potsdam) in der Jägerallee 10/12.

Vom III. Bataillon lagen der Stab sowie die 10. und 12. Kompanie in dem als »Hindenburg-Kaserne« bezeichneten Objekt des 3. Garde-Ulanen-Regiments in der Jägerallee 23.

Im ehemaligen Kasino des Regiments Garde du Corps Am Kanal war nach einem großzügigem Ausbau und Ausgestaltung in diesem Zeitraum wieder das Offiziersheim des Regiments eingezogen. Der langjährige Kommandeur des I.R. 9, Generalmajor Busch, wurde am 1. Oktober 1934 Kommandeur der neugebildeten 23. Infanterie-Division. In diesem Verband waren neben dem I.R. 9, das Infanterie-Regiment 67 (Spandau), das Infanterie-Regiment 68 (Brandenburg), das Artillerie-Regiment 23 (Potsdam), die Nachrichten-Abteilung 23 (Potsdam) und andere Divisionseinheiten vereinigt.

Das Regiment war, wie das gesamte 100.000 Mann-Heer, nicht nur Kaderschmiede für ein künftiges Massenheer, sondern auch Stätte der Erprobung neuer Technik und taktischer Einsatzgrundsätze. So wurde u.a. 1929 in Döberitz im Rahmen einer Lehrübung der Einsatz und die Abwehr von Panzern im Zusamenwirken mit Schützeneinheiten (III. Bataillon) geprobt. Die Panzer wurden wegen der Bestimmungen des Versailler Vertrages noch durch motorisierte Blechattrappen dargestellt.

Adalbert Fügenschuh, 1922 bis 1934 im I.R.9, später Feldwebel im I.R.50

Durch die Heeresverstärkungen Mitte der dreißiger Jahre ergaben sich auch eine Reihe von Veränderungen in der Traditionspflege des Regiments. Nun lag die Pflege der Überlieferungen des Ersten Garde-Regiments nicht mehr ausschließlich bei der 1. Kompanie, sondern beim Regimentsstab, dem I. Bataillon (1.–4.Kp.) sowie der 13. und 14. Kompanie. Das II. Bataillon (5.–8. Kp.) übernahm nun, neben der Tradition des Garde-Jäger- und Garde-Schützen-Bataillons, die der beiden Garde-Maschinengewehr-Abteilungen. Die Traditionen der I.R. 64 und 130 wurden anderen Truppenteilen übergeben. Das neue III. Bataillon übernahm diese ehrenvolle Aufgabe für das 3. Garde-Regiment zu Fuß, während das ehemalige III. Bataillon (im I.R. 67) weiterhin die Tradition des Garde-Grenadier-Regiments 1 (Kaiser Alexander) pflegte.

Viele Offiziere, Unteroffiziere und Mannschaften, die in den 20er und 30er Jahren durch die Schule des Regiments gingen, wurden durch den kritischen und widerspruchsvollen Geist dieser Truppe geprägt. Den Traditionen der ehemaligen preußischen Garde eng verbunden, betrachteten sie besonders in der Zeit des NS-Staates das Regiment als Ort innerer Emigration. Eine verhältnismäßig große Anzahl Offiziere, die durch dieses Regiment gingen, waren dann führend am Attentat vom 20. Juli 1944 gegen Hitler beteiligt, der bekannteste von ihnen war Generalmajor Henning von Tresckow.

Die hohen Verluste des Ostfeldzuges führten im Sommer 1942 im Zuge von Umgliederungen zur Auflösung des I.R. 9 sowie der ganzen 23. Infanterie-Division. Aus den Resten des Regiments wurde das Grenadier-Regiment 9 aufgestellt, das im Rahmen einer ebenfalls neuen 23. Inf.-Division eingesetzt wurde. Es ging 1944/45 an der Ostfront, z.T. in anderen Formationen (Grenadier-Regiment 67) eingegliedert, unter.

In den Potsdamer Kasernen des Infanterie-Regiments 9 waren während des Krieges Ersatzformationen wie u.a. das Infanterie-Ersatz-Bataillon 9 stationiert.

In der Kaserne Pappelallee war in den letzten Wochen vor Kriegsende noch das Reserve-Lazarett 101 untergebracht. Nach der Besetzung Potsdams durch russische Truppen wurde es Gefangenenlazarett.

Die Kasernenanlage in der Priesterstraße (seit 1991 Henning-von-Tresckow-Straße) wurde seit Sommer 1945 durch verschiedene Betriebe und Behörden genutzt.

Unteroffizierkorps der 15./I.R.9 (1.10.1934)

Die Kasernen des Regiments Garde du Corps

Nach Auflösung der alten Garde du Corps-Truppe, die von 1692 bis 1713 bestand, durch Friedrich Wilhelm I. (Soldatenkönig), erfolgte durch Friedrich II. 1740 die Neuaufstellung einer Eskadron Garde du Corps in Charlottenburg. Als königliche Leibwache nahm sie eine exponierte Stellung bei den Gardetruppen ein, die sie in Kriegszeiten durch entsprechende Leistungen bestätigte. Ein genaues Stiftungsdatum ist nicht feststellbar, es liegt aber zwischen dem 23. und 26. Juni 1740. Am 12. Februar 1741 war die Truppe zum Empfang der neuen Standarte das erste Mal in Potsdam und marschierte unter großer öffentlicher Teilnahme Anfang März in den ersten Schlesischen Krieg.
Durch die Verlegung der Sommerresidenz Friedrichs II. von Charlottenburg nach Potsdam ergab sich auch die Notwendigkeit der Umquartierung der Garde du Corps-Eskadron. Bereits 1749 wurde unter Leitung des Architekten von Knobelsdorff »der Bau eines Stalles von einem Stockwerke hoch« für 176 Pferde begonnen, dem folgte 1751 südlich des Kanals der Bau einer Kaserne mit 64 Wohnungen für alle Offiziere und Mannschaften auf dem bisher unbebauten Gelände Am Kanal unterhalb der Kellerbrücke, in der späteren »Garde-du-Corps-Straße«, die als erste Kavalleriekaserne in Preußen gilt. In diesem links des Kanals errichteten Wohnbau waren auch der Regimentsquartiermeister und -feldscher untergebracht. 1752 errichtete man rechts des Kanals das Haus für den Kommandeur (seit Juli/August 1747 Blumenthal II), dahinter auch eine Wohnung für den Fahnenschmied und den Sattler, deren Werkstätten, ein Lazarett und einen weiteren Stall für 50 Pferde. Die sich mit den Bauten bildenden Höfe wurden zum Kanal durch hohe Mauern abgeschlossen. Die Verlegung der Eskadron von Charlottenburg nach Potsdam erfolgte am Sonnabend, dem 16. Juni 1753. Die Eskadron Garde du Corps wurde kurz nach Kriegsbeginn 1756 durch zwei weitere Eskadronen auf Regimentsstärke gebracht.
Die in Potsdam liegende Eskadron kehrte auf 192 Pferde verstärkt aus dem Siebenjährigen Krieg zurück. Nun fehlte es an Stallungen für die Pferde, deshalb wurde 1771 hinter den vorhandenen Ställen ein neuer für weitere 50 Pferde gebaut (ein Problem, das in der Folgezeit immer wieder auftrat).
1772 wurden hinter dem Hof des Kommandeurs der Garde du Corps an der Stadtmauer für das Kommando reitender Artillerie, das bis 1792 jeden Sommer in Potsdam zusammengezogen wurde, eine Kaserne und ein Stall, sowie an der Mauer hinter dem Magazin ein Kanonenschuppen und ein Krankenstall gebaut.
In seinem Testament bedachte Friedrich II. auch seine hervorragenden Offiziere und Unteroffiziere der Garde du Corps.
Unter den am 5. Dezember 1786 (Tag von Leuthen) mit der großen goldenen Gedenkmedaille (auf die Schlacht von Torgau, mit dem Brustbild des Siegers; geprägt durch Abramson) Ausgezeichneten ist auch Major Friedrich Wilhelm von Zollikofer (auch: Zolligkoffer), der Kommandeur des Regiments von 1795—98. Friedrich Wilhelm II. zeichnete die betreffenden sechs Offiziere gleichzeitig mit dem Militärverdienstorden »Pour le Mérite« aus. Neun Unteroffiziere und Hautboisten sowie zwanzig Gemeine erhielten im Namen des verstorbenen Königs ein Gnadengeschenk von zwei bzw. ein Friedrichsdor, alle übrigen Unteroffiziere und Soldaten der drei Garden erhielten jeder zwei Taler.
Der als Generalmajor pensionierte Zollikofer-(Altenklingen) diente von 1756 bis 1798 im Regiment, starb kurz darauf und wurde auf dem Potsdamer Alten Friedhof beigesetzt.
Während die Übungen vor 1753 und auch danach bis 1806 auf dem Exerzierplatz zwischen Sanssouci und dem Bornstedter See abgehalten wurden, führte man die Reitübungen im Lustgarten, auf dem Platz an der Heiligegeistkirche und im Winter im Langen Stall an der Plantage durch. Die Pferde stellte man bei den Potsdamer Übungen vor 1753 — bis man später genügend Ställe gebaut hatte — im Königlichen Marstall unter.
Um 1798 wurden die Eskadronen in Kompanien unterteilt, die wiederum einem Kompaniekommandeur unterstanden. Die Garnisonsorte blieben die gleichen wie bisher, so blieben z.B. die Leibkompanie und der Stab des Regiments in Potsdam. Die Leibkompanie bezog die früher von der Artillerie benutzte Kaserne und den Stall, an den ein Flügel angebaut wurde. In den neuen Stall kamen die Pferde der 2. Kompanie, während die 3. und 4. Kompanie den alten Stall behielten. In der alten Kaserne lagen die 2., 3. und 4. Kompanie. Die Benennung der Kompanien nach

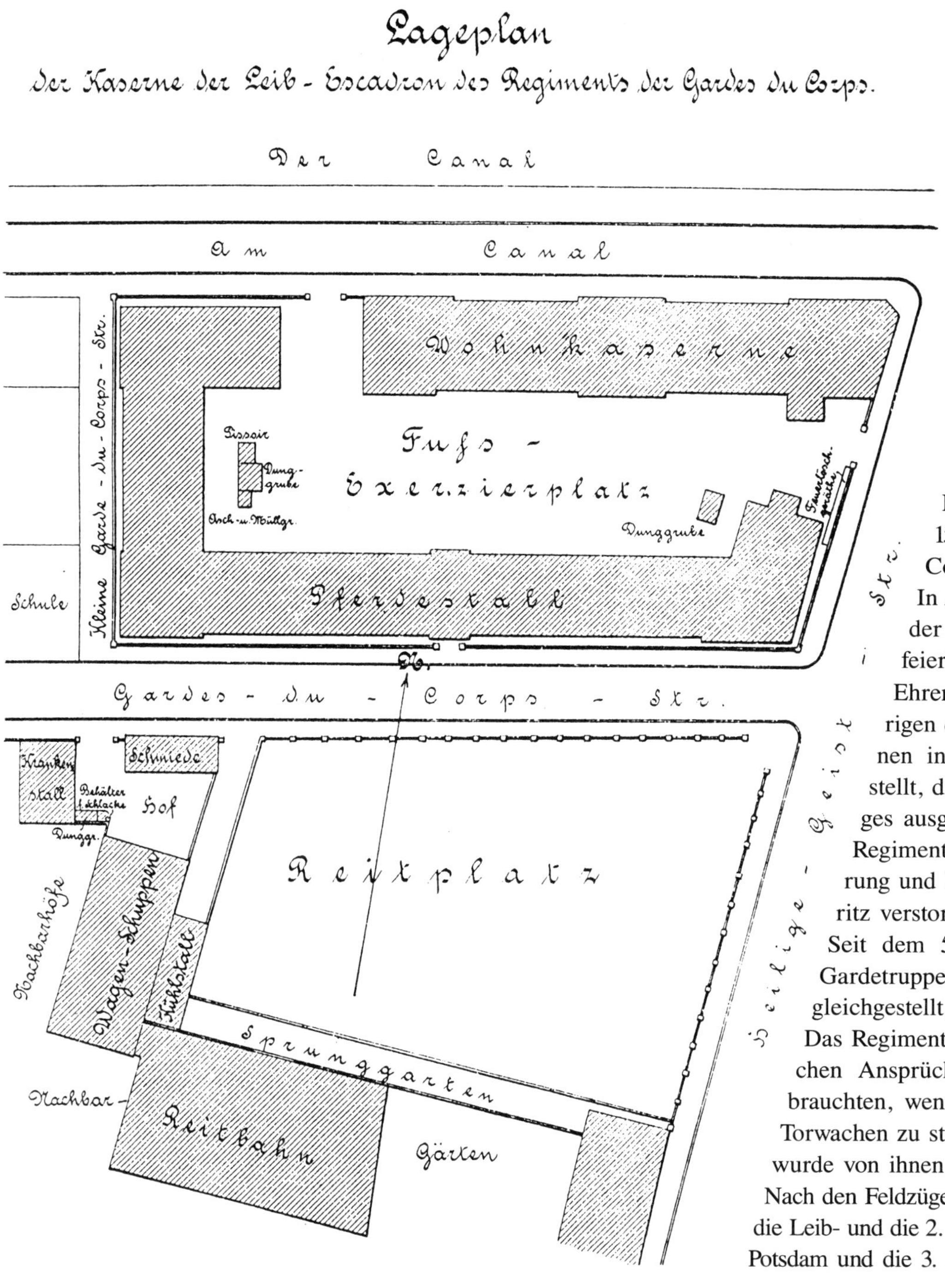

Nummern erfolgte aber erst ab April 1810, vorher wurden die Kompanien nach den Namen der Chefs bezeichnet.

Im Verlaufe des Krieges von 1806/07 konnte sich die Truppe immer wieder der Gefangenschaft entziehen. Am 23. Dezember 1809 marschierte die Garde du Corps aus Ostpreußen kommend wieder in Berlin ein. Am Tag darauf bezogen der Stab des Regiments, die Leib-Eskadron und die 2. Eskadron wieder ihre Quartiere in Potsdam, während die 4. Eskadron wieder ins Charlottenburger Quartier kam. Die Leib-Ulanen-Eskadron wurde am 15. März 1810 dem Regiment Garde du Corps angeschlossen.

In Anwesenheit Friedrich Wilhelms III. und der Königin Luise wurden während einer feierlichen Zeremonie am 20. Mai 1810 Ehren- und Gedächtnistafeln für die Angehörigen der Garde du Corps und der Garde-Ulanen in der Potsdamer Garnisonkirche aufgestellt, die sich im Verlauf des vergangenen Krieges ausgezeichnet hatten. Im Sommer hatte das Regiment dann das Ehrengeleit für die Rückführung und Beisetzung der am 19. Juli in Hohenzieritz verstorbenen Königin zu stellen.

Seit dem 5. Januar 1808 waren die königlichen Gardetruppen zu Pferde und zu Fuß einander gleichgestellt, rangierten aber vor den Feldtruppen. Das Regiment Garde du Corps behielt, bei sonst gleichen Ansprüchen, den Vorrang bei der Garde. Sie brauchten, wenn genug Militär in der Stadt war, keine Torwachen zu stellen, nur die Königs- oder Hauptwache wurde von ihnen besetzt.

Nach den Feldzügen gegen Napoleon 1813/14 und 1815 trafen die Leib- und die 2. Eskadron am 2. Dezember 1815 wieder in Potsdam und die 3. Eskadron am 3. Dezember in Berlin ein.

In der Potsdamer Garnisonkirche erfolgte am 30. Oktober 1816 die Einweihung der Ehrentafeln mit den darauf verzeichneten Namen der Gefallenen und der Ausgezeichneten der Befreiungskriege. Zur Erinnerung an das 100jährige Jubiläum des Regiments wurden in der Reitbahn speziell dazu gemalte Kolossalbildnisse von Garde du Corps aus dem Jahre 1740 und 1840 enthüllt. Das ehemalige Lazarett des Regiments wurde nach 1820 einschließlich der vorhandenen Küche als Speisesaal für die Offiziere genutzt. Bis 1832 wurden nur die unteren Räume zu diesem Zweck verwendet, danach die oberen. Zum Anlaß des Stiftungsfestes 1840 wurde der Speisesaal ganz neu hergerichtet und mit den Wappen

Ehemaliges Kommandeurhaus der Garde du Corps (1752/53 von Knobelsdorff), Am Kanal 3 (Heinrich-Rau-Allee)

aller Offiziere seit 1740 sowie den Büsten der königlichen Chefs geschmückt. Im Jahre 1887 wurde ein Treppenhaus angebaut, die Wappen bis zu diesem Zeitpunkt ergänzt sowie die innere Einrichtung erneuert. Das Lazarett wurde 1820 in das für das Erste Bataillon Garde 1751 neben dem Packhof in der Burgstraße errichtete Lazarett verlegt. Die Ställe der 3. und 4. Kompanie wurden nach 1798 durch Anbauten kleiner Ställe erweitert, der sehr schlecht gebaute Stall der 2. Kompanie 1804 abgerissen. Ein Neubau wurde wegen des Krieges erst 1811 fertiggestellt und dabei an der Rückseite gleich ein Flügel angebaut. 1856 wurde neben diesem Flügel ein Krankenstall errichtet.

Eine Reitbahn war 1800 zwischen dem Magazin und dem Kanonenschuppen gebaut worden, 1839 wurde aber aus Mitteln des Regiments eine neue auf dem Platz des Kanonenschuppens eingerichtet. Die alte Bahn wurde nun als Magazin und 1867 als Stall für die 9. Kompanie benutzt. Neue Räumlichkeiten waren durch die Errichtung der 9. und 10. Kompanie im Jahre 1867 erforderlich geworden.

Die alten Ulanenställe am Nauener Tor dagegen wurden für die Pferde der 10. Kompanie bereitgestellt. Die Mannschaften kamen in Bürgerquartiere, seit 1885 aber in eine früher vom Füsilier-Bataillon des Ersten Garde-Regiments zu Fuß genutzte Kaserne neben der Leib-Kompanie. Die Pferde kamen daraufhin in Gasthofställe vor dem Berliner Tor. Seit Ende des Krieges 1815 wurden schon das Bornstedter Feld und der Reitplatz an der Neuen Königstraße als Übungsplätze benutzt.

1891–1893 entstand ein neuer, großer, in sich geschlossener Kasernenkomplex in der Neuen Königstraße Nr. 109, Behlertstraße und Wassergasse (am Heiligen See) für das Regiment Garde du Corps. Die Vorarbeiten begannen bereits 1890. Hier fanden ab 1894 die 2. bis 5. Eskadron gegenüber den bisherigen Unterkunftsmöglichkeiten optimale Wohn- und Dienstbedingungen vor. Während die 2. und 4. Eskadron die Kaserne in der Neuen Königstraße belegte, war die 3. und 5. Eskadron im Wohngebäude der Behlertstraße untergebracht. Der Kasernenkomplex sicherte den vier Eskadronen für die damalige Zeit moderne Stallanlagen für die Pferde, einschließlich Kühl- und Krankenställe mit entsprechender Entwässerung, sowie Reit- und Exerzierplätze im Objekt. Die Leib-Eskadron war 1889 und auch später in der Kaserne Am Kanal 68 untergebracht. Dieser großzügige Kaser-

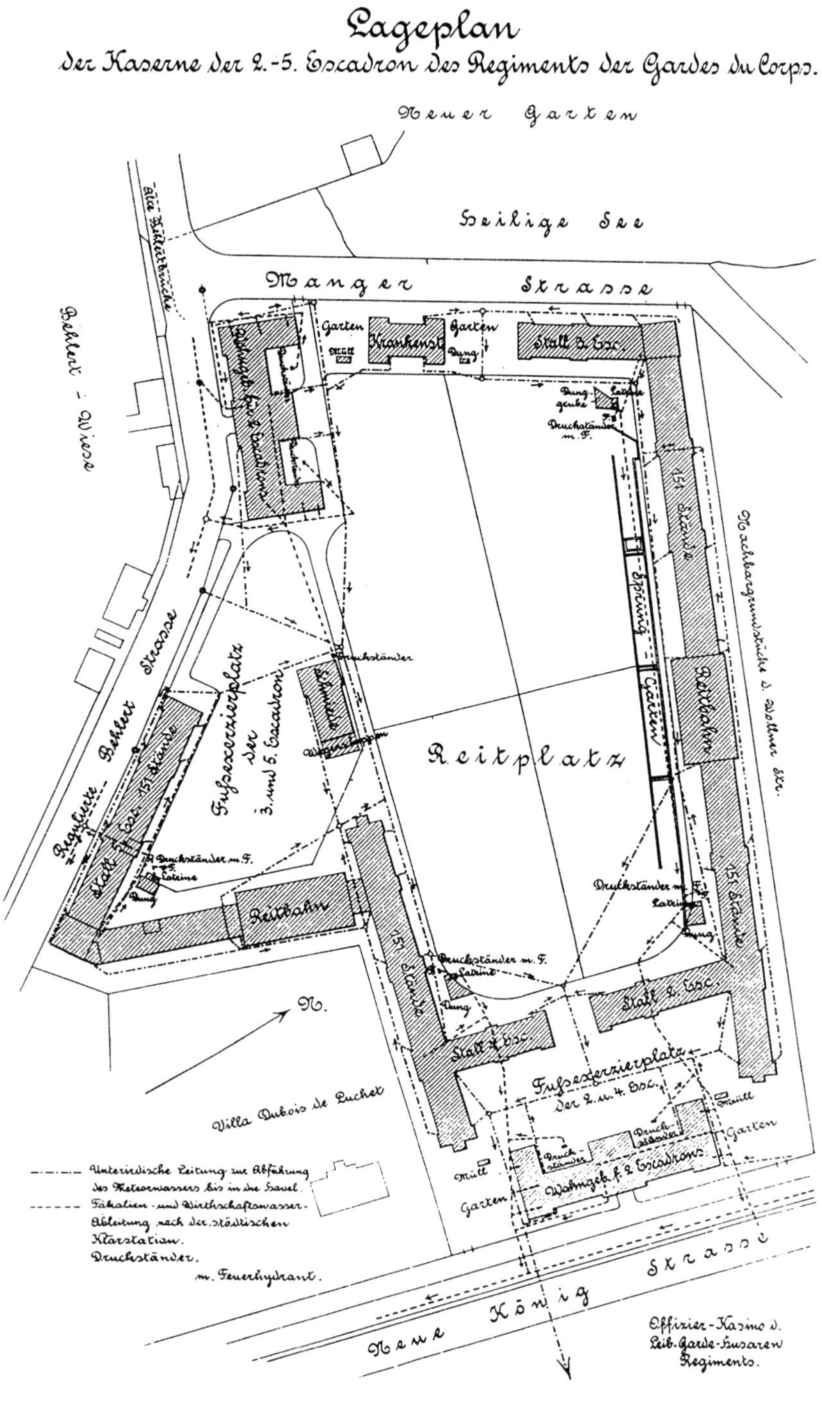

nenkomplex wurde durch den Truppenteil bis zu seiner Auflösung 1919 genutzt.

Am 3. August 1914 verließ das Regiment unter Oberstleutnant Graf von der Schulenburg als erstes die Potsdamer Garnison und traf bald darauf auf dem westlichen Kriegsschauplatz ein, wo es im Verband der Garde-Kavallerie-Division kämpfte. Im Frühjahr bis Ende Juni 1915 war der Verband dann zum Bahn- und Grenzschutz in Holland befohlen. Es folgte die Verlegung zur Ostfront zur Zurückdrängung der russischen Truppen. Nach vielen weiteren Einsätzen trat die Truppe am 5. Januar 1919 bei strenger Kälte und lebhaften Gefechten mit ukrainischen und roten Truppen von Kiew aus, über Brest-Litowsk den Rückmarsch an, der von Prosken aus mit der Bahn erfolgte. Das Regiment kehrte als letztes am 13./14. Februar 1919 nach Potsdam zurück und wurde dann weitgehend aufgelöst. Eine Eskadron der Garde du Corps wurde mit Teilen der anderen Potsdamer Garde-Kavallerie im Kavallerie-Regiment Potsdam Nr. 3 in der Leib-Garde-Husaren-Kaserne vereinigt.

Dieses Regiment verlegte im Herbst 1919 zum Grenzschutz nach Oberschlesien. Von dort kehrte es Ende Januar 1920 zurück und war im Frühjahr dieses Jahres in verschiedenen Orten um Potsdam gegen das Rätesystem im Einsatz. Bei der Bildung des 200.000-Mann-Heeres wurden die Eskadronen in das Reiter-Regiment 4 übernommen. Im 100.000-Mann-Heer erhielt die sechs Eskadronen starke Truppe bei der Übernahme die neue Bezeichnung »4. (Preuß.) Reiter-Regiment«. Die erste Eskadron übernahm dabei die Traditionspflege der Garde du Corps.

Die Kaserne dieser Garde-Truppe in der Neuen Königstraße 109 wurde von der Reichswehrverwaltung (Fiskus) übernommen und fungierte in den 20er bis Mitte der 30er Jahre als Reiterkaserne II des 4. (preuß.) Reiter-Regiments. Hier wurde 1934 auch noch ein Pferdelazarett angebaut. In dem in der Behlertstraße gelegenen Teil des Kasernenkomplexes war zwischen 1925 und 1931 die Minenwerfer-Kompanie des Infanterie-Regiments 9 (ehemals Schutztruppe Deutsch-Ostafrika) untergebracht. Ab

1932 bis 1936/37 ist in diesem Teil die 13. Kompanie des I.R. 9 nachweisbar. Nach dem Übergang der Reichswehr zur Wehrmacht in der zweiten Hälfte der 30er Jahre war auf der rund 5 ha großen Fläche das II. Aufklärungs-Regiment 6 (später Aufklärungs-Regiment 8) untergebracht. In der Behlertstraße 26 befand sich 1938/39 auch das Heeresbauamt. Das gesamte Areal blieb von 1939 bis zum Ende des Zweiten Weltkrieges Panzertruppenkaserne.
Nach 1945 zogen auch hier Truppen der Roten Armee ein. 1949 war im Kasernengebäude Behlertstraße das Polizeipräsidium der Stadt Potsdam (Verwaltung/Steuerpolizei u.a.) untergebracht. Später, bis 1953, nutzte die Stadt das Gebäude für Schulungszwecke. 1953 zog dann die Kasernierte Volkspolizei hier ein, bis sie 1956 von deren Nachfolger, der NVA, abgelöst wurde. So war z.B. von 1963 bis 1990 die 1. und 2. Etage vom Wehrbezirkskommando Potsdam belegt. Die 3. Etage beherbergte das Ledigenwohnheim, darüber Unterkunft und Geschäftszimmer der Artille-

Hauptgebäude in der Neuen Königstr. (Berliner Str.). Auf den beiden Sockeln beim Hauptportal befinden sich noch die Skulpturen von jeweils Pferd mit abgesessenem Reiter

Historische Postkarte von Regimentsangehörigen, wie sie in der Kaiserzeit allgemein üblich war

rie-Werkstatt und Lager 1. Im Seitenflügel der Stab der Flak-Abteilung 1 (später zeitweilig Flak-Rgt. 1). Die Wohnkaserne in der Berliner Straße war Unterkunft der Flak-Abteilung und 1963/64 auch zeitweilig für ein Reserve-Ausbildungs-Regiment, danach wieder Flak-Abteilung. 1970/71 erfolgte die Zusammenfassung der Werkstätten und Lager der 1. MSD zum Instandsetzungs-Bataillon 1 (Panzerwerkstatt und Lager blieben in Eiche).

In der Behlertstraße wurde in den 70er Jahren noch ein Neubau für ledige Berufssoldaten der NVA gebaut und nach Bildung des Kommandos der Landstreitkräfte 1972 eine Unterkunft für die Militärstreifen-Ausbildungs-Kompanie 40 eingerichtet.

Von Oktober 1990 bis April 1991 gehörte der Komplex der Bundeswehr. Heute sind Gelände und die Bauten der Telekom übereignet.

Lageplan
von dem Kasernement des Leib-Garde-Husaren-Regiments.

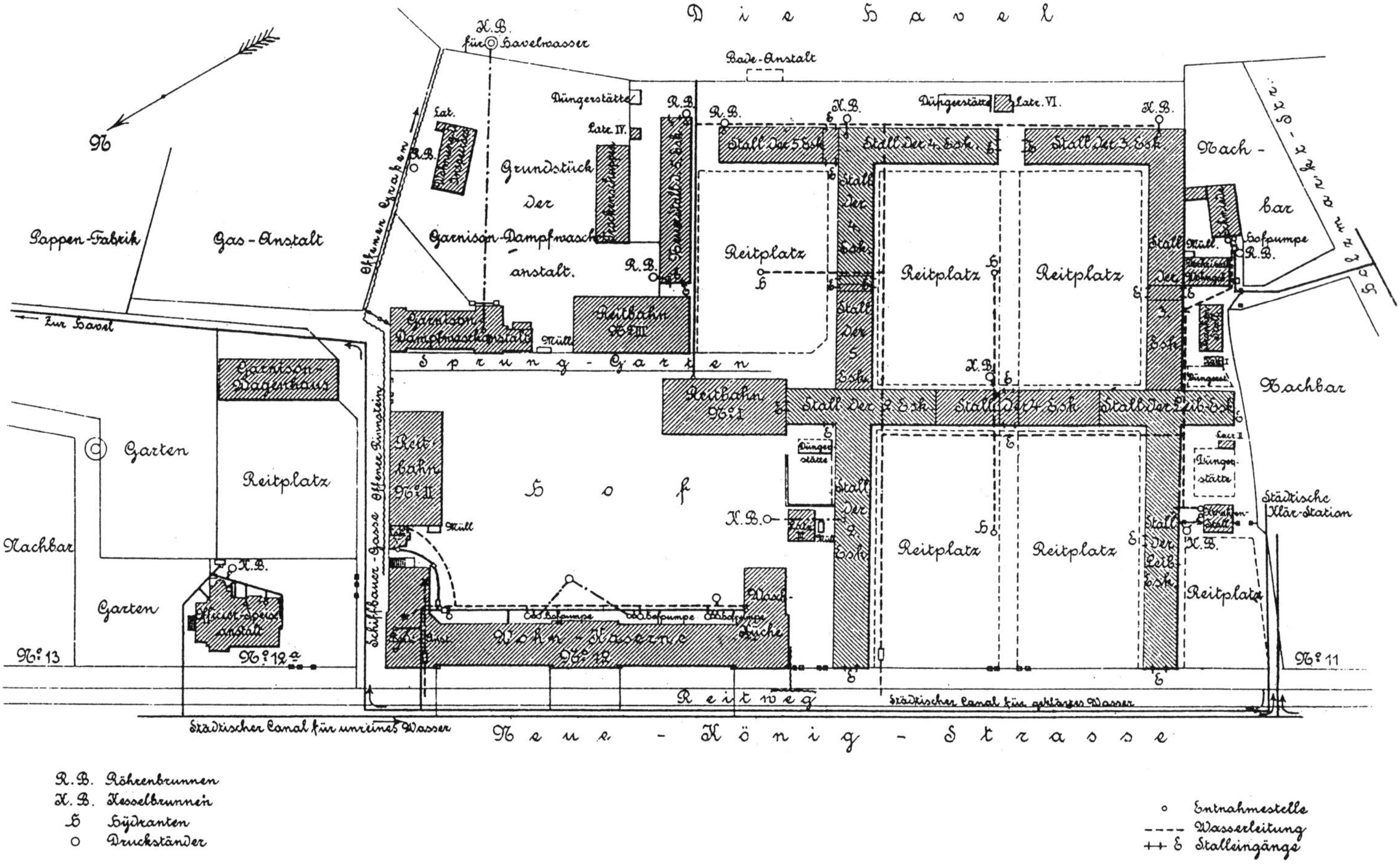

Die Kasernen des Leib-Garde-Husaren-Regiments

Nach einer Allerhöchsten Kabinettsorder Friedrich Wilhelms III., vom 21. Februar 1815, leitete Kriegsminister General von Boyen am 2. März 1875 u.a. die Errichtung des Garde-Husaren-Regiments ein. In einem diesbezüglichen Schreiben an den Prinzen Carl von Mecklenburg-Strelitz wurde die Zusammensetzung dieses Regiments aus der Garde-Husaren-Eskadron des leichten Garde-Kavallerie-Regiments verfügt. Das Regiment erhielt die bisherige Standarte des Regiments Garde du Corps und Berlin als Garnison (Gegend des Halleschen Tors) zugewiesen.
Nach den Befreiungskriegen erhielt das Regiment Potsdam zur Garnison. Am 24. September 1823 rückte das Regiment nach Potsdam ab und bezog die vor dem Berliner Tor für das Regiment neu erbauten Ställe, während die Husaren in den Kasernen in der Tuchmacherstraße (Elisabethstraße) untergebracht wurden. Die erste und zweite Eskadron des Regiments war von August bis Ende Oktober 1831 als Cholera-Kordon an der Oder. Auf Wunsch des Kaisers von Rußland wurde 1835 zur Erneuerung der seit den Befreiungskriegen bestehenden waffenbrüderlichen Beziehungen ein aus Truppenteilen beider Armeen gebildetes Übungslager bei Kalisch, an der preußischen Grenze, durchgeführt. Von den Garde-Husaren nahm eine verstärkte Eskadron daran teil (6 Offz., 15 Uffz. und 135 Husaren). Vom 12. bis 23. September 1835 wechselten Paraden, Exerzieren, Manöver und Gottesdienste einander ab.

Im Juni 1840 nahm das Regiment an der Beisetzung des verstorbenen Königs Friedrich Wilhelm III. in Berlin teil.

Da in den letzten Jahren bei den Garde-Husaren eine auffallend große Zahl von gefährlichen Augenerkrankungen aufgetreten war, die ursächlich den alten Kasernen in der Tuchmacherstraße zugeschrieben wurden, genehmigte man den Bau einer neuen. Am 16. Januar 1839 erhielt die Oberbaudeputation die Mitteilung vom Kriegsministerium, daß auf Befehl des Königs eine Husaren-Kaserne vor dem Berliner Tor errichtet werden solle. Eine bereits vorliegende Skizze des Oberbaurates Hampel wurde konkretisiert. In die Entwürfe zur baulichen Gestaltung brachte der Baumeister Schinkel noch seine Ideen und Vorstellungen ein. So wurde der Kasernenbau nicht, wie von Hampel beabsichtigt, in Klinkern sondern in Putzquaderung ausgeführt. Der sonst drei Stockwerk hohe Bau erreichte an den drei Vorsprüngen zur Straße vier Stockwerke. Schinkels Wünsche waren auf städtebauliche und architektonische Aspekte zurückzuführen und waren schon am 2. April 1839 in die Pläne eingearbeitet worden. Am 4. Juni waren dann alle Vorbereitungen für den Neubau getroffen. Eine eingangs in Erwägung gezogene Luftheizung wurde wegen verschiedener Bedenken noch in eine Ofenheizung umgeändert. Gleichzeitig mit der Kaserne wurden Ställe und Reitbahn errichtet.

Beim recht langsam voranschreitenden Bau griff auch der neue König Friedrich Wilhelm IV. ein. Entsprechend seiner romantischen Einstellung wünschte er eine Bekrönung des Daches in Form von Zinnen, die er durch den Hofbauinspektor Persius darstellen ließ. Unter Leitung des Oberbaurates Hampel und des Kgl. Baukondukteurs Kreyer wurde das Kasernengebäude im normannischen Stil ausgeführt. Am 24. August 1842 konnten die Garde-Husaren ihr neues Domizil beziehen. Das 432 Fuß lange und 58 Fuß hohe imponierende Gebäude hatte, dem Wunsch Friedrich Wilhelm III. entsprechend, am mittleren Vorsprung zur Straße die Aufschrift »Kaserne des Garde-Husaren-Regiments« erhalten und insgesamt 480 Fenster. Die an den Seiten erbauten Ställe schloßen mit dem sie verbindenden eisernen Gitter den Reitplatz ab. Die innere Ausschmückung erfolgte durch eine Galerie historischer Husarengemälde. Hier waren neben den Herrschern und einigen Hohenzollernprinzen vor allem die Bilder von Zieten, Werner, Belling, Seydlitz, Günther, L-Estocq, Wartenberg, Prittwitz, Kleist, Lossow, Usedom, Sohr, Lehndorff, Colomb und Blücher anzutreffen. Später kamen die Bilder einiger ehemaliger Kommandeure wie die der Obersten von Schönermark, Graf Dönhoff, v. Krosigh und von Kerssenbroigk hinzu.

Die Teilnahme des Regiments am Feldzug 1864 gegen Dänemark war der erste bedeutende Einsatz dieses Truppenteils seit seinem Bestehen.

Nach den militärischen Einsätzen des Regiments in den deutschen Einigungskriegen folgten Einsätze von Teilen der Truppe in den Kolonialkriegen (Deutsch-Südwest-Afrika) 1894–1905. Die Verluste in den erstgenannten kriegerischen Auseinandersetzungen waren für den Truppenteil verhältnismäßig gering, sie erhöhten sich jedoch im Ersten Weltkrieg gewaltig. Zu den Verlusten an Gefallenen kam ein hoher Prozentsatz an Verwundeten sowie Verluste an Pferden und Ausrüstung.

Nach Kriegsende 1918 kehrte das Regiment in seine Stammquartiere nach Potsdam in der Neuen Königstraße 12 zurück und blieb dort bis zur Auflösung 1919.

Die Traditionspflege der ehemaligen Leib-Garde-Husaren wurde durch die 6. Eskadron des Reiter-Regiments 7 der Reichswehr übernommen. Die Kaserne wurde Anfang der 20er Jahre Eigentum des Reichswehr-Fiskus und als Reiterkaserne I Unterkunft von Teilen des 4. (Preuß.) Reiter-Regiments und blieb es bis 1934. Der Stab des 4. (Preuß.) Reiter-Regiments (Kommandeur Oberst von Viereck), sowie die 1., 3., 6. und Ausbildungs-Eskadron verblieben in Potsdam, während die 2. und 4. Eskadron in Perleberg disloziert wurden. Die 6. Eskadron bestand aus ehemaligen Angehörigen des Garde-Husaren-Regiments und hatte dessen Tradition übernommen.

Mit der Geschichte der Garde-Husaren sind bedeutende Namen verbunden. So finden wir neben dem deutschen Kaiser Wilhelm II. und anderen Angehörigen des Hauses Hohenzollern, wie Prinz Friedrich Carl von Preußen (1828–1885), Regenten bzw. Prinzen anderer deutscher Einzelstaaten, z.B. Prinz Wilhelm von Württemberg (geb. 1848) und Johann Albrecht Herzog von Mecklenburg-Schwerin (geb. 1857). Weiterhin dienten in diesem Regiment als Offiziere die Grafen von Bismarck, die Fürsten bzw. Grafen Blücher von Wahlstatt (Nachkommen des Helden der Befreiungskriege 1813–15), die Grafen von Eulenburg und Schulenburg, Graf von Schlieffen (Carl Clemens, geb. 1858), die spä-

teren Generalmajore Job von Witzleben (1813–1867), Eugen von Tresckow (1815–1875) und ein Rittmeister Rudolf von Rundstedt (1837–1880).
Von 1936 bis 1939 waren auf dem über 4,68 ha großen Gelände des ehemaligen Leib-Garde-Husaren-Regiments (Neue Königstraße 12) die Panzer-Abwehr-Abteilung 23 der Wehrmacht, die Wehrersatzinspektion Potsdam und die Standortschwimmanstalt untergebracht. Nach Kriegsbeginn 1939 soll sich hier die Panzer-Jäger-Abteilung 3 und ein Panzer-Abwehr-Ersatz-Ausbildungsregiment (1941) befunden haben.
Nach Ende des Zweiten Weltkrieges wurde der Komplex erst ganz, später teilweise (bis heute) von der sowjetischen/russischen Truppen genutzt.
1949 waren hier sogar Privatbetriebe untergebracht. Ab 1953 nutzte die Polithochschule des MdI das Gebäude und ab 1956 die NVA. Von 1963–90 war hier das Wehrkreiskommando etabliert, seit Oktober 1990 ist das Kreiswehrersatzamt der Bundeswehr Hausherr. Der gesamte Komplex mit Reitställen und Reitbahn zog sich früher bis zur Holzmarktstraße hin. Die karreeförmig angeordneten Ställe wurden zur Straße hin mit schmiedeeisernem Git-

Eingang zu den Reitplätzen des Leib-Garde-Husaren-Regiments mit den vier sich bückenden Adlern (Aufnahme vom 30. Mai 1936)

ter und vier Pfeilern geschlossen, auf denen sich gebückte gußeiserne Adler befanden, die Christian Daniel Rauch entworfen hatte (Schinkel wünschte übrigens 3 Fuß hohe in aufrechter Stellung, konnte sich aber nicht durchsetzen). Dieser sogenannte Schinkelzaun befindet sich heute vor der Schule in der Lindenstraße. Von dem Komplex erhalten sind noch die beiden Wohnhäuser an der Ampelkreuzung Humboldt-Brücke, die der Architekt Klingelhöffer um 1910 für Offiziere und ihre Familie entworfen hatte.
Die Kasernenanlage zeichnet sich noch durch eine Besonderheit aus. Durch die Schiffbauergasse getrennt, liegt inmitten von gärtnerischen Anlagen die im neugotischen Stil erbaute Offiziersspeiseanstalt.
Sie wurde in den Jahren 1886/87 errichtet und durch Schenkungen Kaiser Wilhelms II. und anderer hoher Fürstlichkeiten mit zahlreichen Fresken, Gemälden, Deckenintarsien (Offizierswappen) und Glasfenstern in der Folgezeit ausgestattet.
Nach unterschiedlicher Nutzung im Laufe der Jahrzehnte, gehörte sie nach 1956 zu den von der NVA übernommenen Militärgebäuden (zeitweilig Haus der Offiziere).
Seit 1990 vom Bundesvermögensamt genutzt, brannte es im Frühjahr 1992 völlig aus. Es stehen nur noch die Fassaden.

Der Mittelabschnitt der Kaserne der Leib-Garde-Husaren in der Neue-König-Str. (Berliner Str.) — noch mit der heute nicht mehr vorhandenen Schrift unter der Zinnenkrone (vor 1914)

Die Kasernen des 1. Garde-Ulanen-Regiments

Die durch Allerhöchste Kabinettsorder Friedrich Wilhelms III. vom 14. April 1819 verfügte Aufstellung des Garde-Landwehr-Kavallerie-Regiments gilt als Stiftungstag des am 30. März 1826 in 1. Garde-Ulanen-Landwehr-Regiment umbenannten Truppenteils. Seit 1817 war auf königlichen Befehl und mit Verfügungen des Kriegsministers von Boyen bereits die Aufstellung der einzelnen Eskadronen betrieben worden. Die Ergänzungsbezirke der insgesamt aufgestellten acht Eskadronen waren die Armeekorps I bis VIII. Am 1. Juni 1819 rückte das inzwischen aufgestellte Regiment bis auf die 3. Eskadron, die in Köpenick verblieb, nach Potsdam. Die Einquartierung erfolgte in den Vorstädten, in sogenannten »Naturalquartieren«. Der König ließ an der Stadtmauer vom Brandenburger bis zum Nauener Tor für die sechs Stamm-Eskadrons Pferdeställe erbauen. Für die Mannschaften wurde die »Große Kaserne« an der Brandenburger Kommunikation (Verbindungsstraße) errichtet. Auch die 3. Eskadron kam im September 1819 nach Potsdam und bezog die inzwischen fertiggestellte Kaserne.

Im April 1821 kaufte Friedrich Wilhelm III. das vor dem Brandenburger Tor gelegene Grundstück des Gasthauses »Zur Stadt Magdeburg«, um aus den vorhandenen Gebäuden Kasernen und Ställe für das Regiment einrichten zu lassen. Im August 1821 wurde durch AKO das aus acht Eskadrons bestehende Regiment geteilt in das 1. und 2. Garde-Landwehr-Kavallerie-Regiment, beim 1. Regiment blieben die Eskadron Nr. 1 bis 4. Die aus dem früheren Gasthof »Zur Stadt Magdeburg« eingerichtete Kaserne und die dazu erbauten »sehr schönen« Ställe wurden von der 3. Eskadron am 1. November 1821 bezogen. Der Bau einer besonderen Reitbahn auf diesem Grundstück wurde vom Kriegsministerium genehmigt und 5.000 Taler dazu angewiesen. Das Regiment übergab im Mai 1823 das bisherige Lazarett in der Burgstraße dem Garde-Husaren-Regiment und erhielt ein neu eingerichtetes in der Brandenburger Kommunikation. Erster Kommandeur wurde Oberstleutnant von Trotha (bis 1826).

Durch AKO vom 8. Juni 1827 wurde auch dem 1. Garde-Ulanen-(Landwehr-)Regiment durch Friedrich Wilhelm III. im Potsdamer Stadtschloß eine Standarte verliehen.

Auf königlichen Befehl wurden die Ställe der 1., 2. und 4. Eskadron, die zwischen Brandenburger und Jägertor standen, in der Zeit vom September 1827 bis Ende Mai 1829 umgebaut. Während dieser Zeit wurden die Pferde der betreffenden Schwadronen in Pferdeställen der Bürger untergebracht. Im Mai 1833 wurde der Friedensetat eines Garde-Kavallerie-Regiments von 586 auf 602 Pferde erhöht.

Im November 1832 war die Kaserne des früheren Gasthofs »Zur Stadt Magdeburg« so baufällig geworden, daß sie gestützt werden mußte. Das Regiment stellte daraufhin den Antrag für einen Neubau, der aber wegen Geldschwierigkeiten vom Kriegsministerium im März 1833 auf unbestimmte Zeit verschoben wurde. Durch AKO vom 27. März 1833 befahl jedoch der König den Neubau im Jahre 1834 zu beginnen. Die veranschlagten Kosten von 88.000 Talern waren dem Immediats-Baufonds der Stadt Potsdam zu entnehmen. Am 20. Juni 1834 erfolgte die Grundsteinlegung für die neue Kaserne am Platz des abgerissenen früheren Gasthofes. Zuvor hatte die 3. Eskadron Kaserne und Ställe, mit Ausnahme des 1821 für 82 Pferde neugebauten Stalls, am 1. März 1834 geräumt. Die Mannschaften wurden in einer freien Kaserne am Neustädter Tor und die Pferde in den Ställen am Jägertor untergebracht. Nach der feierlichen Grundsteinlegung wurde der Bau unter Bauleiter Kreyher im laufenden Jahr bis zum 2. Stock ausgeführt. 1835 und 1836 erfolgte die Fertigstellung der Kaserne und eines Stalles für 72 Pferde, die am 1. Oktober 1836 von der 3. Eskadron bezogen wurden. Durch Planierung des zum früheren Gasthofes »Zur Stadt Magdeburg« gehörigen Gartens erhielt das Regiment einen geräumigen Reitplatz. In der neuen Kaserne wurde wie in der früheren eine Offiziersspeiseanstalt eingerichtet.

An den Plänen für den Bau waren von der Königlichen Oberbaudeputation die Baumeister Schinkel und Schmidt beteiligt. Schinkel wird nachgesagt, daß der »den Bau mit durchgehender Aufmerksamkeit begleitet hat«. Die Fassade des Gebäudes ist auf seine Anregungen zurückzuführen.

Der ursprünglich nicht vorhandene Zinnenkranz mit seinen Gesimsstützen beruht auf einer Handskizze König Friedrich Wilhelms IV. Danach zeichnete Stüler im Dezember 1845 einen Entwurf, der sofort ausgeführt wurde. Vor dem Aufsetzen des Zinnenkranzes war ein nicht allzu hohes Ziegeldach vorhanden.

Als zum Ende des 19. Jahrhunderts die Kaserne am Luisenplatz 9 den gestiegenen Anforderungen sowie der geschlossenen Kasernierung des Regiments nicht mehr entsprach, wurde von 1885 bis 1889 am östlichen Rand des Ruinenberges — südlich des Bornstedter Feldes — ein neuer Kasernenkomplex für das 1. Garde-Ulanen-Regiment erbaut und am 21. September 1889 der Truppe übergeben. Am 5. Dezember 1887 erfolgte bereits die Übergabe einer fertiggestellten Reitbahn auf diesem Terrain. Das neue »Kasernement« bot diesem Truppenteil für die damalige Zeit optimale Ausbilungs- und Lebensbedingungen (s. Lageplan). Die bisherige Kaserne am Luisenplatz wurde der Leibgendarmerie des Kaisers übergeben (s. hierzu Lageplan Kaserne Luisenplatz 9).

Die fast 9 ha große Kasernenanlage ist von einer Mauer umgeben. Das Haupttor befindet sich vor dem Mittelbau und besitzt ein extra Wachgebäude. Das Wohngebäude besteht aus einem Mittelbau und einer Front von 16 Fenstern, während die zwei Flügelbauten je 23 Fenster haben. Es ist voll unterkellert und hat neben dem Erdgeschoß noch drei obere Stockwerke und einen Dachboden.

Im Gebäude waren um 1890 5 Leutnante, 1 Assistenz- oder Oberarzt und 689 Unteroffiziere und Mannschaften untergebracht. In den fünf jeweils 135 m langen Ställen (12 m breit) standen je 148 Pferde.

Bis 1894 gingen aus diesem Truppenteil 36 Generale hervor. Der bekannteste war der spätere Generalfeldmarschall Alfred Graf von Schlieffen (Schlieffenplan), er war von 1876 bis 1884 Kommandeur dieses Truppenteils.

Das 1. Garde-Ulanen-Regiment nahm nach seiner Entstehung 1819 am Krieg gegen Österreich 1866, dem Deutsch-Französischen Krieg 1870/71 sowie am Ersten Weltkrieg, an verschiedenen Frontabschnitten kämpfend, teil. Ab Frühjahr 1918 kam es unter anderem auch im finnischen Freiheitskrieg zum Einsatz. Der letzte Einsatz einer Freiwilligen-Eskadron der 1. Garde-Ulanen erfolgte von Februar bis Ende Juli 1919 gegen die vordringenden Bolschewiken im Baltikum. Nach ihrer Rückkehr am 29. Juli 1919 nach Potsdam wurde diese Gardeeinheit dem Reichswehr-Kavallerie-Regiment in Potsdam einverleibt. Der Kommandeur dieses Truppenteils, Oberstleutnant von Viereck, hieß die letzte noch bestehende Schwadron der 1. Garde-Ulanen auf dem Reitplatz der ehemaligen Garde du Corps in der Neuen Königstraße in den Reihen seines Regiments willkommen. — Ein 1. Garde-Ulanen-Regiment gab es nun nicht mehr.

Die Traditionspflege der ehemaligen 1. Garde-Ulanen wurde durch die 3. Eskadron des Reiter-Regiments 4 der Reichswehr übernommen. Die Kaserne der Garde-Ulanen auf dem Ruinenberg, deren Grund und Boden weiterhin Krongut waren (gepachtet), wurde durch den Militärfiskus in den folgenden Jahren wie folgt mit Reichswehr- bzw. Wehrmachtstruppen belegt.

1927:
- Ausbildungs-Eskadron 3. Garde-Ulanen, 4. (Preuß.) Reiter-Regiment;
- 10. Batterie des 3. (preuß.) Artillerie-Regiments;
- MG-Zug 4. (preuß.) Reiter-Regiment und das
- Kameradschaftsheim.

1932:
- II. Bataillon des Infanterie-Regiment 9 (I.R. 9)
- 5. Kompanie/I.R. 9
- 8. (MG-)Kompanie/I.R. 9
- Nachrichtenzug/II. Bataillon/I.R. 9

1937–39:
- Die Ruinenbergkaserne wird nun als Artillerie-Kaserne bezeichnet und ist belegt mit der
- III. Abteilung/Artillerie-Regiment 23.

Nach 1945 waren die Kasernenanlagen am Ruinenberg zuerst in Nutzung der Roten Armee. Nach Gründung der NVA übernahm diese die Kasernen und nutzte sie als Standort für das Artillerie-Regiment 1 (bis 1975). Danach zogen hier die Militärhandelsorganisation (MHO), der Militärstaatsanwalt und eine Pioniereinheit ein. Seit Herbst 1990 von der Bundeswehr übernommen, wird sie seit Frühjahr 1993 teilweise vom Arbeitsamt der Stadt genutzt.

Die ehemalige Kaserne Luisenplatz 9 war zwischen den Weltkriegen Finanzamt und ist nun seit vielen Jahren Sparkasse.

Lageplan
des Kasernements 1. Garde-Ulanen-Regiments.

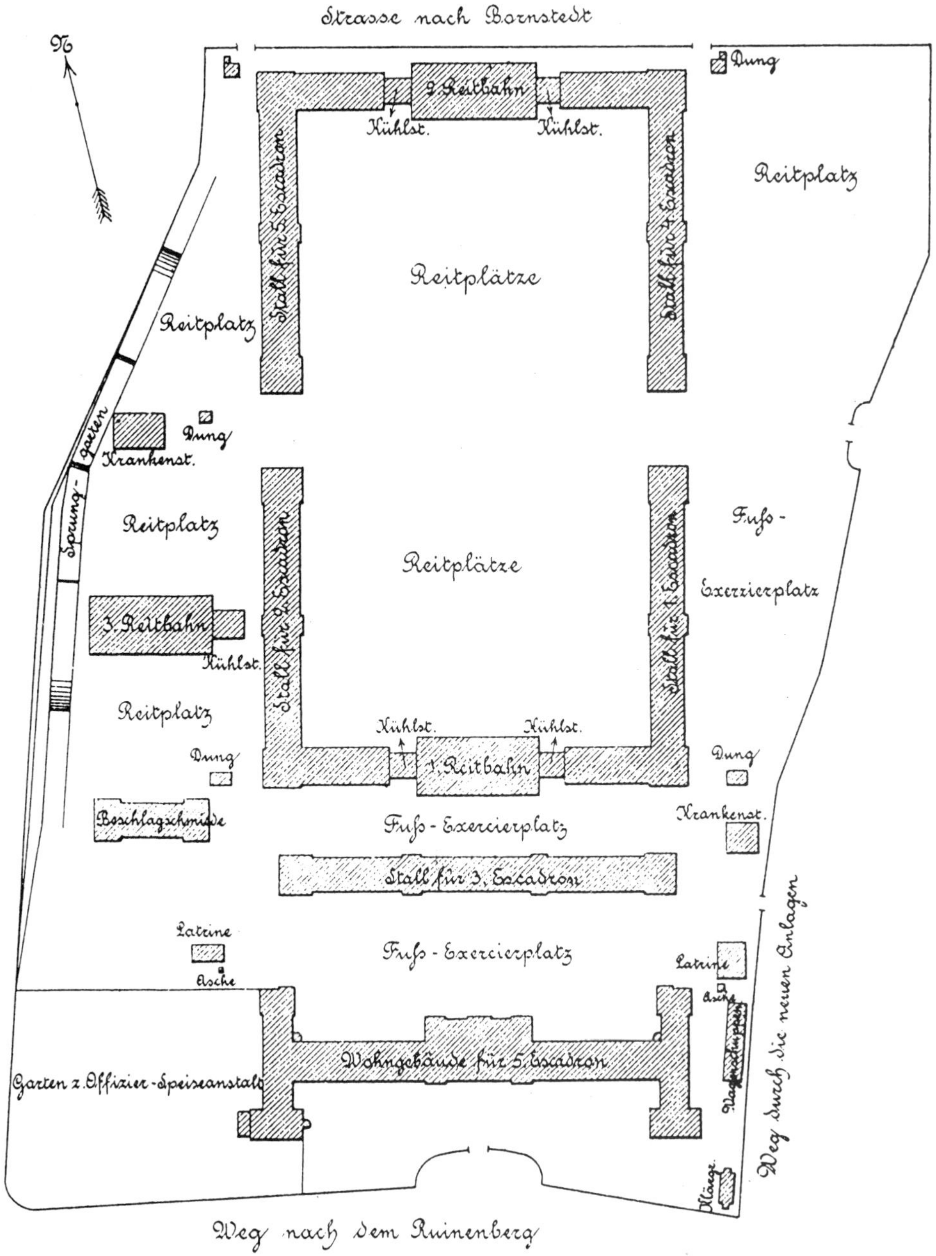

Die Kasernen des 3. Garde-Ulanen-Regiments

Im Zuge der Reorganisation des Preußischen Heeres im Jahre 1860 wurde durch Allerhöchste Kabinettsorder (AKO) vom 7. Mai 1860 auch das 3. Garde-Ulanen-Regiment aufgestellt. Es formierte sich im wesentlichen aus je einer Eskadron der Regimenter Garde du Corps, Garde-Kürassiere und 1. Garde-Ulanen. Major Mirus vom Großen Generalstab war mit der Aufstellung beauftragt worden. Nach Einkleidung mit der neuen Regimentsuniform erschien die Truppe am 26. August 1860 das erste Mal zur Musterung durch den Regimentskommandeur.
Als Garnison war für den Regimentsstab sowie für die 1. und 2. Eskadron Potsdam, für die 3. und 4. Eskadron Nauen bestimmt worden. Die beiden letztgenannten Einheiten wurden aber während der Zeit der Aufstellung in der Kaserne der 3. und 4. Eskadron des 1. Garde-Ulanen-Regiments untergebracht, diese wiederum wurden inzwischen in der Umgebung Potsdams disloziert. Die Mannschaften der 1. Eskadron erhielten ihr Quartier im »Kasernement« der Garde-du-Corps-Straße Nr. 2, die Pferde dagegen kamen in den Stallungen der Jäger-Kommunikation unter. Die Ulanen der 2. Eskadron wurden z.T. in der kleinen Kaserne der Brandenburger Kommunikation (Straße) und in der Garde-Husaren-Kaserne untergebracht, die Pferde aber in den Stallungen der Jäger-Kommunikation und zum Teil in den Ställen der Bürger beim Jäger- bzw. Berliner Tor.
Die als kombiniertes Garde-Ulanen-Regiment aufgestellte Truppe erhielt am 4. Juli 1860 durch AKO ihren endgültigen Namen »3. Garde-Ulanen-Regiment«. Diesem Truppenteil wurde am 18. Januar 1861 in Berlin eine Standarte verliehen.
Im Herbst 1861 legte man das Fundament einer Reitbahn, welche im folgenden Jahr fertiggestellt wurde. Die seit dem 13. Oktober 1862 benutzte Bahn erhielt später die Bezeichnung Reitbahn Nr. 1. Im Herbst 1864 begann der Bau der Ställe für die 1. und 2. Eskadron. Der südliche davon wurde am 26. Oktober 1865 und der nördliche Stall am 21. März 1866 belegt.
Am 29. September 1868 erfolgte durch die Garnisonverwaltung die Übergabe der für drei Eskadronen errichteten neuen Kaserne in der Jäger-Allee 23. Sie wurde am 1. Oktober 1868 von den Mannschaften bezogen; den südlichen Teil des »Kasernements« erhielt die 1. Eskadron und die 2. den nördlichen Abschnitt. Die 5. Eskadron bezog die kleine Kaserne Nr. 11 und 12 an der Jäger-Kommunikation. Die Offiziere erhielten eine Offiziersspeiseanstalt.
Während des Krieges gegen Östereich 1866 war das 3. Garde-Ulanen-Regiment der 2. Garde-Infanterie-Division als Divisionskavallerie zugeteilt.

Hofseite des Hauptgebäudes mit Reitplatz um 1900

Nach der französischen Kriegserklärung vom 19. Juli 1870 erfolgte am 31. Juli der Ausmarsch des Regiments in drei Transporten zur Grenze. Nach dem siegreichen Ende des Krieges marschierte das Regiment am 19. Juli 1871 selbständig nach Potsdam zurück und es begann die Demobilisierung. Der Regimentsstab wurde aufgelöst und die älteren Jahrgänge entlassen. Die 2. und 5. Eskadron wurde in der Kaserne, deren Stallungen, den Kühlställen und den Reitbahnen untergebracht, die Ersatz-Eskadron zunächst in Bergholz. Die 3. und 4. Eskadron lagen während dieser Zeit in Britz, Michendorf, Ferch, Caputh sowie in Alt- und Neulangerwisch in Quartier. Aus der aufgelösten Ersatz-Eska-

Standort Potsdam, Kaserne Jägerallee 23

(nach Umbau bzw. Ergänzungen zu Beginn der 30er Jahre)

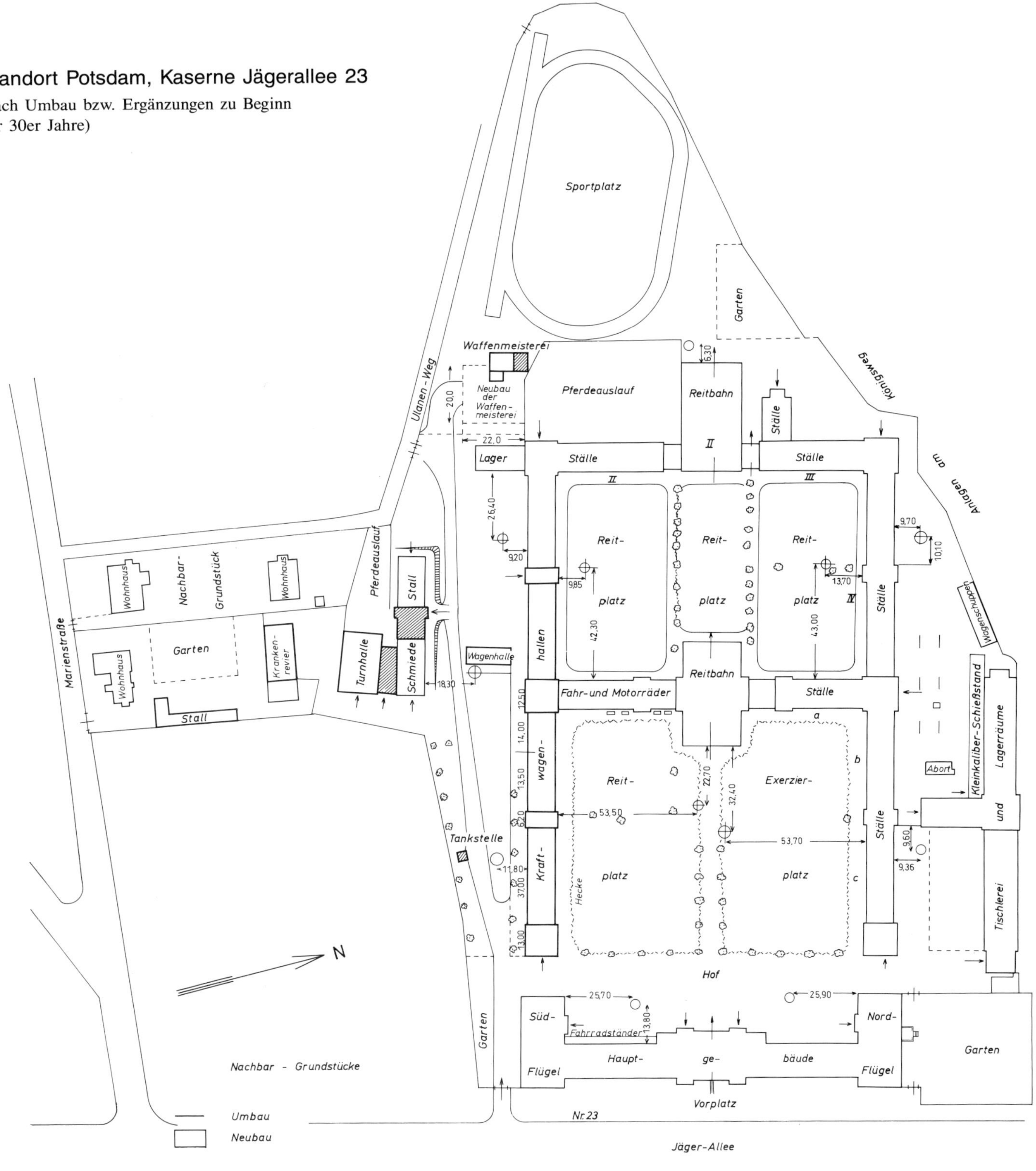

Angehörige der Wache des 3. Garde-Ulanen-Regiments 1906 vor dem Hauptportal in der Jägerallee

dron wurde am 22. Juni 1871 die 1. Eskadron neu formiert, die 3. und 4. Eskadron marschierte wieder in ihre Garnison Nauen zurück. Am 7. September 1872 erfolgte ein Tausch der Unterbringungsorte: die 5. Eskadron belegte nun das Revier der 1. Eskadron und diese bezog das der 5. in der Stadt.
Im Herbst 1874 wurde die 1. Eskadron in den südlichen Stall sowie südlichen Teil der Kaserne einquartiert, die 2. Eskadron kam in das Stadtrevier, die 5. Eskadron in den nördlichen Stall, der aber erst im Sommer 1879 endgültig fertiggestellt und bezogen werden konnte, sowie in den entsprechenden Teil der Kaserne.
Anfang November 1874 begann man auch mit dem Bau der Kaserne sowie den dazugehörigen Stallanlagen für die 3. und 4. Eskadron, die zu der Zeit immer noch in Nauen stationiert waren. Diese Kasernenanlagen wurden nach der Fertigstellung im Herbst 1876 bezogen. Die 2. und 5. Eskadron wechselte im gleichen Jahr die Quartiere, d.h., die 5. Eskadron bezog wieder das Stadtrevier. Am 19. Dezember 1876 erfolgte die feierliche Einweihung des neuen bzw. erweiterten Offizierskasinos in der Kaserne und im Sommer 1879 konnte dann auch die neue Reitbahn (Nr. 2) zur Benutzung freigegeben werden.
Die Truppengeschichte des 3. Garde-Ulanen-Regiments hebt u.a. den Regimentskommandeur von 1875–1882, Oberst Graf von Schlieffen, hervor, der zur Verschönerung des Kasernements, Anpflanzungen auf den Reitplätzen, in den (Übungs-)Gärten der Offiziere und der Wachtmeister anlegen ließ.
Bei der Mobilmachung im August 1914 wurde die 3. Eskadron planmäßig Ersatzeskadron, d.h. sie gab ihre felddienstfähigen Offiziere, Unteroffiziere, Ulanen und Pferde zur kriegsmäßigen Auffüllung der mobilen Eskadrons und für andere Neuaufstellungen ab. Die zeitweilig nicht felddienstfähigen Leute und Pferde sowie Reservisten und Freiwillige füllten diese Eskadron wieder auf. Neben der sich während des ganzen Krieges wiederholenden Ausbildung des Ersatzes an Mann und Pferd, hatte die Ersatzeskadron auch den Nachschub an Waffen und Ausrüstung zu

gewährleisten. So gingen allein 30 größere Transporte zum mobilen Regiment, 22 zu anderen Formationen (z.B. Kolonnen, Rekrutendepots u.a.) und 280 kleinere Mannschafts- und Pferdetransporte von hier ab.

Nach der Rückkehr des Regiments von der Front, wo es in der Regel im Rahmen des Gardekorps zum Einsatz kam, wurden die meisten Ulanen entlassen. Eine Eskadron Freiwillige ging im Januar 1919 zum Grenzschutz nach Oberschlesien. Im Frühjahr 1919 kamen weitere ehemalige Regimentsangehörige bei der Bekämpfung der Münchener Räterepublik zum Einsatz. Die 2. und 5. Eskadron formierte sich zum »Freikorps Potsdam«. Im Mai 1919 zu einer Eskadron vereinigt, wurde sie in die Garde-Husaren-Kaserne verlegt und bildete dort mit je einer Eskadron Gardes du Corps, 1. Garde-Ulanen und Leibgarde-Husaren sowie einer Maschinengewehr-Eskadron unter Oberstleutnant von Viereck das Kavallerie-Regiment Potsdam Nr. 3.

In die Kaserne der 3. Garde-Ulanen wurde die Potsdamer Schutzpolizei gelegt. Zuvor lag aber im Juli/August 1919 in dieser Kaserne das II. Bataillon des Reichswehr-Infanterie-Regiment 5 (Graf Stillfried). Es ging aus dem 1. Garde-Regiment zu Fuß hervor. Die Abwicklungsstelle des 3. Garde-Ulanen-Regiment kam in die Kaserne des 1. Garde-Regiments zu Fuß.

Ansicht des Hauptgebäudes der Garde-Ulanen-Kaserne in der Jägerallee um 1900

Angehörige des 3. Garde-Ulanen-Regiments (der »Stobigen«)

Im Herbst 1919 ging das Kavallerie-Regiment Potsdam, und damit auch die gelbe Eskadron, zum Grenzschutz nach Oberschlesien. Zur Jahreswende 1919/20 unterstellte man diese Eskadron dem ebenfalls im Grenzschutz stehenden Reichswehr-Kavallerie-Regiment 115. Hier wurde sie mit der Freiwilligen Eskadron der 3. Garde-Ulanen (seit Jan. 1919) zu einer Formation vereinigt.
Ende Januar 1920 Rückkehr des Regiments nach Potsdam. Beide Potsdamer Reichswehr-Kavallerie-Regimenter waren im Frühjahr 1920 in Oranienburg, Brandenburg, Kremmen und anderen märkischen Orten im Einsatz gegen das Rätesystem. Das Reichswehr-Kavallerie-Regiment 115 wurde bei der Bildung des 200.000-Mann-Heeres aufgelöst. Die gelbe Eskadron trat zum neugebildeten Reiter-Regiment 4 in Potsdam. Am 1. Januar 1921 wurde dieser Truppenteil und mit ihm die Eskadron in das endgültige 100.000-Mann-Heer übernommen und erhielt am 1. Januar 1922 die Bezeichnung »4. (Preußisches) Reiter-Regiment«. Die sechs Eskadronen dieser Truppe übernahmen die Traditionspflege je eines der alten Garde-Kavallerie-Regimenter (Garde du Corps, Garde-Kürassiere, 1., 2. und 3. Garde-Ulanen, Leibgarde-Husaren). Die 5. (Ausbildungs-), seit 1929 zur Feld-Eskadron umgebildete Formation, hatte die Tradition der 3. Garde-Ulanen übernommen.
So wie es im vorigen Jahrhundert bereits einen engen Kontakt zu den beiden damals (90er Jahre) existierenden Vereinen der Garde-Ulanen in Potsdam gab, so hatte auch der Verein ehemaliger 3. Garde-Ulanen der 20er Jahre dieses Jahrhunderts regen Kontakt mit den ehemaligen Kameraden in den Nachfolgeeinheiten. Der Verein in Potsdam (ca. 400 Mitglieder) hielt seine Versammlungen teilweise im Kameradschaftsheim der Traditions-Eskadron in der ehemaligen 1. Garde-Ulanen-Kaserne ab.
Nach dem Aufbau der Wehrmacht war in den Jahren 1937-1939 in der Kaserne Jägerallee 23 (3. Garde-Ulanen-Regiment) das III. Bataillon des Infanterie-Regiments 9 untergebracht, sie erhielt den Namen »Hindenburg-Kaserne«.
Nach 1945 bestanden anfangs Pläne der Brandenburger Landesregierung, die Kasernenanlage teils für Gewerbe-, teils für Wohnzwecke zu nutzen. Dann aber erfolgte die Übernahme der Kasernen durch sowjetische Truppen. Bis zum jetzigen Zeitpunkt (Sommer 1993) besteht die Nutzung durch — jetzt russische — Truppen fort.

Die Kasernen des Garde-Jäger-Bataillons

Der Ursprung des späteren Garde-Jäger-Bataillons ist in der bald nach dem Regierungsantritt Friedrichs II. (1740) erfolgten Aufstellung einer 60 Mann starken Feldjäger-Abteilung zu sehen. 1808 wurde die Auflösung des 1786 begründeten Feldjäger-Regiments befohlen und dafür ein Garde-Jäger-Bataillon und ein Ostpreußisches Jäger-Bataillon aufgestellt. Mit der AKO vom 14. November 1808 wurde Generalmajor von Yorck beauftragt, Vorschläge für die Besetzung von Planstellen für das aufzustellende Garde-Jäger-Bataillon an den König einzureichen. Den Stamm des neuen Bataillons bildeten die provisorischen Kompanien des ehemaligen Feld-Jäger-Regiments von Witzleben, von Lichtenhayn, von Valentini II. und von Dobrowolsky. Aus diesen Einheiten entwickelte sich Anfang des folgenden Jahres das Bataillon zur vollen Etatstärke von 23 Offizieren, 40 Oberjägern, 12 Hornisten und 448 Jägern.
Seit 1813 wurde die Truppe mit einer einheitlichen Jägerbüchse ausgerüstet, die in der Potsdamer Gewehrfabrik hergestellt wurde.
Nach den Befreiungskriegen wurde das Bataillon am 3. November 1817 nach Potsdam verlegt und blieb dort die folgenden 100 Jahre. Die Mannschaften kamen zunächst in Bürgerquartiere. Die nachfolgende lange Friedensperiode wurde nur durch die Mobilisierungen von 1850/51, 1859 und 1864 durch die Teilnahme an der Besetzung Rügens unterbrochen. Für Schießübungen, auf den 1813 zur Verteidigung Potsdams vorgerichteten Ebenen an der Beelitzer Straße, standen Schießstände zur Verfügung (zuvor vom 1. Garde-Regiment zu Fuß genutzt). Seit 1823 standen auf den Schießständen den Jägern je Stand eine Bretterbude als Schutz gegen Wind und Wetter zur Verfügung.
Die Friedensstärke des Bataillons betrug nun 23 Offiziere, 41 Oberjäger (einschließlich Feldwebel u. Porteefähnriche), 348 Jäger und 13 Waldhornisten, die Kriegsstärke dagegen 23 Offiziere, 81 Oberjäger, 904 Jäger und 17 Waldhornisten. Im Verband mit den übrigen Truppen des Garde-Korps (Bezeichnung seit 23. November 1820) nahmen die Garde-Jäger teil an allen Übungen des Korps an den Paraden sowie an den Frühjahrs- und Herbstmanövern. Es wurde viel

Lageplan der Kasernen des Garde-Jäger-Bataillons.

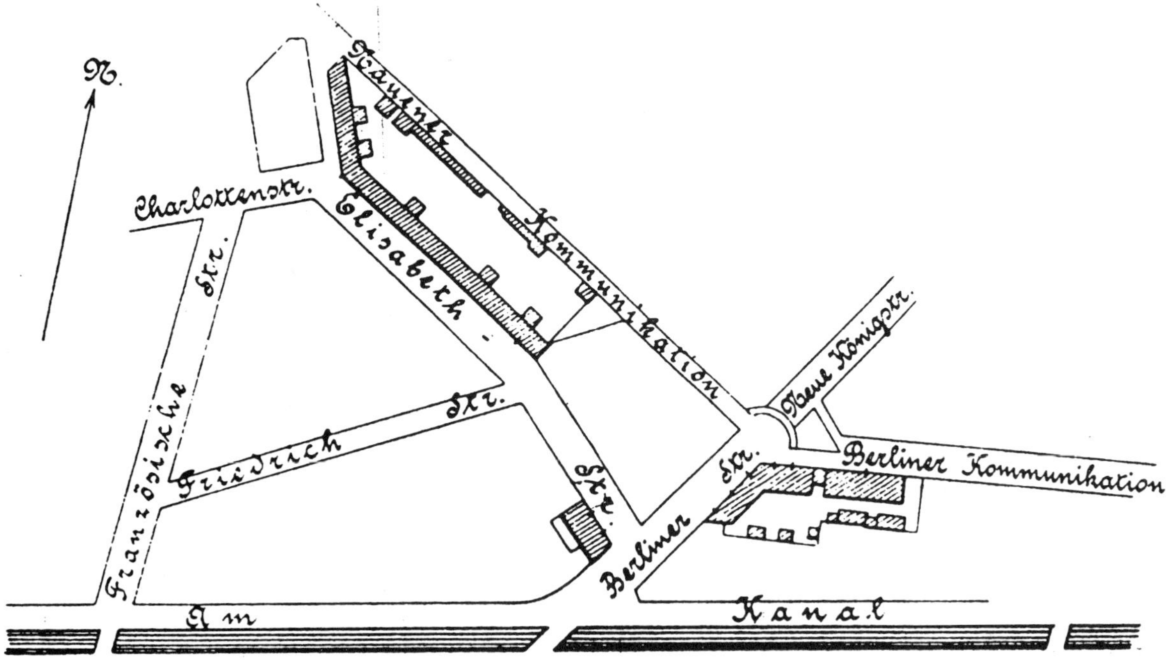

exerziert, aber auch der Felddienst und das Schießen nicht vernachlässigt. Das ganze Jahr hindurch, nur unterbrochen von Ausmärschen, wurde eine Bataillonsschule unterhalten und fand rege Beteiligung.
Am 25. März 1838 trat der spätere deutsche Reichskanzler, Otto von Bismarck, als Einjährig-Freiwilliger in das Bataillon ein, wo er in der 1. Kompanie seinen Dienst leistete und seine spätere enge Beziehung zur Stadt ihre Wurzeln hatte.
Während der Zeit der Reorganisation der preußischen Armee wurde die Friedensstärke der Einheit von 402 auf 534 Mann erhöht und eine Verjüngung des Führungskorps durchgesetzt. Major Graf löste den bisherigen Kommandeur von Arnim in dieser Funktion ab. Neue Formen von Schießübungen fanden mit guten Ergebnissen sowohl auf anlandende Ziele (Griebnitzsee) sowie auf verschiedene Kavallerieziele (Bornstedter Feld) statt.
1859/60 wurden zur Ausgestaltung der Offiziersspeiseanstalt sowie der Gänge in der Kaserne und der Schießhütten von ehemaligen Bataillonsangehörigen 154 Geweihe und Gehörne gestiftet. Soweit diese zur Verschönerung der Schießhütten dienten, wurden die Geweihe während des Winters im Langen Stall aufbewahrt, da dem Bataillon keine geeigneten Räume für diesen Zweck zur Verfügung standen. Diese Sammlung vergrößerte sich durch Spenden prominenter Herren ständig (1861: 243 Stück).
Nach dem Krieg von 1864 suchten die Kompanien noch einmal ihre bisherigen Bürgerquartiere in der Nähe des Brandenburger Tores auf, um am 1. Oktober 1864 die »Große Kaserne« in der Elisabethstraße 1/16 zu beziehen.
Dieses langgestreckte Gebäude war zu Zeiten Friedrich II. Kaserne für das 2. und 3. Bataillon Garde, dann von 1823 bis 1842 Kaserne des Garde-Husaren-Regiments. Als die Husaren es verließen, stand das Haus längere Zeit leer, bevor es zur Kaserne des Garde-Jäger-Bataillons ausgebaut und hergerichtet wurde. In diesem Zusammenhang pflanzte man 1863 vor der Kaserne auch noch einige Kastanienbäume. Trotz der Baumaßnahmen blieb das nicht unterkellerte Gebäude für die Einheit nur eine beengte Unterkunft. Offiziere und die Einjährig-Freiwilligen erhielten möblierte Zimmer bei den Bürgern. Der Einzug der Jäger brachte auch einen gewissen wirtschaftlichen Aufschwung in diesem Teil der Stadt. So befanden sich 10 Jahre später in den umliegenden Häusern bereits 4 Schneider, 5 Schuster und dazu einige Gaststätten für die durstigen Jäger.
Weiterhin gehörten zu den Kasernen des Bataillons das Verheirateten-Wohnhaus Berliner Kommunikation 3, das Friedrich der Große 1772 für die neu errichtete reitende Artillerie errichten ließ, die durch den Umbau von zwei Privathäusern entstandene »Kleine Kaserne« in der Elisabethstraße 28/29 (seit 1884) und die Kaserne am Berliner Tor (Berliner Straße 21/23) seit 1893, die früher die Leib-Eskadron des Regiments Garde du Corps beherbergte.
Die umfangreiche Geweihsammlung des Bataillons wurde selbstverständlich aus dem Langen Stall in die neuen Wohnräume überführt. Die dem Offizierkorps gehörenden Stücke zierten dann die Räume des Kasinos, die der Kompanien waren dann der Schmuck ihrer Reviere.

Innenhof der Kaserne Elisabethstraße 1–12

Für alle zukünftigen Forstmänner von wesentlicher Bedeutung war das sogenannte Regulativ von 1864, 1872 abgeändert und so bis 1879 in Kraft. Es entstand unter Anregung und Förderung des Inspekteurs, General Graf zu Dohna, in Übereinstimmung mit der allgemeinen Wehrpflicht in gesetzmäßiger Form. Weitere verbesserte Bestimmungen folgten 1879 und 1887. Die neuen Bestimmungen über den Dienst im Jägerkorps regelten die Erwerbung der Forstversorgungs-Berechtigung und die Anstellung nach erlangtem Forstversorgungsschein. So hatte z.B. der erste Wildmeister im Wildpark (bei Potsdam), Ernst Grußdorff, 1818 im Bataillon gedient und trat 1844 in den Dienst als Wildmeister.
Der letzte Königliche Wildmeister Drzcymalla, auch ein ehemaliger Garde-Jäger, verließ erst infolge der Revolution von 1918 den königlichen Dienst und lebte noch Anfang der dreißiger Jahre im Wildpark bei Potsdam.

Hauptportal der Kaserne des Garde-Jäger-Bataillons in der Elisabethstraße

1866, während des Feldzuges gegen Österreich, waren in der Jägerkaserne auch gefangene Österreicher untergebracht. Eine weitere zweckentfremdete Nutzung war die Einrichtung der Unterkunftsräume der 3. und 4. Kompanie als zeitweiliges Lazarett.
Für die Einzelausbildung der Jäger standen im Winter der Kasernenhof, nach seiner Trockenlegung der Bassinplatz (nach 1871) sowie der Lange Stall zur Verfügung. Der Vorstellung der Rekruten folgte die Ausbildung der Kompanien und nach deren Besichtigung, die Übungen im Bataillon. Während der Besichtigungen überzeugte sich häufig der Kaiser persönlich vom Ausbildungsstand der Garde-Jäger. Nach den Frühjahrsübungen war die Parade im Lustgarten zu absolvieren, dann war der Felddienst auf dem Programm. Das jährliche Ausbildungsprogramm wurde mit dem Marsch zu den Herbstübungen abgeschlossen.
In den Abendstunden des 12. August 1914 verließ das Garde-Jäger-Bataillon seine Kasernen in der Elisabethstraße, um in den Ersten Weltkrieg zu ziehen. Damals ahnte niemand, daß dem festlichen Auszug kein Einzug folgen sollte.
Unter Führung des Kommandeurs, Oberst von Krosigk, marschierte es zum Bahnhof und hat in dem über vier Jahre währenden Krieg durch seine Leistungen bewiesen, daß die Garde-Jäger eine Elitetruppe waren. Zu Ehren der gefallenen Jäger wurde nach dem Krieg in Potsdam ein Denkmal errichtet.

Bei Kriegsausbruch 1914 war für die Garde-Jäger bereits eine neue Kaserne in Bau. Der neue Komplex in der Straße Am Ruinenberg (Pappelallee) wurde während des Krieges fertiggestellt, ist aber von dieser Truppe nicht mehr bezogen worden. Nach Aufstellung der Reichswehr 1921 waren hier verschiedene Einheiten des 9. (Preuß.) Infanterie-Regiments untergebracht (weiteres s. Darstellung des Ersten Garde-Regiments zu Fuß).

Die 6. Kompanie des Infanterie-Regiments 9 in der ehemaligen Unteroffizierschule Potsdam, die in den dreißiger Jahren als Jägerkaserne bezeichnet wurde, übernahm die Traditionen des Garde-Jäger-Bataillons.

Die Kasernen in der Elisabethstraße (heute Charlottenstraße) existieren heute nicht mehr. Erhalten, aber um eine Etage aufgestockt, ist die Kaserne am Berliner Tor (Berliner Straße/Türkstraße).

Eine Abteilung des Garde-Jäger-Bataillons mit Kapelle an der Spitze auf dem Weg von ihrer Kaserne Neue-König-Str/Türkstr. zum Stadtschloß (im Hintergrund das Berliner Tor)

Das Lehr-Infanterie-Bataillon und seine Kasernen

Nach der Niederlage Preußens im Krieg 1806/07 mit Frankreich wurden zur Wiedererlangung der staatlichen Souveränität u.a. auch Reformen im Militärwesen notwendig. Zur Erprobung neuer taktischer Vorschriften in der Armee wurde am 14. Mai 1811 nach russischem Muster ein Normal-Infanterie-Bataillon aufgestellt. Dazu wurden aus jeder Kompanie der damaligen zwölf Regimenter 3 Mann kommandiert. Das Bataillon erreichte damit eine Gesamtstärke von 22 Offizieren, 40 Unteroffizieren, 9 Spielleuten und 500 Mann. Durch den bald darauf beginnenden Befreiungskrieg hat diese Truppe ihren eigentlichen Zweck nicht erfüllen können. Als I. Bataillon des am 19. Juni 1813 neu gebildeten 2. Garde-Regiments zu Fuß ging es im Verband der Brandenburgischen Brigade in den Kampf. Nach den Befreiungskriegen kam Friedrich Wilhelm III. auf seine ursprüngliche Idee zurück und ließ durch AKO vom 30. Dezember 1819 wieder eine Mustertruppe, das Lehr-Infanterie-Bataillon, »um die Gleichförmigkeit und Übereinstimmung im Dienst und der Exerzierübungen der Infanterie zu befördern«, aufstellen. Eine nicht untergeordnete Rolle spielte dabei die Vorliebe des Königs für das »schöne Militär«. Bekannt ist sein Ausspruch: »Ich sehe nicht ein, warum das schönste Militär nicht auch das beste sein soll.« Der Parade- und Besichtigungsdrill gewann nach den Befreiungskriegen wieder erhöhte Bedeutung.

So wurde durch Kommandierungen von Offizieren, Unteroffizieren und Mannschaften aus den Linienregimentern der Armee jedes Frühjahr ein Bataillon in Stärke von 22 Offizieren, 56 Unteroffizieren, 25 Spielleuten und 560 Mann gebildet. Am 1. Oktober gingen die dazu Kommandierten zu ihren Truppenteilen zurück und es blieb nur der Stamm des Bataillons (4 Offiziere, 16 Unteroffiziere, 8 Spielleute und 112 Mann) zurück. Dieser verblieb jeweils 1 1/2 Jahre in dieser Funktion. Nur der sogenannte permanente Stamm (Kommandeur, Adjutant, Rechnungsführer, Schreiber und 4 Feldwebel) war für längere Zeit konstant. Der Kommandeur und sein Adjutant kam mit wenigen Ausnahmen bis 1914 aus dem 1. Garde-Regiment zu Fuß, die kommandierten Mannschaften waren durchweg Längerdienende (Kapitulanten).

Als »Kasernement« dienten die beiden Communs hinter dem Neuen Palais im Park von Sanssouci. Die Stammkompanie bezog im Winter in der Stadt Quartier. Der größere östliche Teil der Communs diente als Kaserne der 1. Kompanie. Die Communs entstanden im Zuge der Errichtung des Neuen Palais 1763 bis 1769 unter hervorragendem Anteil der Baumeister Carl Philipp Christian von Gontard und seines Schülers Georg Christian Unger. Sie bilden eine großartige Kulisse von Nutzgebäuden im Barockklassizismus. Sie sind mit ihrer Triumphbogenanlage als eigentliches Siegesdenkmal des Siebenjährigen Krieges anzusehen.

Die Communs bestehen aus zwei von West nach Ost gerichteten Parallelgebäuden aus massiven Sandstein, die durch eine halbkreisförmige offene Säulenhalle miteinander verbunden sind.

Am 1. April 1820 trat das Bataillon das erste Mal zusammen. Der König gab am 2. Mai 1820, dem Jahrestag der Schlacht von Großgörschen (1813), ein Stiftungsfest. Dieses wurde auf königlichen Befehl jedes Jahr wiederholt (später am 2. Pfingstfeiertag) und ging als »Schrippenfest« in die Geschichte des Bataillons ein. Die Bezeichnung ging auf das für die Mannschaft in Form einer Schrippe gebackene Brot zurück. Diese zeremonielle Feierlichkeit hielt sich bis 1914.

Infolge der Revolution wurde 1848 und in den folgenden Jahren kein neues Bataillon zusammengestellt. Auch die Stammkompanie wurde im August 1848 aufgelöst. In die Communs zog erst einmal das Füsilier-Bataillon des 1. Garde-Regiments zu Fuß ein. Erst im Jahre 1852 erging wieder der Befehl zur erneuten Zusammenstellung des Lehr-Infanterie-Bataillons. Ab 1854 erfolgte hier auch die Ausbildung von Angehörigen des Seebataillons sowie von Offizieren aus anderen deutschen Staaten (ab 1852), die durch den Abschluß von Militärkonventionen mit Preußen verbunden waren (u.a. Mecklenburg, Sachsen-Altenburg).

Ab April 1868 trafen dann entsprechend der königlichen Festlegungen auch Übungsmannschaften aus sächsischen, hessischen, mecklenburgischen und braunschweigischen Truppenteilen ein. 1869 betrug der neue Etat für das Bataillon 22 Offiziere, 57 Unteroffiziere, 24 Spielleute und 643 Gemeine.

Östlicher Treppenaufgang zu den Communs mit Angehörigen des Lehr-Infanterie-Bataillons

Im »Soldatenfreund« lesen wir über die Bataillonsbesichtigung und die Schnurparade von 1868, die auf der Mopke (dem Platz zwischen Neuem Palais und den Communs) stattfand: »Das Bataillon stand zuerst in der Linie, schwenkte dann nach dem Abschreiten der Front durch Se. Majestät den König ab und marschierte danach in Zügen einmal vorbei. Hierauf erfolgte das gewöhnliche Schulexerzieren im Bataillon, woran sich ein kleines Manöver knüpfte …
Das Bataillon ging zur Attacke von dem Triumphbogen in der Mitte der Kolonnade zwischen den Communs als Angriffskolonne auf das Neue Palais vor … Zum Schluß erfolgte noch ein Parademarsch in Kompaniefront.«
Infolge der Mobilmachung gegen Frankreich am 19. Juli 1870 wurde das Bataillon aufgelöst und trat erst 1872 wieder zusammen. Jetzt kamen auch noch die Württemberger mit Abgesandten ihrer Truppenteile dazu. Die nun erfolgte Kompanieeinteilung blieb im wesentlichen so bis 1914, d.h. die erste Kompanie

»Schrippenfest« auf der Mopke zwischen Communs und Neuem Palais

hatte weiße Achselklappen, die zweite rote, die dritte gelbe und die vierte hatte blaue Schulterstücke. Verschiebungen ergaben sich gelegentlich bei der Einteilung der Kontingente auf die Kompanien. Das Seebataillon verblieb aber mit seinen Abgesandten immer bei der dritten Kompanie.
1875 löste sich das Lehrbataillon vom 1. Garde-Regiment z.F. und wurde der 1. Garde-Infanterie-Brigade unterstellt.
Nach dem Tode Wilhelms I. ließ Kaiser Friedrich III. das Exerzierreglement umarbeiten, an dessen Entwurf das Bataillon wesentlichen Anteil hatte.
1890 begann man in Eiche bei Potsdam einen neuen Kasernenkomplex für das Lehr-Infanterie-Bataillon zu bauen. Auf Befehl des Kaisers Wilhelm II. erhielt der 1891 fertiggestellte Bau den Namen »Auguste-Victoria-Kaserne«. Die neue Kaserne wurde von der 2., 3. und 4. Kompanie im gleichen Jahr bezogen, während die 1. Kompanie im Commun II verblieb. Hier befanden sich auch die Wohnung des Kommandeurs, Offizierswohnungen und die Wache. In der neuen Kaserne in Eiche erhielt das Offizierkorps eine neue Offiziersspeiseanstalt. Ein Offizierswohnhaus im gleichen Komplex mit Wohnungen für 3 Hauptleute und 13 Leutnants war sehr bescheiden eingerichtet. Trotzdem soll dieses Haus der Junggesellen ein sehr vergnügtes gewesen sein, zumal ein weiser Kommandeur für eine besondere Hintertür in der Kasernenmauer gesorgt hatte.
1894 erfolgten einige strukturelle Veränderungen im Bataillon, so hörte die Stammkompanie auf zu bestehen, nur der permanente Stamm blieb wie bisher; zusätzlich auf zwei Jahre kommandiert wurden 4 Offiziere und 24 Unteroffiziere. Ab März 1897 wurde während der Sommermonate eine Verstärkung der Kommandierungen um 12 Unteroffiziere sowie 155 Mann verfügt, die seit April 1904 aus jüngeren Mannschaften bestand, um im Herbst auch über eine größere Anzahl von Stammannschaften verfügen zu können.
Die Bedeutung des Lehr-Infanterie-Bataillon trat aufgrund der vollen Herausbildung mustergültiger Reglements und Vorschriften ab Ende des 19. Jahrhunderts sowie durch die Entwicklung des Verkehrs allmählich in den Hintergrund. Da das Regiment seit 1894 bereits im Herbst zusammentrat, kam es, daß Kaiser Wil-

Lageplan der Auguste Victoria Kaserne und des Wellblechbarackenkasernements.

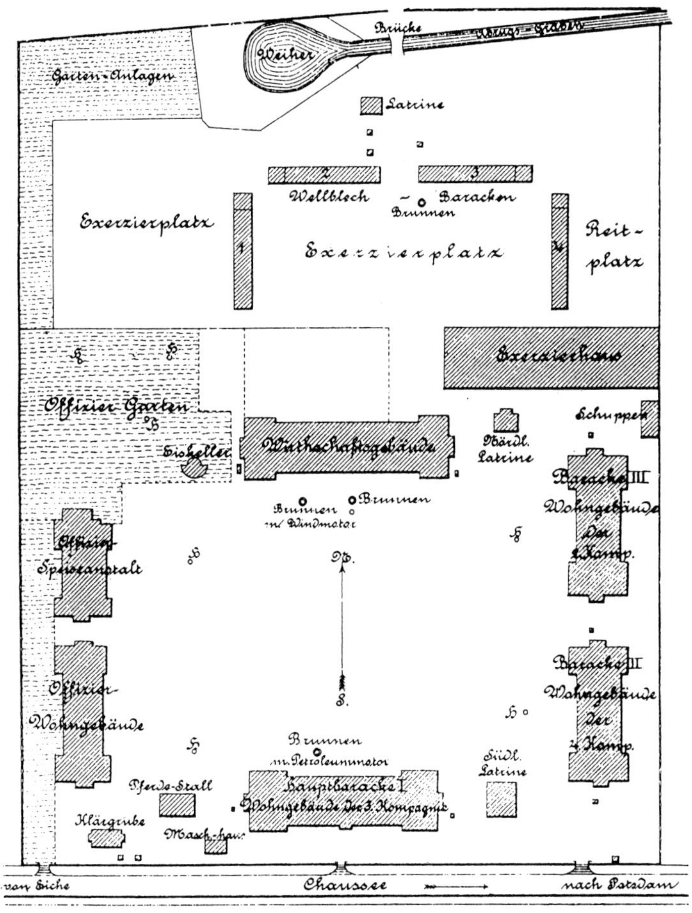

helm II., der den größten Teil des Winters im Neuen Palais residierte, die Sicherheit seiner Person nicht mehr allein der Garde, sondern auch dem Lehrbataillon anvertraute. Diesem, nun gewissermaßen auch als Leibwache fungierenden Bataillon, fielen aber nach wie vor die Erprobung von Vorschriften und Ausrüstungen zu, an der der Kaiser regen Anteil nahm. Anstelle der 1820 verliehenen Fahne erhielt die Einheit durch Wilhelm II. eine neue, die am 20. Januar 1896 im Neuen Palais übergeben wurde. Am 27. Januar 1898 verlieh der Kaiser der Truppe einen Präsentiermarsch (Marsch vom Regiment Prinz Ferdinand, Nr. 34 der Liste der alten Armee) und im gleichen Jahr durfte das Bataillon einen eigenen Musiktrupp aufstellen.

Das Lehrbataillon war seit 1900 gleichmäßig mit der Weiterentwicklung des Gewehr 88, dem Gewehr 98, sowie dem dazugehörigem Seitengewehr ausgerüstet. Zu den Militäreinsätzen in Ostasien gingen von dieser Einheit 2 Offiziere, 3 Unteroffiziere und 46 Mann, nach Südwestafrika 1 Offizier, 4 Unteroffiziere sowie 46 Mann. Ab 1905 begann die Erprobung eines neuen Exerzierreglements, daß 1906 in Kraft trat. Die Erfahrungen der letzten Kriege hatte die Notwendigkeit der Einführung neuer, im Gelände wenig sichtbarer Uniformen vor Augen geführt. Auf Anordnung des Kriegsministeriums stellte das Bataillon Trageversuche mit verschiedenen Probestücken an, die bei der Bataillonsbesichtigung 1906 vorgestellt wurden. Die Einführung der feldgrauen Uniform für die Armee erfolgte dann durch AKO vom 14. Februar 1907.

Beim Kaisermanöver im Herbst 1911 in der Uckermarck wurde erstmalig das Lehr-Infanterie-Regiment zusammengestellt, und bildete mit dem Garde-Füsilier-Regiment die 6. Garde-Infanterie-Brigade. Das II. Bataillon bestand aus der Infanterie-Schießschule und der Unteroffiziersschule Potsdam.

Das Jahr 1913 war besonders reich an militärischen Garnisonereignissen, die im Zusammenhang mit dem 100sten Jahrestag der Befreiungskriege standen, es folgte die Frühjahrsparade in Gegenwart des Königs von England und im September die Herbstparade. Das letzte Manöver führte in die südliche Mark, in die Gegend von Luckau und Lübbenau.

Wegen der Gefahr eines drohenden Krieges hatte der Reichstag einer notwendigen Verstärkung des Heeres zugestimmt. Dem Lehrbataillon brachte die Verstärkung eine Maschinengewehr-Kompanie. Sie wurde in 1896 erbauten Wellblechbaracken am Exerzierhaus untergebracht. Der hinter dem Offiziershaus begonnene Bau einer Maschinengewehr-Kaserne wurde nicht mehr bezogen.

Der heiße Monat Juli 1914 war reichlich mit Übungen in Döberitz gesegnet. Am 30. Juli wurden die Urlauber zurückbeordert und am 31. der Zustand der drohenden Kriegsgefahr verkündet. Entsprechend dem Mobilmachungsplan stellte das Bataillon die Stabswache auf, die nicht dazu verwendeten württembergischen

Angehörige des Lehr-Infanterie-Bataillons beim Exerzieren im Innenhof der Kasernen in Potsdam-Eiche

und sächsischen Mannschaften wurden wieder ihren Truppenteilen zugeteilt. Die zum Lehr-Infanterie-Regiment tretenden Offiziere, Unteroffiziere und Mannschaften fuhren planmäßig am 2. Mobilmachungstag nach Berlin und meldeten sich in der Maikäferkaserne. Die zusammengestellte Stabswache wurde nach Commun II verlegt. In die Auguste-Victoria-Kaserne nach Eiche kam das 1. Garde-Reserve-Regiment, später das Ersatzbataillon dieses Regiments.
Nach dem Ersten Weltkrieg wurde das Lehr-Infanterie-Regiment wieder aufgestellt und am 24. Dezember 1918 mobil gemacht. Die nun 50 Offiziere und 300 Mann waren in zwei Bataillone gegliedert. Mit dem Freikorps Lützow und dem 8. Dragonerregiment bildete es das Kavallerie-Schützen-Kommando 11.
Während der revolutionären Ereignisse 1918/19 waren seine Angehörigen in Berlin, Braunschweig, Jena, München und Dachau eingesetzt.
Am 8. August 1919 erfolgte in Zossen die Auflösung.
Die Kasernenanlagen in Potsdam/Eiche wurden danach von der Reichswehr/Wehrmacht genutzt, nach 1945 zuerst von der Roten Armee, ab Ende der 50er Jahre von der NVA, seit 3.10.1990 von der Bundeswehr.

Die Kasernen des 2. und 4. Garde-Feldartillerie-Regiments

In der 1750–1808 bestehenden Garnisons-Artillerie-Kompanie in Glatz liegen die Anfänge der Garde-Artillerie. Sie gilt als der älteste Stamm der 1. Batterie des 2. Garde-Feldartillerie-Regiments. Als eigentliches Stiftungsjahr der Garde-Artillerie ist das Jahr 1808 anzusehen. In den Befreiungskriegen ab 1813 übernahm diese Rolle die 6-pfündige Fuß-Batterie Nr. 13. In der Zeit von 1816 bis 1863 setzte sich diese Entwicklung in der Garde-Artillerie-Brigade fort. Zwischenzeitlich (1850–1860) war die Brigade zum Garde-Artillerie-Regiment umstrukturiert worden. Von 1816 bis 1847 wurde das Geschützmaterial C/16 und C/42 in der Brigade eingesetzt. Danach, ab 1850 bis 1863, vollzog sich der Übergang zum gezogenen Geschütz.
Die Errichtung des Garde-Feldartillerie-Regiments/Divisions-Artillerie erfolgte ab 1. November 1872. Der Truppenteil verblieb aber weiterhin im Verband der Garde-Artillerie-Brigade. Der Aufstellungsort war die Kaserne am Kupfergraben in Berlin.
Am 7. Mai 1874 erfolgte die Aufgliederung der Brigade in das 1. und 2. Garde-Feldartillerie-Regiment. Sie hatte für das 2. GFAR die vereinfachte Bezeichnung der 1. Abteilung in 1. bis 4. Batterie und der II. Abteilung mit der 5. bis 8. Batterie zur Folge. Kommandeur des Regiments blieb bis zum Februar 1878 Oberst von Lyncker.
Als am 1. Oktober 1890 eine Neuordnung für das 2. GFAR erfolgte, trat zu den bisher drei Abteilungen eine reitende Abteilung mit Garnisonsort Potsdam hinzu. Die 4. und 8. Batterie wurde abgegeben und in den jeweiligen Abteilungen neu formiert. Die II. und III. Abteilung hatten von ihren sechs Gespannen auch je zwei abzugeben. In Friedenszeiten umfaßte jede Batterie des Regiments nun wieder vier bespannte Geschütze. Die reitende Abteilung mit neugebildetem Stab umfaßte zwei schon vorhandene Batterien, die ehemalige 2. reitende des 1. GFAR sowie die 3. reitende Batterie vom Feldartillerie-Regiment General Feldzeugmeister (1. Brandenburgisches) Nr. 3. Sie wurden nun die 1. und 2. Batterie in der neuen Abteilung. Während die 1. Batterie nun schon das provisorische »Kasernement« an der Brandenburger Kommunikation 11/13 in Potsdam bezog, mußte die 2. Batterie wegen einer Pferdekrankheit noch bis März 1891 in der bisheri-

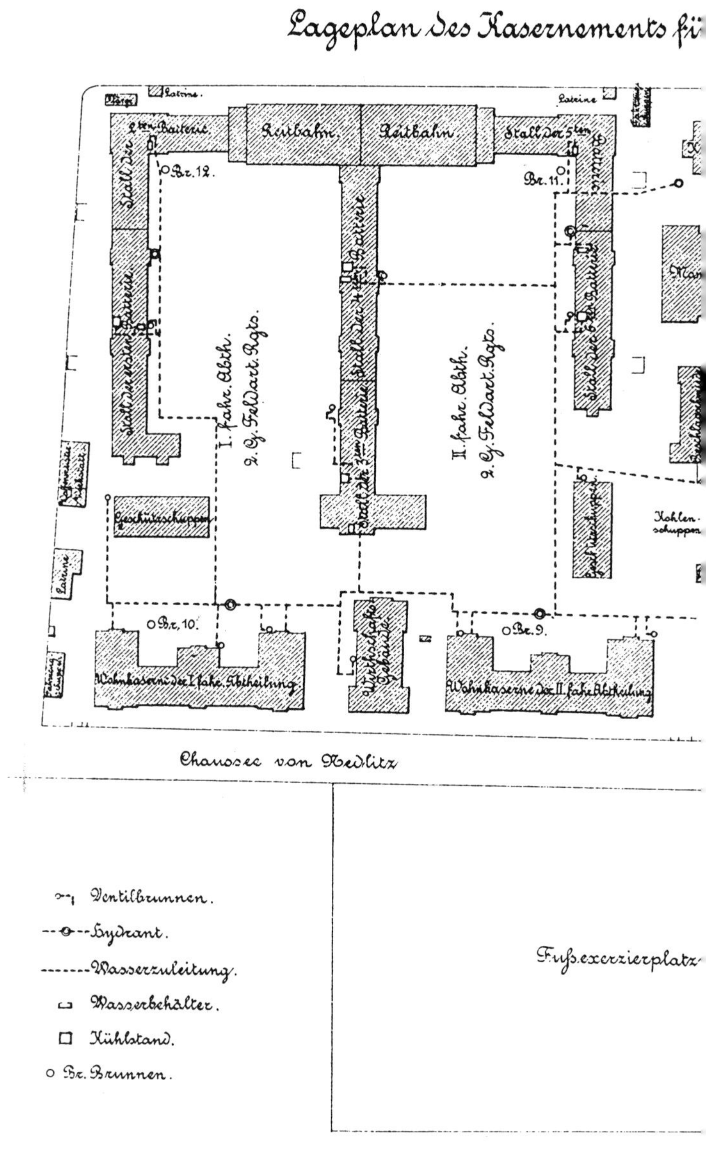

gen Garnison Brandenburg a.H. verbleiben und erhielt dann die Kaserne in der Neustädter Kommunikation.

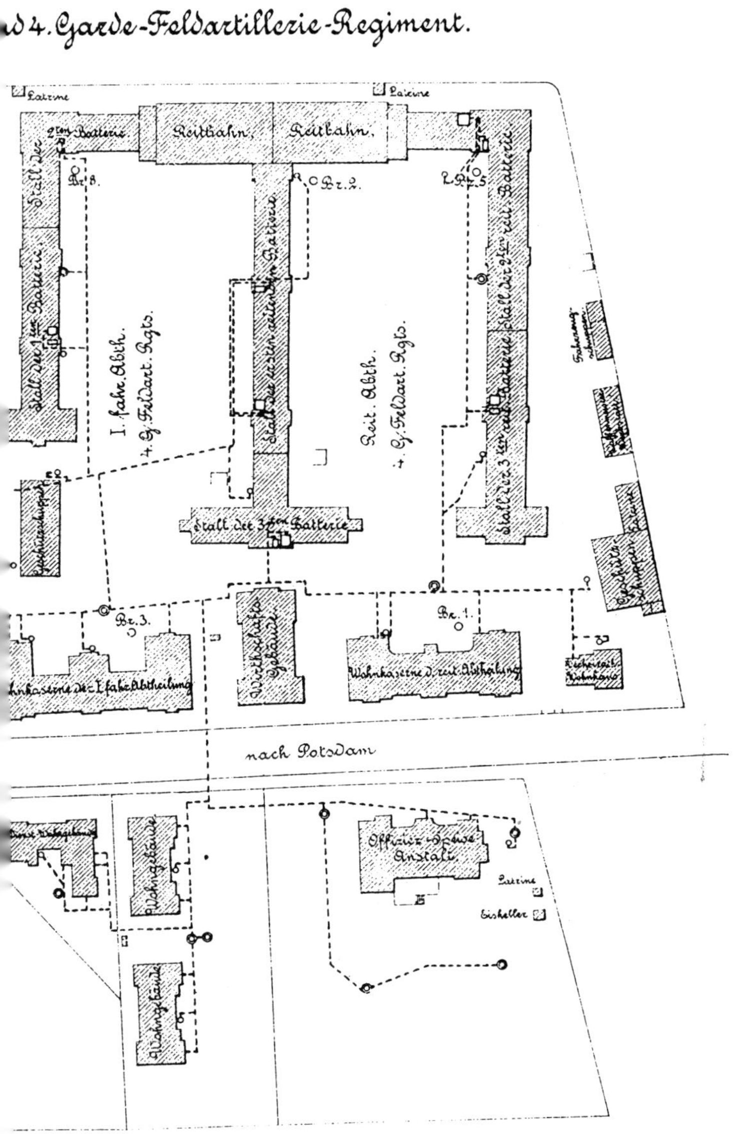

Die Pferde waren in der Masse in den Ställen an der Jäger-Kommunikation eingestellt. Ein kleinerer Teil stand in einem Stall auf dem »Beyerschen Holzhof« gegenüber dem Neustädter Tor. Dort befanden sich auch die Geschützschuppen und der Exerzierplatz. Eine Reitbahn existierte am Weg nach Bornstedt.

In Potsdam und Brandenburg hatten die reitenden Batterien, ebenso wie in Berlin die drei Batterien, gute Reitgelegenheiten. Das Bornstedter Feld in Potsdam bot zum Bespannexerzieren und Felddienst günstige Möglichkeiten. Die Zeit konnte hier maximal für die Ausbildung genutzt werden, weil keine weiten Wege erforderlich waren. In Potsdam bot sich im Gegensatz zu Berlin auch oft die Gelegenheit, an Übungen mit gemischten Waffen teilzunehmen.

Die wegen der unbefriedigenden Unterkunftsverhältnisse geraume Zeit geführten Verhandlungen des Militärfiskus endeten 1891 mit dem Erwerb eines Bauplatzes an der »großen Straße Potsdam-Nedlitz gegenüber dem nördlichen Theil des Bornstedter Feldes« in einer Größe von 23 ha, 80 a und 77 m^2. Es wurden Pläne zum Bau einer neuen Kaserne für das 2. Garde-Feldartillerie-Regiment entworfen und am 30. Mai 1891 von Kaiser Wilhelm II. genehmigt. Alle vier großen Kasernen wurden mit Front nach Westen, und nach Anhörung der Wünsche des Regiments, in der Nedlitzer Straße Nr. 9–16 zügig errichtet. Dazu kamen gute Stallungen in unmittelbarer Verbindung mit gedeckten Reitbahnen, die hinter den Mannschaftskasernen lagen. Die Abteilungen waren so eingeteilt, daß die I. Abteilung den rechten Flügel am Wald von Nedlitz einnahm und die reitende Abteilung den linken Flügel bildete. Das Offizierskasino wurde auf der linken Seite der Straße errichtet. Die neue Kaserne mit ihrer Lage sowohl am Wald, am Bornstedter Feld und in der Nähe des Jungfernsees, bot den Garde-Feldartilleristen viele Annehmlichkeiten für den Dienst und die Freizeit. Schwierig war damals nur die Verkehrsverbindung nach Potsdam.

Die reitende Abteilung bezog am 2. Oktober 1893 ihr Quartier in der neuen Kaserne. Zur gleichen Zeit verließ die III. Abteilung ihre bisherige Unterkunft am Oranienburger Tor in Berlin und bezog die ehemaligen Kasernen des Regiments Garde du Corps, das schon das neue Areal in der Neuen Königstraße/Behlertstraße in Besitz genommen hatte. So lag zu der Zeit die eine Hälfte des 2. Garde-Feldartillerie-Regiments in Potsdam und die andere in

Berlin. 1894/95 waren dann alle Abteilungen des Truppenteils in Potsdam vereinigt.
Nach der Teilnahme an vielen Kämpfen während des Ersten Weltkrieges, bei denen das Regiment 471 Tote zu beklagen hatte, denen zu Ehren ein Denkmal errichtet wurde, lösten sie sich auf. Die Tradition des ehemaligen 2. Garde-Feldartillerie-Regiments wurde durch die 7. Batterie des Artillerie-Regiment 2 der Reichswehr (Itzehoe) fortgesetzt und auch in Kameradschaftsvereinen gepflegt.

1899 erfolgte im Zuge der weiteren Heeresverstärkung die Errichtung des 4. Garde-Feldartillerie-Regiments, das ebenfalls in die Kasernenanlage in der Nedlitzer Straße 9–16 einzog.
Die Tradition des nach dem Weltkrieg 1914–1918 aufgelösten 4. Garde-Feldartillerie-Regiments wurde in der Reichswehr durch die 10. Batterie des 3. (Preuß.) Artillerie-Regiments fortgeführt, später war es die A.-Batterie/Artillerie-Regiment 3 in Frankfurt/Oder.
Die Kasernen des 2. und 4. Garde-Feldartillerie-Regiments in der Nedlitzer Straße 9–16 und der später errichteten »Delius-Kaserne« (1938) wurde von der Reichswehr bzw. Wehrmacht als Artillerie- und Nachrichtentruppenkaserne genutzt. So finden wir Anfang der dreißiger Jahre (1932/34) hier die IV. (reit.) Abteilung des 3. (preuß.) Artillerie-Regiments und die 3. (preuß.) Nachrichten-Abteilung der Reichswehr untergebracht.
Von 1936 bis 1939 befanden sich in den Garde-Artilleriekasernen der Nedlitzer Straße 9–16 die I. Abteilung des Artillerie-Regiments 23 und gleichzeitig die Nachrichten-Abteilung 43 (»Delius-Kaserne«). Die II. Abteilung sowie der Regimentsstab des Artillerie-Regiments 23 dislozierte zur gleichen Zeit in den 1934/35, neben den alten Garde-Artilleriekasernen, errichteten neuen Artilleriekasernen. Dieses als »Hohenlohe-Kaserne« bezeichnete Wehrmachtsobjekt war gemeinsam mit der Standortschwimmanstalt am Jungfernsee auf einer Fläche von rund 23,2 ha großzügig angelegt worden. Die III. Abteilung des o.g. Artillerie-Regiments befand sich im Kasernenkomplex der ehemaligen 1. Garde-Ulanen auf dem Ruinenberg.
In den Kasernen der Nedlitzer Straße befand sich vor Beginn des Zweiten Weltkrieges auch die 2. Heeresfachschule (V).
Während des Krieges ist hier neben anderen Ersatzformationen auch die I. Artillerie-Ersatz-Abteilung 23 nachweisbar (1940).
Von 1945 an bis heute erfolgt die Nutzung durch sowjetische/russische Einheiten.

Blick vom Pfingstberg auf den gewaltigen Kasernenkomplex des 2. und 4. Garde-Feldartillerie-Regiments

Die Kasernen der Leibgendarmerie

Am 12. Februar 1820 wurde durch Allerhöchste Kabinetts-Order die Bildung einer »Armee-Gendarmerie« befohlen. Sie sollte im Kriegsfall als Stamm für zu bildende Stabswachen dienen, da sich das bisherige System der Gestellung von Ordonnanzen durch Kavallerie-Regimenter in der preußischen Armee in mehrfacher Hinsicht im Kriegsfall nicht bewährt hatte. Die Truppe umfaßte 150 Berittene, die auf die 9 Armeekorps zu je 14–15 Mann verteilt waren. Der verbleibende Rest von 23 Mann (1 Wachtmeister, 2 Unteroffiziere und 20 Mann) unter dem Kommando eines Offiziers, standen dem König zur persönlichen Verfügung. Für diese Truppe wurden besonders bewährte Leute der Landgendarmerie herangezogen. Später stellten die aktiven Kavallerieregimenter den Ersatz. Die Umbenennung in »Leibgendarmerie« erfolgte erst 1843, diese Bezeichnung wurde, bis auf eine kurze Unterbrechung (1.1.1851–20.7.1854), bis 1918 beibehalten.
Nach der Aufstellung des 2. Zuges am 31. Juli 1889 blieben die Mannschaften der beiden Züge sowie die zwei Offiziere die nächsten vier Jahre in der ehemaligen Garde-du-Corps-Kaserne in der Charlottenstraße in Berlin untergebracht. Danach wurde die Leibgendarmerie von Berlin nach Potsdam verlegt. Am 1. April 1894 bezog diese Formation die schon ältere Kaserne Luisenplatz 9. Diese Wohnkaserne wurde 1834–1836 für die 3. Eskadron des

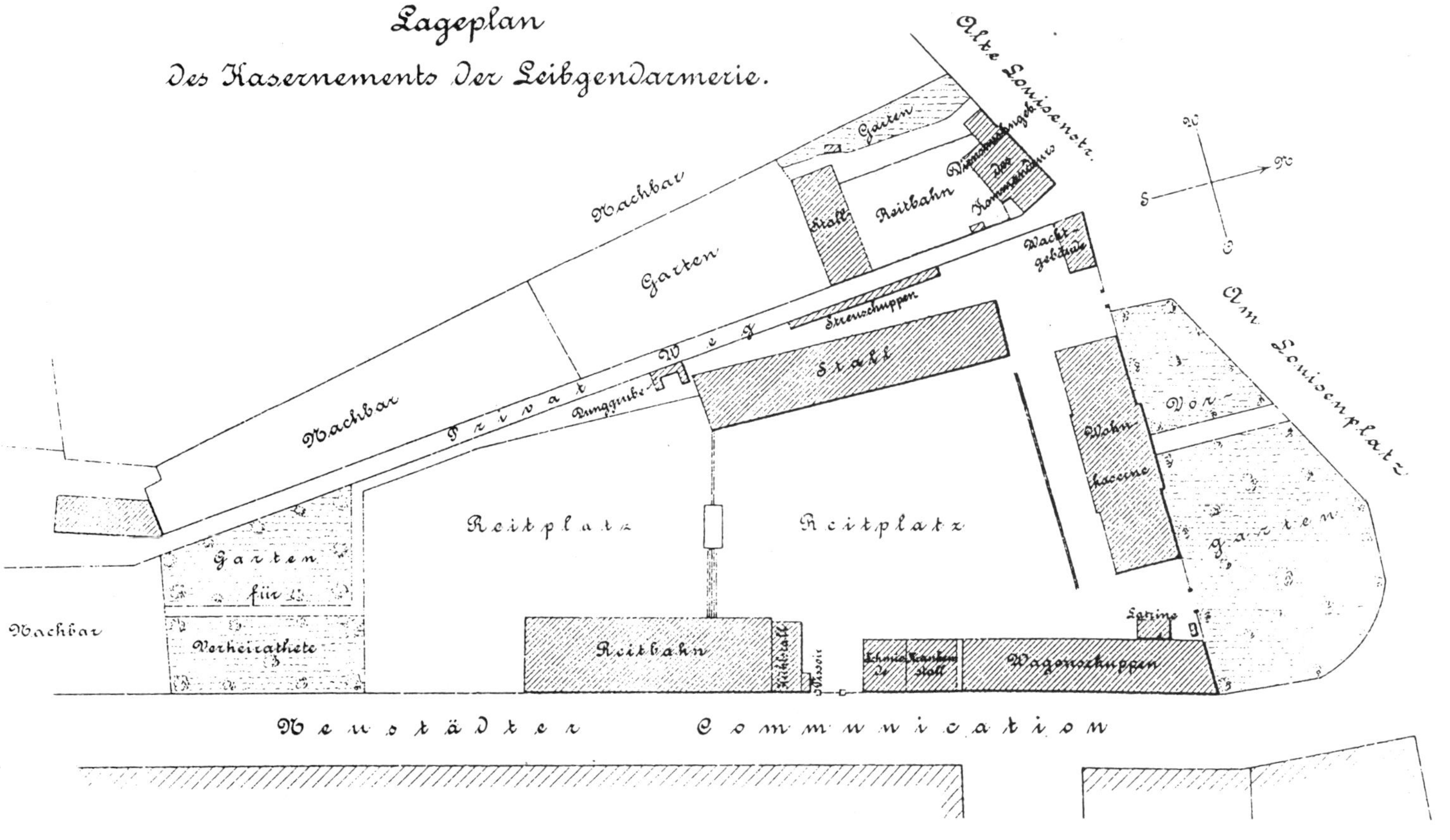

Innenhof der Kaserne (hier noch mit den 1. Garde-Ulanen)

1. Garde-Ulanen-Regiments errichtet und von diesem Truppenteil vom 1. Oktober 1836 bis zum 21. September 1889 genutzt, danach bezog die 3. Eskadron des Regiments Garde du Corps bis zum 19. September 1893 den Bau. Zur Gesamtanlage gehörten neben der unterkellerten, in massivem Backsteinbau ausgeführten Wohnkaserne (48,3 m lang, 13,8 m breit, 3 Stockwerke hoch) ein 64,5 m langer Stall, Wagenschuppen, Krankenstall, Schmiede, überdachte Reitbahn, an der Südseite ausgedehnte Reitplätze und neben der Kaserne (Alte Luisenstraße 73) das dienstliche Wohngebäude des Kommandeurs. Es wurde 1844 gebaut und 1872 von der Heeresverwaltung angekauft. Im Stall standen um die Jahrhundertwende 48 Pferde.

Aus dem letzten Drittel des 19. Jahrhunderts ist neben den bereits genannten Einsatzmöglichkeiten die Verwendung der Leibgendarmerie während des Deutsch-Französischen Krieges 1870/71 als Teil der Kavallerie-Stabswache des Großen Hauptquartiers bekannt. Auch an der Eskortierung des Kaiserpaares während der Palästinareise 1898 waren Leibgendarmen beteiligt. Die letzte große Aufgabe für diese kleine, aber besonders hervorgehobene Truppe der preußischen Armee war, den Kaiser im Verlauf des

Die rekonstruierte Kaserne im Sommer 1992

Ersten Weltkrieges in das Große Hauptquartier zu begleiten. Der Hauptdienst des 2. Zuges bestand im persönlichen Dienst bei der Kaiserin Auguste Viktoria. Er war ihre Leibgarde, die Mannschaften hatten bei ihr Ordonnanzdienst zu leisten sowie sie auf Reisen zu begleiten. Der Zugführer sowie Teile der Mannschaften kamen ständig aus dem Kürassier-Regiment Königin (Pommersches) Nr. 2, dessen Regimentschefin seit Anfang des 19. Jahrhunderts die jeweilige preußische Königin war. Dieser Zug trug auch die historische und die Dienstuniform des Kürassier-Regiments.

Das Ende des Ersten Weltkrieges und der Sturz der Monarchie beendete auch die knapp hundertjährige Geschichte dieser Einheit.
Die Nutzung der Kaserne am Luisenplatz ging nach dem Ersten Weltkrieg und der Auflösung der Truppe an den Potsdamer Magistrat über. Hier fand das Finanzamt seine Wirkungsstätte. Nach dem Zweiten Weltkrieg etablierte sich dort die Stadtsparkasse Potsdam. 1991/92 erfuhr die ehemalige Kaserne eine Generalrenovierung.

Der 2. Zug der Leibgendarmen in den historischen Uniformen des Kürassier-Regiments

Die Garde-Jäger zu Pferde und ihre Kasernen

Zur Entlastung der Divisionskavallerie von der Gestellung von Meldereitern und Ordonnanzen bei den höheren Stäben sowie der Infanterie wurden auf AKO vom 30. März 1895 zum 1. Juni versuchsweise aus Kommandierten beim Gardekorps, des I. und XV. Armeekorps Meldereiterdetachements gebildet.
1897 erfolgte die Umbenennung in Detachement (ab 1899 Eskadron) Jäger zu Pferde.
Die Eskadron Garde-Jäger zu Pferde war in Potsdam zu einem Teil in der Brandenburger Kommunikation (65 Mann) und der Neustädter Kommunikation (72 Mann) untergebracht.
Die Gegend um das Brandenburger Tor ist ein altes Soldatenviertel aus dem 18. Jahrhundert. Das Brandenburger Tor (1770) selbst ist nach einem Entwurf Friedrich II. als Zeichen des Triumphs im Siebenjährigen Krieg nach Motiven des Trajansbogen in Rom gebaut worden. Neben dem großen Wappenschild sind zu beiden Seiten Mars und Herkules von Jenner geschaffen worden. Die Kaserne des einen Teils der Eskadron in der Brandenburger Kommunikation Nr. 11/13 wurde 1782 für verheiratete Militärs des Infanterie-Regiments »Prinz von Preußen« errichtet. Später wurde es lange Zeit vermietet. Seit Juni 1860 bis zum 1. Oktober 1889 war es von Teilen des 3. Garde-Ulanen- und Teilen des 1. Garde-Ulanen-Regiments belegt. Nach einem Jahr ohne Nutzer zog am 1. Oktober 1890 bis Ende September 1894 die reitende (III.) Abteilung des 2. Garde-Feldartillerie-Regiments in das Gebäude, um am 1. Juni 1895 vom Detachement (später Eskadron) Garde-Jäger zu Pferde abgelöst zu werden.

Die drei Wohngebäude liefen in der ganzen Front in der Brandenburger Kommunikation und haben bei einer Länge von rund 44 m, eine Breite von gut 11 m. Die massiv gebauten und mit Ziegeln gedeckten Gebäude haben zwei Wohn- und ein Dachgeschoß, unterkellert sind sie nicht.

Die zweite Eskadronshälfte lag in der Neustädter Kommunikation Nr. 2/3 (Breite Straße/Ecke Hohenzollernstraße — heute: Scho-

Stallanlage der Garde-Jäger zu Pferde um 1900 (heute Hegelallee)

Stallanlage der Garde-Jäger zu Pferde in Richtung Jägertor gesehen (Brandenburger/Jäger-Kommunikation)

penhauerstraße). Dieses Gebäude wurde 1776 ebenfalls für verheiratete Militärs des I. Bataillons Garde errichtet und war später bis 1860 vermietet. Von 1860 bis 1. Oktober 1884 diente es dann der 1. Kompanie des 1. Garde-Regiments zu Fuß als Kaserne. Nachdem 1888 das Lehr-Infanterie-Bataillon das von ihnen als Kaserne genutzte Commun I aufgeben mußte, wurde diese Kaserne bis Ende September 1890 während der Sommermonate von einer Kompanie genutzt. Vom 1. Oktober 1890 bis 20. September 1893 belegte eine reitende Batterie des 2. Garde Feldartillerie-Regiments, vom 1. Oktober 1893 bis Ende März 1897 die 13. und 14. Kompanie des 1. Garde-Regiments zu Fuß und vom 1. April 1897 bis Ende September 1897 die 4. Kompanie des 5. Garde-Regiments zu Fuß die Kasernengebäude. Das Große Potsdamer Militärwaisenhaus kaufte diese Kasernen sowie die Häuser 3/7 von der Militärverwaltung am 14. Januar 1898, diese pachtete ihrerseits die Kaserne Neustädter Kommunikation 2/3. Am 1. Mai des gleichen Jahres und im Sommer 1898 zog dann der 72 Mann starke Teil der Eskadron Garde-Jäger zu Pferde dort ein. Das Doppelgebäude in der Neustädter Kommunikation mit einer Länge von über 31 m und der Breite von 11,5 m, hatte ein Erd- und zwei Obergeschosse. Da es hier keine Küche gab, wurden die Soldaten in der Brandenburger Kommunikation 11/13 ver-

Beschlagschmiede am Jägertor (1898)

pflegt. In beiden Einrichtungen gab es keine Bademöglichkeiten, deshalb benutzten die Mannschaften die Duschbäder des Leib-Garde-Husaren-Regiments in der Neuen Königstraße.
Die Ställe für die gesamte Eskadron waren in der Brandenburger Kommunikation, etwas nördlich der Kaserne, auf dem breiten Mittelweg paralell zur Mauerstraße (Hegelallee). Die gut 128 m lange und über 10 m breite Stallanlage war für 150 Pferde eingerichtet. Die 9 m lange Beschlagschmiede befand sich an der Südwestseite des Hofes am Wohngebäude 11/13. Die Stallanlagen, die 1831 für die 1. Garde-Ulanen in Backstein an Stelle der alten Stadtmauer bis zum Jägertor gebaut worden waren, verschwanden im ersten Drittel unseres Jahrhunderts und machten Platz für eine großzügige Straßenanlage, der Kaiser-Wilhelm-Straße.
Das 1733 gebaute Jägertor ist das älteste und zugleich das einzige Tor, das von den Nachfolgern des Soldatenkönigs nicht umgebaut wurde. Hier war die Nordgrenze der Stadterweiterung, die mit Mauer und Tor die Stadt vom dahinterliegenden Jägerhof abschloß. Das alte Tor hatte zwei große hölzerne Torflügel, die die ganze Innenhöhe füllten. Die Jägergruppe mit dem von Hunden gestellten Hirsch deutet auf den Jägerhof (ab 1828 Standort der Unteroffiziersschule Potsdam), die in Wurfnetzen dargestellten Granaten sowie die flankierenden Fahnen weisen als Sinnbilder auf das Militärische der Stadt Potsdam.
Aus dem ehemaligen Wachhaus, auf dem kleinen Platz am Eingang zur Lindenstraße, war später eine Schmiede geworden. Dahinter begannen die Fachwerkställe der Jäger-Kommunikation aus der napoleonischen Besatzungszeit, sie brannten 1893 ab. Zuvor wurden diese Ställe von den Garde-Ulanen als Unterstellmöglichkeit für ihre Pferde genutzt.
Da sich die Institution der Meldereiter (Garde-Jäger zu Pferd) nicht bewährte, erfolgte schon 1901 ihre Auflösung, die Angehörigen wurden zur Bildung neuer Kavallerie-Regimenter herangezogen.

Die Kriegsschulen

Als ein Vorläufer der Potsdamer Kriegsschule ist die seit 1804 hier bestehende »Junkerschule« zu betrachten. Durch die Niederlage Preußens im Krieg mit Frankreich bedingt, endete ihre Existenz 1806. Erst die Scharnhorstschen Reformen ließen 1810 in Preußen wieder drei »Kriegsschulen«, sogenannte Brigadeschulen entstehen. Sie hießen seit 1818 Divisionsschulen und dienten nach der Reform von 1828 ausschließlich der Ausbildung von Offizieren. Eine dieser Divisionsschulen befand sich in Potsdam.

Der Prinzregent Wilhelm (I.) ordnete im Namen des Königs Friedrich Wilhelm IV. durch Kabinettsorder vom 6. April 1859 die Gründung von Kriegsschulen an. Deren Organisator und eigentlicher Schöpfer, General von Peucker, am 18. September 1859 auch die »Dienstordnung für die Königlichen Kriegsschulen« erließ. Sechs Wochen später, am 1. November 1859, begann die Potsdamer Kriegsschule ihren Lehrbetrieb. An der Spitze dieser Einrichtung und der 95 Schüler stand der Major á la Suite des Generalstabes Stiehle.

Als Unterkunft dienten den Kriegsschülern die um die Jahrhundertwende (1800) für die Verheirateten des 1. Bataillons Garde umgebauten »Kasernen« in der Berliner Straße 6–10 und 13–17. Die schlichten Fronten der Häuser 6–10 waren mit einem Helmfries und dem Legionärsschild über der Tür verziert. In der Mitte der Nordwestfront der Straße befand sich ein Schilderhaus mit Posten, die gegenüberliegende Häuserzeile wurde nur von einem Pförtner »gesichert«.

In der Berliner Straße blieb die Kriegsschule bis 1878, dann wurde sie — unter dem Direktorat des Majors von der Schulenburg — in die 1771–73 von Karl von Gontard errichteten, drei Stock hohen, Bürgerbauten in der Waisenstraße 30–34 verlegt. Sie befanden sich somit direkt neben einer höheren Töchterschule, zu der sich bald freundschaftliche Beziehungen anbahnten.

Die Häuser der Kriegsschule konnte man etwa so charakterisieren: gerade Fassaden, Segment und Dreieckgiebel über den Fenstern, Quaderwerk im Untergeschoß. Eines der Häuser wurde durch die von Kaplinger geschaffenen Plastiken »Glück« und »Stunde« sinnvoll verziert. Sie mahnten die Insassen gleichsam, die Stunde zu ihrem Glück zu nutzen. Die Nr. 31 war 1794 vom Militärfiskus für die Zwecke der Garnisonsschule aufgekauft worden, 1831/32 dann gleichfalls die Nummern 32 und 33. Die Garnisonsschule bestand bis 1859, die Gebäude blieben beim

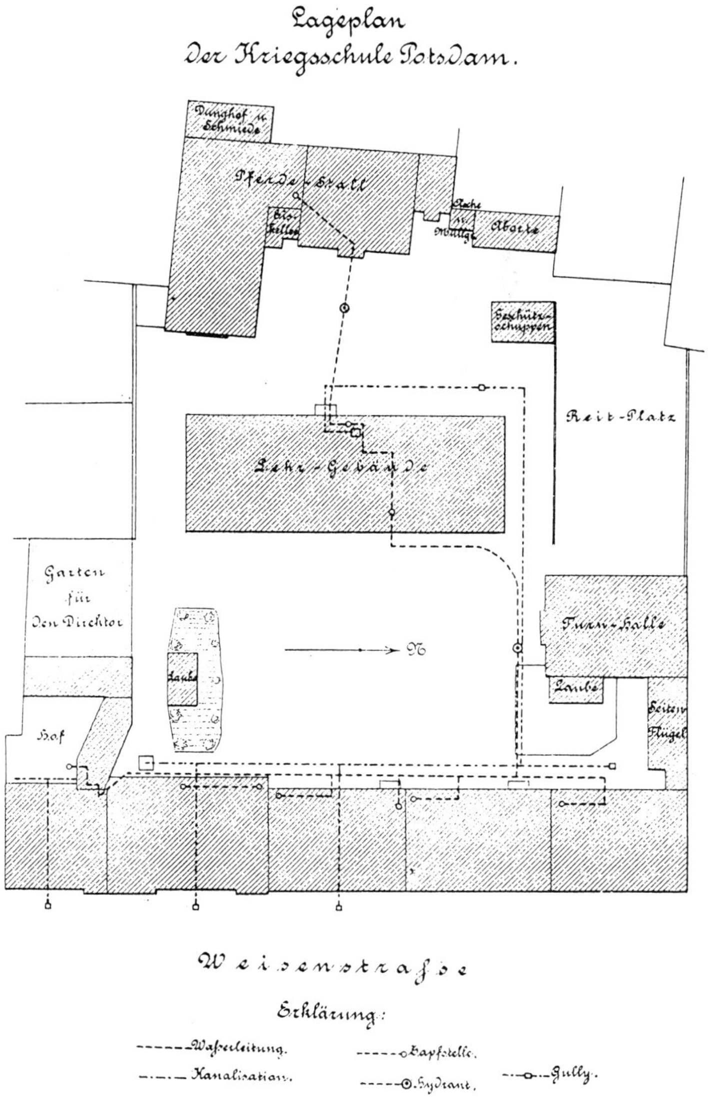

Militärfiskus. 1878 kamen die Nr. 30 und 34 neu hinzu. Nun glaubte man ausreichend Platz für die Kriegsschüler zu haben, aber die alten Räumlichkeiten genügten den modernen Anforderungen nicht mehr.

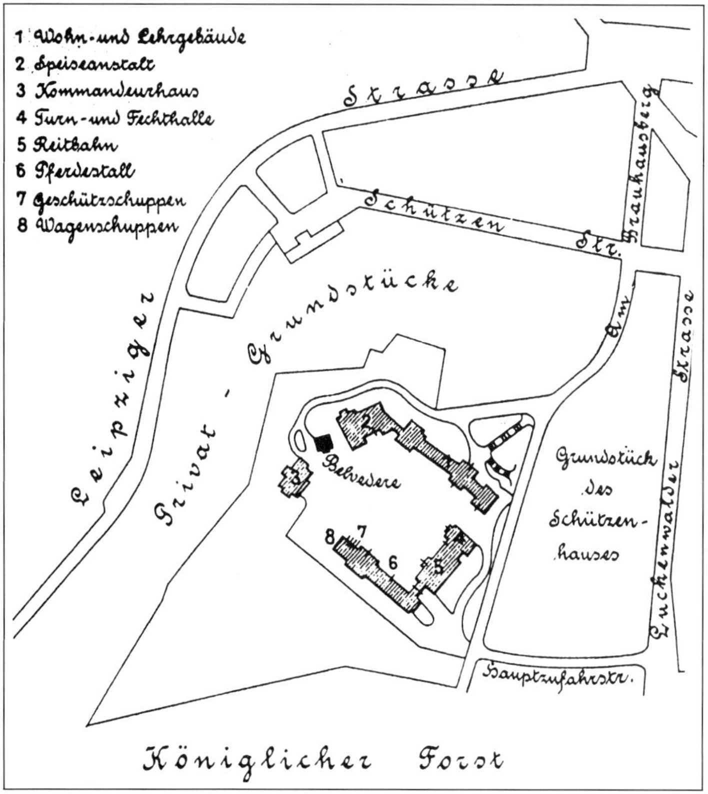

Lageplan der neuen Kriegsschule

Unter Kaiser Wilhelm II. wurde nun an die Umsetzung der Pläne für einen Neubau der Kriegsschule in Angriff genommen. Als erstes war der Platz zu bestimmen. Dachte man anfangs an einen Platz zwischen den Artilleriekasernen der 2. und 4. Garde-Feldartillerie und Nedlitzer Brücke, so entschied man sich doch letztendlich für den Brauhausberg als neuen Standort.
Baurat Franz A. Schwechten, der Erbauer der Kaiser-Wilhelm-Gedächtniskirche in Berlin, entwarf die Pläne, die Garnisonsbauinspektoren Meyer und Klingelhöffer übernahmen die Bauleitung. Im Jahre 1899 begann man mit dem Grundbau. Während die Fundamente aus »Kiesbeton« gefertigt wurden, errichtete man den weiteren Bau aus Ziegeln im Klosterformat, die Verzierungen aus Werk- und Kunstzementstein. Der Gesamtbau folgt keinem bestimmten Stil, sondern stellt eine Mischung verschiedener Stil- und Zeitepochen dar. So wurde für die Stadtseite in Anlehnung an ein englisches College ein Cottage-Stil mit Giebeln und schottischen Musterfachwerk gewählt, aus diesen Motiven heraus ein überragender Burgturm oder Bergfried entwickelt. Andere Elemente des Baus waren Renaissancevorbildern, zum Teil modern umgestaltet, geschuldet.
So wurde das Portal des Haupteingangs nach dem Muster der Porta Struppa in Verona, des Klassizisten und Zeitgenossen Palladios, Sanmichele, geschaffen. Es enthält römisch-dorische Stilformen. Die Hofseite dagegen mit ihren Volutengiebeln und ihrer Backsteinfront ist das Ursprünglichste am ganzen Bau und stellt eine Art selbständiger nordischer Renaissance dar. Der Fertigstellung der Gesamtanlage im ersten Halbjahr 1902 folgte am 2. August die feierliche Einweihung. Die Kriegsschule stand bis zu dieser Zeit unter Leitung des Obersten von Ziegler. Kurz vor der Einweihung der neuen Kriegsschule starb er an den Folgen eines nicht ausgeheilten Autounfalls.
Das neue mächtige Gebäude lagerte nach Ansicht vieler zu schwer auf dem Berg. Zusätzlich drückte auch der übermäßig hohe Turm auf die Gesamtanlage. Störend für die einheitliche Ausrichtung des Bauwerkes empfand man auch die Zwiebelkuppel des Kommandeurhauses. In dieser Form blieb die Potsdamer Lehreinrichtung für den Offiziersnachwuchs der preußischen Armee bis zum Ausgang des Ersten Weltkrieges bestehen.
Die Kriegsschule mußte durch die Festlegungen des Versailler Vertrages schließen und 1919 wurde der Bau vom Reichsarchiv/Heeresarchiv übernommen. In den Folgejahren wurde das Bedürfnis immer spürbarer, die äußerlich anstößigen Erscheinungen des monumentalen Gebäudekomplexes zu beseitigen. Auf Initiative des damaligen Oberbürgermeisters Friedrichs entschloß sich die zuständige Behörde zu wesentlichen Änderungen am Bau. So wurde der Turm auf ein zum ganzen passendes Verhältnis zurückgeführt und erhielt ein sachlich-schlichtes Dach, auch die Zwiebelkuppel des Kommandeurhauses verschwand.
In der Zeit der Weimarer Republik und z.T. auch darüber hinaus, hatte Potsdam dann keine Kriegsschule. Nach Wiedererlangung

Die neue Königliche Kriegsschule auf dem Brauhausberg um 1910

der Wehrfreiheit und der erneuten Wehrpflicht war durch die »Heeresvermehrung« ein erhöhter Bedarf an Offizieren vorhanden. Die Nachfrage nach geeignetem jungen Führernachwuchs war durch die in Dresden, München und Hannover bestehenden Kriegsschulen keineswegs gedeckt, ebenso wie die Verkürzung der Ausbildungszeit von annähernd vier auf zwei Jahre allein nicht ausreichte. Da die Heeresverstärkungen natürlich schon lange vorher geplant worden waren, war auch mit dem Neubau einer neuen Kriegsschule in Potsdam schon Mitte des Jahres 1934 auf dem Bornstedter Feld (Ecke Pappelallee/Kirschallee) begonnen worden. In nur 18monatiger Bauzeit wurde auf einer Grundfläche von 14 Hektar unter Leitung des Baurates Weyher von der Heeresbauverwaltung in Potsdam eine neue Kriegsschule errichtet. Die moderne und großzügige Anlage bot mit insgesamt 22 Gebäuden verschiedenster Größe für die Ausbildung der Fahnenjunker zu Offizieren optimale Möglichkeiten. Während der Feldmarschallsaal eine Gedenkhalle preußisch-deutscher Geschichte darstellte, bot das hervorragend ausgestattete Offiziersheim gute kulturelle Betätigungsfelder. Für den Sport existierte eine Turn- und Schwimmhalle.

Die am 9. Januar 1936 erfolgte Einweihung der neuen Potsdamer Kriegsschule stellte gleichzeitig die Wiederaufnahme einer alten

Tradition in dieser Stadt dar. Die über dem Eingang zur Schule leuchtenden Worte Friedrichs II. »Es ist nicht nötig, daß ich lebe, wohl aber, daß ich meine Pflicht tue!« wurde in einer Reihe von Reden den angehenden Offizieren als oberster Grundsatz ihres Handelns nahegelegt.
Einer der Lehrgangsleiter an dieser Schule war bis 1938 der damalige Oberstleutnant (August 1937 Oberst) und spätere Generalfeldmarschall Erwin Rommel. In dieser Zeit entstand sein Buch »Infanterie greift an«.
Seit Kriegsbeginn 1939 und in seinem weiteren Verlauf wurde die Ausbildung von Offiziersanwärtern für den nun verstärkt erforderlichen Ersatz fortgeführt.
Nach 1945 wurde die Anlage bis zum Sommer 1991 von sowjetischen/russischen Truppen genutzt.

Eine weitere Kriegsschule war die Luftkriegsschule in Wildpark-Werder bzw. Fliegerhorstkommandantur Wildpark-Werder. Nach etwa zweijähriger Bauzeit wurde im Sommer 1936 im Wildpark, westlich von Potsdam, ein umfangreicher Kasernenkomplex für die Luftwaffe fertiggestellt. Hier zog dann die Luftkriegsschule und die Fliegerhorstkommandantur Wildpark-Werder ein. Nach der Einweihung der Kaserne zog die Luftwaffe am 1. Juli 1936 mit großem Aufmarsch in ihren neuen Standort Potsdam ein. Die schon für größere Kommandostellen ausgelegte Dienststelle wurde in den folgenden Jahren durch die o.g. Luftwaffen-Einrichtungen genutzt. Diesen Einrichtungen folgte bald darauf auch noch der Aufbau der Flugsicherungsschule im Marstall/Neues Palais in Potsdam.
Die in Wildpark-Werder beabsichtigte Installierung eines Ausweichquartiers für das Oberkommando der Luftwaffe wird u.a. durch die Errichtung eines ausgedehnten Stabsgebäudes sowie eines großen unterirdischen Führungsbereichs, mehrerer, teils ober-, teils unterirdischen Bunker usw. deutlich. Neben den Unterkunftsgebäuden, Kfz.-Hallen und Offizierskasino, gibt es auch Sporteinrichtungen und eine Schwimmhalle.
Im weiteren Verlauf des Zweiten Weltkrieges hatte hier das Hauptquartier des Oberkommandos der Luftwaffe (bis 23.4.1945) seinen Sitz.
Danach wurde das Objekt von den Truppen der Roten Armee genutzt. Von 1956 bis 1962 ging ein Teil des Gebäudes an die NVA über, die dort zuerst eine Flak-Schule einrichtete. Ab Herbst 1972 wurde das weiträumige Objekt als Kommando der Landstreitkräfte der NVA genutzt, zu dem auch das Wach- und Sicherungsbataillon 40 gehörte. Seit Oktober 1990 befindet sich dort das Korps- und Territorialkommando Ost der Bundeswehr.

Die Unteroffiziersschulen

Am 5. Juli 1824 erteilte der preußische König Friedrich Wilhelm III. durch Allerhöchste Kabinettsorder die Weisung zur Errichtung der Potsdamer Unteroffiziersschule. Damals stammte der größte Teil der Unteroffiziere noch aus den Befreiungskriegen und genügte wegen mangelhafter Bildung nicht mehr den in Friedenszeiten stehenden Anforderungen. Deshalb sollte an dieser Schule ein nicht nur in den militärischen Disziplinen, sondern auch mit umfassender guter Allgemeinbildung versehener Stamm von Unteroffizieren für die Armee herangezogen werden.

Ende März 1825 war unter dem Namen »Schulabteilung« beim Lehr-Infanterie-Bataillon eine besondere Abteilung gebildet worden. Während je 300 Zöglinge aus dem Großen Militärwaisenhaus Potsdam und dem Knabenerziehungsinstitut Annaburg kamen, ergänzte sich der Stamm der Schulabteilung (70 Offiziere, 31 Unteroffiziere, 1 Chirurg) aus dem Gardekorps. Die Ausbildung, die damals drei Jahre dauerte, erstreckte sich auf Disziplin, militärische Zucht und Ordnung, Dienstpraktikum, Unterricht im Handwerk sowie Schulunterricht in verschiedenen Grundlagenfächern.

In den ersten Jahren war die Schulabteilung in der alten Kaserne am Neustädter Tor (ab 12. Mai 1825) untergebracht und ab 1. April 1828 in der neuerrichteten Kaserne in der Jägerallee (Nr. 10/12), obwohl deren endgültige Fertigstellung sich noch bis zum 7. Oktober 1828 hinzog. Sie wurde anstelle des bisherigen sogenannten Königlichen Jägerhofs — dem Rest der vom Großen Kurfürsten angelegten Fasanerie — in nur zwei Jahren Bauzeit fertiggestellt. Das dreigeschossige Hauptgebäude beeindruckt sowohl durch seine Schlichtheit wie auch Stattlichkeit. Für die damalige Zeit für solche Bauten ungewöhnlich, hat er helle geräumige Treppen und Flure. Die bequemen Zugänge und die Gesamtgestaltung zeugen zum Teil noch heute von einem großzügigen Charakter des Bauherrn, der auch die Räume und Säle mit Bildern und Waffendekorationen schmücken ließ.

Nach Anweisung des Baumeisters Schinkel wurden von der Oberbaudeputation dazu drei Entwürfe für die Schauseite an der Jägerallee angefertigt. Hierzug gab Schinkel am 15. April 1825 folgendes Gutachten:

»Für sämtliche hier beiliegenden drei Fassaden für das Gebäude der Unteroffiziersschule wird ein flaches Zinkdach notwendige Bedingung, wenn das Gebäude durch sein Verhältnis in der Gegend, wo es steht, keinen Mißstand machen soll. Die Fassade Nr. 1 mit gewöhnlichen Fenstereinteilungen (wobei auf jedes Zimmer zwei Fenster gerechnet sind), hat bei ihrer Länge etwas Monotones und ist bei der Menge der Öffnungen für die Masse nicht kräftig genug zu halten. Die Fassade Nr. II, im Gewölbstil durchgeführt, trägt den Charakter der Festigkeit vollkommen, welches durch die breiten Pfeiler erreicht ist, die dadurch entstehen, daß je zwei Fenster zusammengerückt sind, wodurch sich auch die Abteilung der äußeren Zimmer schon von außen charakterisiert. Im unteren Geschoß fällt immer ein breiteres Fenster auf zwei der oberen Geschosse, wodurch dieses Geschoß noch kräftiger ausfallen könnte. Bei der Treppenpartie in der Mitte treten die Öffnungen näher zusammen, weil rücksichtlich der Maße für die innere Einteilung nichts geändert worden ist, aber die Pfeiler bleiben immer kräftig genug und bei der angenommenen Konstruktion der einfach durchgeführten Gewölbe ist diese Verschiedenheit keineswegs störend. Die Fassade Nr. III hat die elegantesten Verhältnisse bekommen und durch die Anordnung der dreifachen Fenster für jedes Zimmer entsteht der in diesem Fall bedeutende Vorteil mehreren Lichtes für die sehr tief angeordneten Zimmer, deren Abteilungen sich hier ebenfalls von außen charakterisieren. Die Mittelpartie der Treppe konnte hierbei nur in einer Säulenordnung paßlich mit dem übrigen gehalten werden, und damit die Säulen eine vollständige Bedeutung erhielten, ist, wie das bunt gezeichnete Stück des Grundrisses andeutet, ein Balkon dahinter angenommen worden, so daß die Fenster zwischen starken Pfeilern hinter den Säulen angebracht sind. Bei jeder dieser Fassaden ist zu befürworten, daß sowohl in der Mitte als an den Seiten jede Art von Risalit wegzulassen ist, wenn es nicht wenigstens 10 bis 20 Fuß vortreten kann, weil sonst die Gesimsverkröpfungen höchst störende Wirkungen hervorbringen. Rücksichtlich der Erwärmung mit erhitzter Luft hielte ich die Anordnung, wo viel horizontale Leitung gebraucht wird, für beschwerlich, unzulänglich und auch gefährlich, hingegen in den Teilen, wo man mit

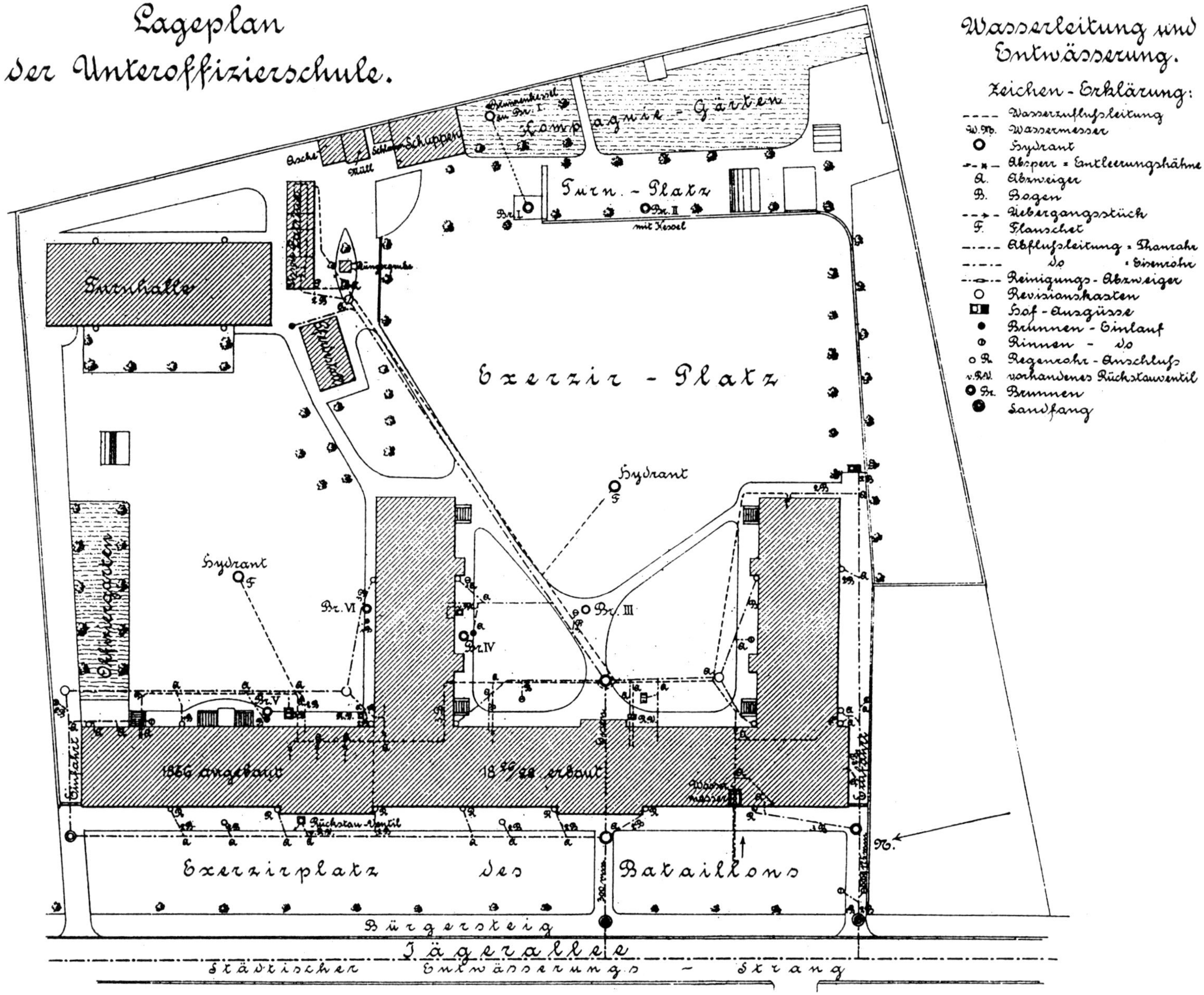
Lageplan der Unteroffizierschule.
Wasserleitung und Entwässerung.
Zeichen-Erklärung:
Wasserzuflußleitung
W.M. Wassermesser
Hydrant
Absperr = Entleerungshähne
A. Abzweiger
B. Bogen
Uebergangsstück
F. Flanschet
Abflußleitung = Thonrohr
do = Eisenrohr
Reinigungs-Abzweiger
Revisionskasten
Hof-Ausgüsse
Brunnen-Einlauf
Rinnen - do
R. Regenrohr-Anschluß
v.R.V. vorhandenes Rückstauventil
Br. Brunnen
Sandfang
Turnhalle
Schuppen
Kompagnie-Gärten
Turn-Platz
Exerzir-Platz
Hydrant
Br. I
Br. II mit Kessel
Br. III
Br. IV
Br. V
Br. VI
Offiziergarten
1866 angebaut
18 29/28 erbaut
Rückstau-Ventil
Wassermesser
Exerzirplatz des Bataillons
Bürgersteig
Jägerallee
Städtischer Entwässerungs-Strang
Einfahrt
N.

perpendikulären Leitungen fortkommen kann, für sehr anwendbar. In betreff des Unterbaues ist eine genauere Untersuchung des Baugrundes sehr anzuraten, außerdem auch der Wasserstand des Grundes genau zu ermitteln, weil das Kellergeschoß tief in die Erde kommen soll.«

Der dritte und von Schinkel begünstigte Entwurf gelangte zur Ausführung. Das Generalkommando des Gardekorps übertrug die Oberbauleitung dem Herzog Karl von Mecklenburg. Statt des Zinkdaches wurde allerdings ein höheres Ziegeldach aufgesetzt. Die Vergrößerung der Schule 1865 brachte dann die Zerstörung der künstlerisch empfundenen und durchgegliederten Schauseite. Der Mittelteil wurde im Anbau wiederholt, im Obergeschoß große Bogenfenster angebracht, das Hauptgesims in der Mitte durchschnitten, der ganze Vorsprung höher gezogen und vor das Dach eine niedrige Brüstungsmauer gesetzt. Ein zweiter Anbau 1909/10 verwertete dann zum drittenmal das Pfeiler- und Bogenmotiv, womit die Eintönigkeit der Front noch gesteigert wurde. An Schinkels Einfluß erinnern am Gebäude der Unteroffiziersschule lediglich noch die dreigeteilten Fenster, die dorische Portalumrahmung und die dorischen Säulen im Innern.

In diese sowohl hohen und luftigen wie auch wohnlichen Räume zogen 1828 die 50 bis 60 Mann der Schulabteilung. Durch die Einführung des freiwilligen Ersatzes herrschte 1844 ein derartig großer Andrang, daß man sich zur Erweiterung der Einrichtung entschloß. Friedrich Wilhelm IV. verfügte demzufolge 1846 eine vollständige Umbildung der Schulabteilung, die einerseits eine Erhöhung des Personalbestandes um 100 Mann, Bildung eines besonderen Stabes und Gliederung in drei Kompanien, sowie andererseits den Wegfall der Unterabteilungen und Kommandierungen von Offizieren aus der ganzen Armee, beinhaltete. Die Veränderungen traten ab 1. Oktober 1847 in Kraft. 1848 wurde durch die Auflösung des Lehr-Infanterie-Bataillons die Schulabteilung befehlsmäßig dem 1. Garde-Regiment zu Fuß unterstellt. 1854 folgte eine weitere Verstärkung auf vier Kompanien und ab 1860 führte die bisherige Schulabteilung den Namen »Unteroffiziersschule zu Potsdam«.

Die strukturellen Veränderungen und personellen Verstärkungen forderten auch eine bauliche Erweiterung. So wurde 1865 die Front des Hauptgebäudes nach Norden um etwa ein Drittel verlängert. 1867 errichtete man eine massive Grenzmauer um das ganze Grundstück, baute eine Turnhalle sowie einen Schuppen für Feuerlöschgeräte und legte eine Schlammabflußgrube an. Den freien Kiesplatz vor der Hauptfront nutzte man als Exerzierplatz. Die Wasserverssorgung der Kaserne in der Jägerallee erfolgte durch Anschluß an die städtische Wasserleitung sowie durch sechs Hofbrunnen. Beheizt wurde der Komplex mittels dezentraler Kohlefeuerung, die Beleuchtung geschah bis zur Jahrhundertwende mit Petroleum und Gas.

Im Gesamtkomplex befanden sich folgende Räumlichkeiten: Die Offiziersspeiseanstalt, die Wohnungen für den Kommandeur (Obergeschoß), den Zahlmeister, für fünf Offiziere sowie für vier verheiratete Feldwebel und einen Unteroffizier. Weiterhin die Stuben für die ledigen Unteroffiziere und die Mannschaften der einem Bataillon gleichgestellten Schule — nach den Kompanien in vier Reviere aufgeteilt. Die Kaserne hatte für den Schulunterricht vier Säle sowie einen für die Bibliohek bzw. für Musikübungen, je einen Raum als Wachstube, einen Unteroffiziersversammlungsraum, Revierkrankenstube, Werkstätten, Montierungskammern (Bekleidung und Ausrüstung) und Trockenböden. Im Kellergeschoß befanden sich die Küche für Unteroffiziere und Mannschaften, eine Badestube, eine Waschküche, Kantinenräume, die Kasernenwärterwohnung, Vorratskeller für Küchenvorräte und Kohlen. Hinter den Gebäuden gab es zwei Höfe zur Benutzung als Exerzier- und Turnplätze. Rings um den Hof zogen sich kleine Gärten die dem Kommandeur und Zahlmeister (Südseite), den Kompanien (Ostseite) und der Offiziersspeiseanstalt (Nordseite) gehörten.

Die Kommandeure der Potsdamer Unteroffiziersschule kamen bis 1875 immer vom 1. Garde-Regiment zu Fuß, und die Adjutanten sogar bis zum Ausbruch des Ersten Weltkrieges.

Die Potsdamer Schule gilt als Mutter der anderen sich in der Folgezeit herausbildenden preußischen Unteroffiziersschulen. So gab diese Lehreinrichtung zur Bildung der in Jülich 1861 geschaffenen 4 Offiziere, 14 Unteroffiziere und 212 Zöglinge ab. Ebenso erfolgten Abgaben von Unteroffizieren und Mannschaften an die 1867 in Biebrich, 1869 in Weißenfels, 1878 in Marienwerder sowie an die 1901 in Treptow a.R. gegründeten Unteroffiziersschulen. Die 1871 in Ettlingen errichtete Schule ging dagegen aus einer badischen Einrichtung hervor. Potsdam blieb die bedeutendste dieser Einrichtungen.

Kaserne der Unteroffiziersschule Potsdam in der Jägerallee (1899)

Annaburg, Bartenstein, Jülich und Wohlau. Im ersten Halbjahr bis Mitte März war der Schulunterricht Schwerpunkt in der Ausbildung, während im anschließenden Sommerhalbjahr der praktische Dienst, einschließlich Kompanie- und Bataillonsexerzieren im Vordergrund stand. Besonderen Wert legte man inzwischen, zur Stählung des Körpers, auf das Turnen. Eine Besichtigung gemeinsam mit dem Garde-Jäger- und Lehr-Infanterie-Bataillon auf dem Bornstedter Feld durch den Kaiser war dabei stets ein gewichtiger Höhepunkt.

Die Unteroffiziersschüler der Potsdamer Lehreinrichtung, die ab 1869 Füsiliere genannt wurden, nahmen ab 1848 an allen militärischen Einsätzen der preußischen Armee teil. In den Kriegen 1864, 1866 und 1870/71 fielen 108 Schüler der Potsdamer Unteroffiziersschule. Ihre Namen wurden auf Ehrentafeln festgehalten. 689 Schüler wurden mit Orden ausgezeichnet.

Ab 1871 wurde die Unteroffiziersschule der 1. Garde-Infanterie-Brigade und ab 1892 der neugebildeten Inspektion der Infanterieschulen unterstellt. Der erste Inspekteur war Oberst von Kloeden. Anläßlich des 50. Gründungstages, am 1. Juli 1874, wurde mit ehemaligen Schülern und Gästen in der Kaserne gefeiert, aus gleichem Anlaß erfolgte am 30. August des selben Jahres auch die Übergabe einer Fahne durch Kaiser Wilhelm I. Diesem feierlichen Akt ging ein Gottesdienst in der Garnisonkirche voraus und beendet wurde er mit einer Parade im Lustgarten.

Ab 1880 nahm die Unteroffiziersschule auch an den Herbstübungen und -paraden teil. Ihre Ergänzungen an Rekruten hatte sie entsprechend den Weisungen des Kriegsministeriums seit Herbst 1892 aus den inzwischen gegründeten Unteroffiziersvorschulen zu bestreiten. Diese Form der Ergänzung war zuvor bereits an anderen Lehreinrichtungen, wie zum Beispiel in Weißenfels, eingeführt worden. Die Einstellung neuer Rekruten als Unteroffiziersschüler erfolgte Mitte Oktober jeden Jahres aus den Vorschulen

Das Jahr 1908 hob sich an der Potsdamer Unteroffiziersschule wiederum durch die Einführung neuer Waffentechnik hervor. Die Übergabe eines Maschinengewehrs an die Lehreinrichtung und die Ausbildung eines Teils der älteren Jahrgänge daran ist hier hervorzuheben. Im gleichen Jahr erhielt die Schule als eines der ersten Truppenteile des Heeres das damals eingeführte Infanteriefernsprechgerät, daß 1908 auch bereits im Manöver mitgeführt wurde und sich gut bewährte. Die Teilnahme an größeren Felddienstübungen im Bataillonsrahmen sowie das Gefechtsschießen größerer Abteilungen auf dem Truppenübungsplatz Döberitz brachten Abwechslung in den Dienstbetrieb dieses Zeitabschnitts. Mehrtägige Besichtigungen Ende Juli/Anfang August schlossen in der Regel das jeweilige Dienstjahr ab.

In den letzten Jahren vor dem Ersten Weltkrieg wurden zwei Füsilier-Kompanien der Unteroffiziersschule mit zwei weiteren der Infanterie-Schießschule in Wünsdorf zu einem Bataillon zusammengestellt. Nach den Herbstmanövern erfolgte jeweils am 1. Oktober die Überweisung der Mannschaften des älteren Jahrgangs an die Truppenteile der Armee. Nach Möglichkeit fanden hierbei die Wünsche der Unteroffiziersschüler Berücksichtigung. Der größte Teil von ihnen wurde Infanterie-Regimentern zugeteilt. Die

besten Schüler (ca. 20 %) ernannte man vor der Versetzung zu Unteroffizieren, die anderen wurden als Gefreite ihrem zukünftigen Truppenteil überwiesen. Aus den Unteroffiziersschülern der Jahrgänge 1824 bis 1899 gingen 32 Offiziere hervor; zwei davon wurden Generale (General der Infanterie v. Rothmaler und Generalmajor Wischer).
In den Jahren 1908 bis 1911 erfolgten wesentliche Erweiterungen und eine Reihe von Verbesserungen im Kasernenkomplex. So wurden im Verlängerungsbau des Hauptgebäudes vier Schulsäle und das Offiziersheim eingerichtet. Der Neubau eines Wirtschaftsgebäudes nahm das Unteroffiziersheim, die Küche und die Kantine auf. Der Kantinenwirt sowie ein Kasernenwärter erhielten hier auch eine Wohnung. Auf dazugekauftem Gartenland wurde ein Wohnhaus für sieben Unteroffiziersfamilien errichtet. Ferner baute man dort eine Waffenmeisterei, einen Pferdestall sowie ein Exerzierhaus. Die Kompaniebereiche wurden modernisiert, das bedeutete u.a. daß jeder Kompanie einen Waschsaal und eine Toilette zur Verfügung hatte. Wegen dieser Modernisierungen wurde die Unteroffiziersschule nach 1921 auch von der Reichswehr bevorzugt genutzt.
Die Bekleidung der Unteroffiziersschüler folgte im wesentlichen der der Linieninfanterie und den sich hier im Laufe der Zeit ergebenden Veränderungen und Verbesserungen. Die vier Züge der Schulabteilung unterschieden sich nach der Farbe der Achselklappen (weiß, rot, gelb, blau).
Am 31. Juli 1914 wurde die Unteroffiziersschule durch Telegramm von der drohenden Kriegsgefahr in Kenntnis gesetzt und zur Vorbereitung der Mobilmachung aufgefordert.
Am 2. August 1914 wurden die Füsiliere entsprechend dem Mobilmachungskalender, bis auf Ausnahmen, zum Lehr-Infanterie-Regiment versetzt. Die zurückgestellten Füsiliere kommandierte man zur Unteroffiziersschule Treptow in Pommern. Die Offiziere der Schule traten zum neuaufgestellten Garde-Reserve-Korps über. Die zum Lehr-Infanterie-Regiment versetzten Unteroffiziersschüler nahmen dort keine Unterführerstellen ein, sondern dienten als einfache Soldaten in dieser Mustertruppe und hatten dadurch gegenüber Schülern anderer Lehreinrichtungen erhebliche Nachteile in der Beförderung. Trotzdem erfüllten sie im Kriege ausnahmslos ihre Pflicht, die vielen von ihnen das Leben kostete.
Die Unteroffiziersschule wurde am 1. Juni 1915 aus garnisonsdienstfähigen Offizieren und Unteroffizieren neu aufgestellt. Der Dienstbetrieb wurde, unter Beachtung der Kriegserfahrungen, wie früher organisiert. Während eines Schlußkursus wurde der abgehende Lehrgang auf einem Truppenübungsplatz zu einer kriegsstarken Kompanie zusammengefaßt, bevor er im Herbst die Schule verließ.
Die Unteroffiziersschule nahm nach dem Ersten Weltkrieg noch als geschlossene Einheit im Verband des Freikorps von Stephani an der Niederschlagung revolutionärer Unruhen 1919 in Berlin teil. Entsprechend dem Artikel 176 des Versailler Diktat-Vertrages vom 28.6.1919 mußten alle militärischen Bildungseinrichtungen für den Offiziers- und Unteroffiziers-Ersatz geschlossen werden. Die Auflösung der Potsdamer Unteroffiziersschule erfolgte am 1. April 1920.
An der Unteroffiziersschule in Potsdam wurden bis 1918 rund 14.000 Zöglinge ausgebildet.
Zur Erinnerung an den 100jährigen Gründungstag und zu Ehren der Gefallenen wurde am 7. Juli 1925 vor dem Hauptgebäude in Anwesenheit des Kronprinzen, dessen Sohn Prinz Wilhelm sowie des Prinzen Eitel Friedrich von Preußen ein Denkmal enthüllt. Ein nach dem Ersten Weltkrieg gegründeter »Verein ehemaliger Unteroffiziersschüler/Potsdam« übernahm die Pflege der Tradition dieser Einrichtung. Die Kaserne selbst wurde während der Reichswehrzeit als »Jägerkaserne« bezeichnet und beherbergte die 6. Kompanie des Infanterie-Regiments 9, die die Tradition des Garde-Jäger-Bataillons übernommen hatte. Seit Mai 1945 wird die Kasernenanlage der Unteroffiziersschule von der Roten Armee/Sowjetarmee bzw. jetzt Russischen Armee genutzt.
In den 20er/Anfang der 30er Jahren war in der ehemaligen Auguste-Viktoria-Kaserne des Lehr-Infanterie-Bataillons eine Polizeischule untergebracht. Nach einer längeren Umbauphase wurde hier im Herbst 1936 die Unteroffiziersschule des Heeres eröffnet. War das bisherige kleine Berufsheer mit einem kleinen Stamm von Unteroffizieren ausgekommen, so mußte das durch die neue Wehrgesetzgebung Mitte der dreißiger Jahre zu schaffende Massenheer der allgemeinen Wehrpflicht durch ein ausreichend starkes, vollwertiges Unteroffizierkorps der innere Halt und der Rahmen gegeben werden. Sie existierte bis 1945.

Das Große Militärwaisenhaus

Das im Jahre 1722 durch den Soldatenkönig Friedrich Wilhelm I. begründete und im Oktober 1724 eingeweihte Militärwaisenhaus lag im Straßengeviert Breite Straße, Waisen-Straße, Lindenstraße und Spornstraße. Die Aufgabe des Hauses bestand darin, den Kindern der Soldaten aus dem Großen Grenadier-Regiment, später auch der Feldregimenter, das Lesen, Schreiben und Rechnen, Gottesfurcht und handwerkliche Fähigkeiten zu vermitteln. Die später als Militärschüler bezeichneten Kinder wurden hier »mit Essen, Trinken, Kleidern, unentbehrlicher Wartung und dergleichen« versorgt, bis sie in der Lage waren, für sich selbst zu sorgen, d.h. bis etwa dem vollendeten 17. Lebensjahr. Danach konnten sie aus dieser als eine Art Unteroffiziersvorschule zu betrachtenden Einrichtung entweder in den Militärdienst treten oder einen handwerklichen Beruf erlernen. Beim Militär war es möglich, die Unteroffizierslaufbahn einzuschlagen und auch Militärmusiker (Tambour, Hautboist oder Trompeter) zu werden. Die Einstufung als »Militärschüler« oder als »Handwerksschüler« erfolgte je nach Veranlagung und wurde dann während der Ausbildung berücksichtigt. Die als »Musikschüler« ausgebildeten Eleven traten nach ihrer Ausbildung direkt zu den Regimentern über, um dort die späteren Hautboisten zu werden. Die anderen Militärschüler traten Anfang des 19. Jahrhunderts (1825) zur Schulabteilung des Lehr-Infanterie-Bataillons, der späteren Unteroffiziersschule Potsdam, über und waren somit aus dem Militärwaisenhaus entlassen.

Hof mit Turnhalle, in der sich ein Treppenhaus befindet, das aus zwei übereinandergestellten Kuppelhallen mit Deckenöffnungen besteht

Blick über den Gesamtkomplex des Großen Militärwaisenhauses von der Garnisonkirche

Das Militärwaisenhaus mußte wegen bestehender Einsturzgefahr 1737 rekonstruiert und durch einen neuerrichteten Flügel in der Lindenstraße bedeutend erweitert werden. In getrennten Häusern waren nun sowohl Mädchen als auch Jungen im Waisenhaus untergebracht worden.

Der 1737 neuerrichtete Fachwerkbau war aber nach drei Jahrzehnten bereits wieder sehr brüchig geworden, so daß Karl von Gontard im Auftrage Friedrichs II. in den Jahren 1769 bis 1777 das Militärwaisenhaus in der heutigen Form schuf. Bei Abrißarbeiten der alten Gebäude fand man auch den alten Grundstein aus dem Jahre 1722 mit der Inschrift »Für Gott und den Soldaten«. Er wurde in den Neubau eingefügt und symbolisierte künftig die geistige Richtschnur der Erziehung. Der Mitteltrakt in der Lindenstraße trug eine kunstgeschichtlich interessante Kuppel mit der vergoldeten Statue der Caritas mit dem flammenden Herzen in der Hand. Sie wurde 1945 im April durch russischen Artilleriebeschuß in Brand gesetzt und zerstört.

In den Anfangsjahren des Bestehens des Großen Militärwaisenhauses dominierte die handwerkliche Ausbildung der Jungen und Mädchen. Die Jungen konnten hierzu vor allem bei den Handwerksmeistern der Anstalt die Berufe Schneider, Bäcker, Schuster oder Metzger erlernen und wurden auch mit anderen Tätigkeiten für die Anstalt oder die königlichen Gärten beauftragt. Die Mädchen wurden vorrangig im Stricken, Nähen und Wollespinnen unterrichtet. Obwohl die Verpflegung durch die

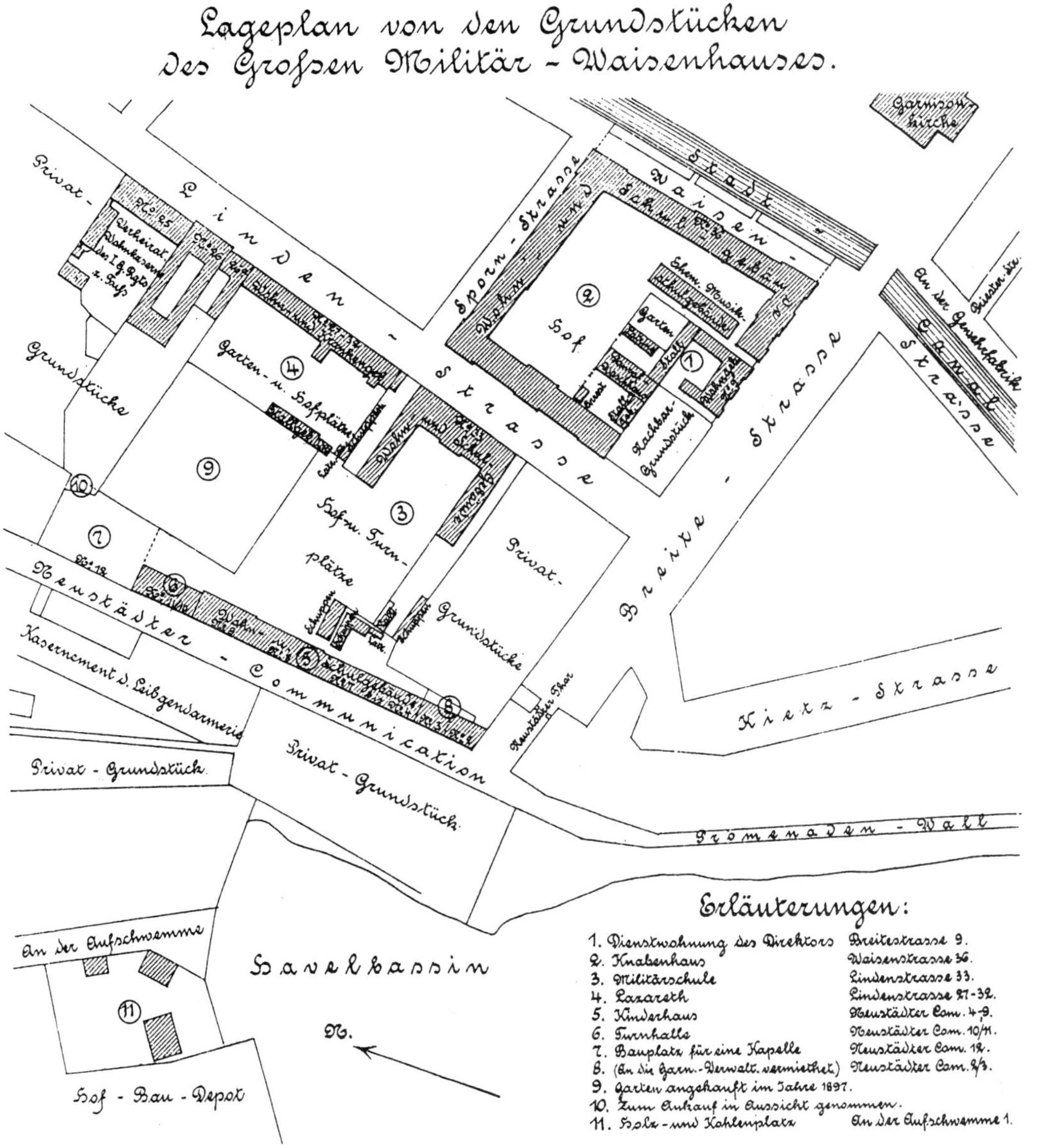

Kontrolle des Königs recht gut war, starben später viele Kinder dieser Einrichtung. Das wurde in erster Linie dem schlechten Gesundheitszustand der Kinder bei der Übergabe an das Waisenhaus zugeschrieben. Die verstorbenen Kinder wurden auf einem eigenen Friedhof in Nowawes (Babelsberg) beigesetzt. Die Anstalt war im Jahre 1724 mit 500 Zöglingen belegt und steigerte sich im Jahre 1740 auf bereits 1.400. Seit 1728 kamen noch 100 Mädchen hinzu. Durch die Kriege Friedrichs II. bedingt, stieg die Zahl der untergebrachten Kriegswaisen auf 2.000 an.

Im Jahre 1792 wurde das auch im Militärwaisenhaus eingerichtete »Fräulein«-Institut aufgehoben und die Erziehung von 50 Offizierstöchtern außerhalb des Hauses sichergestellt.

Mitte des 19. Jahrhunderts wurde dem Militärwaisenhaus ein Kinderhaus mit etwa 80 sechs- bis neunjährigen Kindern und eine Militärschule für 90 Knaben im Alter von 14 1/2 bis 18 Jahren angegliedert. Die Belegung des Waisenhauses selbst bestand in den Jahrzehnten bis nach der Jahrhundertwende aus dem Knaben-Bataillon mit vier

Vorbeimarsch einer Formation des I.R. 9 in der Lindenstraße vor dem Großen Militärwaisenhaus am 28. Januar 1938

Kompanien zu je 150 Kindern im Alter von 9 bis 14 ½ Jahren. Diese drei Abteilungen unterstanden einem Stabsoffizier als Direktor. Als Führer der Militärschule und Verantwortlicher für die militärische Ausbildung war ein Hauptmann eingesetzt, dem wiederum waren zwei Leutnants, zwei Vizefeldwebel und acht Sergeanten zugeordnet. Das Knaben-Bataillon und das Kinderhaus unterstanden dem Anstaltspfarrer. Der Unterricht wurde durch zwei wissenschaftliche Oberlehrer, vierzehn Elementarlehrer, einem Musiklehrer und fünf Predigtamtkandidaten erteilt. Der Militärdienst wurde von einem Leutnant und einem Vizefeldwebel geleitet und vom Hauptmann überwacht. Jeder Kompanie war ein Sergeant zugeteilt worden.

Eine bedeutende Rolle in der körperlichen Erziehung spielte seit etwa 1833 der Turn- und Schwimmunterricht, um die oft stark geschwächten Kinder durch viel Bewegung an frischer Luft, Spiele und Körperpflege zu kräftigen und gesunden Menschen zu erziehen.

Das Knabenhaus mit seinen 600 Zöglingen belegte die größere Häusergruppe in der Waisen-, Sporn-, Linden- und Breiten Straße. In diesem Komplex befanden sich um die Jahrhundertwende auch im ehemaligen Musikschulgebäude die Schulräume, die pro

Appell im Hof des Militärwaisenhauses, als die Anstalt der Wehrmacht unterstellt war

Schulsaal mit 30 bis 60 Kindern belegt waren. Sie wurden durch Kachelöfen beheizt und mit Gaslampen beleuchtet. In diesem Gebäude waren auch die Wohnungen und Werkstätten der Handwerker und Lehrer.
Das Kinderhaus befand sich zur gleichen Zeit in der Neustädter Kommunikation 2/12. Sie war 1897 durch die Garnisonsverwaltung angekauft worden. Zeitweilig belegten die Garde-Jäger zu Pferde die Nr. 2 und 3 der Kommunikation.
Über den eigentlichen Sollbestand von 90 Knaben hinaus waren der Militärschule weitere 10 bis 20 Zöglinge zugeordnet, die sich im Übergang zu den Unteroffiziersvorschulen und der Schiffsjungenabteilung befanden.
Die 80 Kinder des Kinderhauses gliederten sich in zwei Abteilungen, denen je ein Abteilungsleiter (Hilfsprediger und ein Kandidat der Theologie) vorstand. Für den Unterricht stand neben den genannten Theologen noch ein Ober- und ein Elementarlehrer zur Verfügung.

Die Erziehungsanstalt, die seit 1815 unter preußischer Militärverwaltung stand, wurde 1934 in eine Nationalpolitische Erziehungsanstalt umgewandelt, in der durchschnittlich 500 Jungen und Mädchen im Alter von 6 bis 14 Jahren erzogen wurden. Sie wurde am 2. Dezember 1937 durch den Erlaß des Reichskanzlers Adolf Hitler unter dem Namen »Großes Militär-Waisenhaus Potsdam« der Wehrmacht übergeben. Seit dem 27. Juni 1938 war durch einen weiteren Erlaß Hitlers der Reichsminister für Luftfahrt und Oberbefehlshaber der Luftwaffe, Generalfeldmarschall Hermann Göring, zum Chef des Militärwaisenhauses bestimmt worden.

Nach 1945 wurde die Institution Militärwaisenhaus aufgelöst. Die Gebäude kamen in zivile Nutzung (u.a. Internat, Verwaltungen). Inzwischen existieren Pläne, in Zusammenarbeit mit der »Stiftung Großes Militärwaisenhaus Potsdam« und dem Amt für Denkmalpflege Potsdam, an die Wiederherstellung von Kuppel mit der Caritas heranzugehen.

Großes Militärwaisenhaus — Eckbau an der Waisenstr. (Dortustr.) mit Blick in die Spornstr.

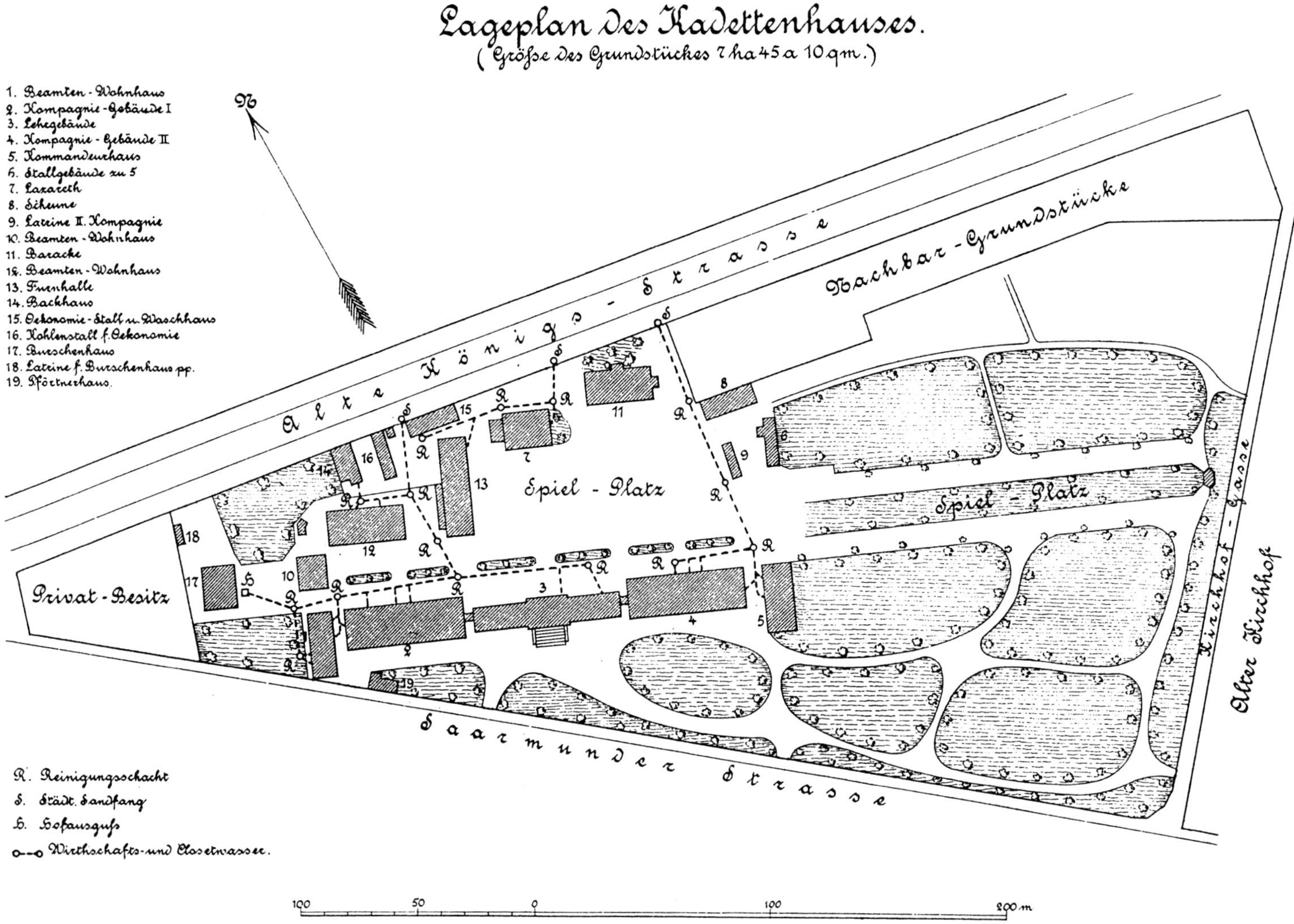
Lageplan des Kadettenhauses.
(Größe des Grundstückes 7 ha 45 a 10 qm.)
1. Beamten-Wohnhaus
2. Kompagnie-Gebäude I
3. Lehrgebäude
4. Kompagnie-Gebäude II
5. Kommandeurhaus
6. Stallgebäude zu 5
7. Lazareth
8. Scheune
9. Latrine II. Kompagnie
10. Beamten-Wohnhaus
11. Baracke
12. Beamten-Wohnhaus
13. Turnhalle
14. Backhaus
15. Oekonomie-Stall u. Waschhaus
16. Kohlenstall f. Oekonomie
17. Burschenhaus
18. Latrine f. Burschenhaus pp.
19. Pförtnerhaus.
N
Alte Königs-Strasse
Nachbar-Grundstücke
Spiel-Platz
Spiel-Platz
Privat-Besitz
Saarmunder Strasse
Kirchhof-Gasse
Alter Kirchhof
R. Reinigungsschacht
S. Städt. Sandfang
H. Hofausguß
Wirthschafts- und Closetwasser.
100
50
0
100
200 m

Das Kadettenhaus

Das preußische Kadettenhaus wurde am 1. Juni 1769 in der pommerschen Stadt Stolp gegründet und 1812 nach Potsdam verlegt. Als Standort in Potsdam fand zunächst das 1769/70 errichtete und für die Kadeten modernisierte Lazarett des Militärwaisenhauses (Hofflügel) Verwendung.
Die eigentliche Potsdamer Kadettenanstalt wurde dann mit zwei Kompaniewohngebäuden und einem Lehrgebäude an der Saarmunder Straße Mitte des Jahres 1823 fertiggestellt. Der Schinkelsche Klassizismus mit seinen schlichten Formen prägte das Mittelgebäude, das an der Stirnseite die lateinische Inschrift »Martis et Minervae alumnis« (»Den Zöglingen des Kriegsgottes und der Göttin der Weisheit«) enthielt. In ihm war ein Speisesaal für die Zöglinge und darüber eine Kapelle eingerichtet. Zum Ende des 19. Jahrhunderts wurde eines der Häuser Lehrgebäude der 1. Kompanie sowie Beamtenwohnheim Nr. 1. Für die 2. Kompanie errichtete man ein neues Gebäude. In den Jahren 1881–1889 erfuhr die Kadettenanstalt durch Neubauten eine wesentliche Erweiterung und nahm nun eine Fläche von fast 7,5 ha ein (19 verschiedene Bauten). Zur Saarmunder Straße war es durch ein eisernes Gitter und zur Alten Königstraße durch eine massive Mauer begrenzt, der rückwärtige Teil wurde durch einen Plankenzaun umschlossen.
Außer dem Haupteingang in der Saarmunder Straße hatte der Gebäudekomplex noch sechs weitere (nicht offizielle) Zugänge. Zum Ausbildungs- bzw. Betreuungspersonal der 178 Kadetten gehörten 15 Offiziere und 2 Sanitätsoffiziere (mit persönlichen Burschen) sowie 1 Feldwebelleutnant als Hausverwalter, 2 Kompanieverwalter, 1 Sergeant (Schreiber), 1 Pfarrer, Zivillehrer, Lehrer und Rendant, 1 Ökonom, 20 Unterbeamte usw. Mit Frauen, Kindern und Dienstboten waren nun insgesamt 320 bis 330 Personen in den Gebäuden, die, bis auf eine Baracke, alle massiv gebaut waren, untergebracht. Die größtenteils unterkellerten Häuser wurden durch Kachel- oder teilweise auch sogenannte Kanonenöfen beheizt. Die Wasserversorgung erfolgte durch die städtische Wasserleitung.
1887–1889 wurden die beiden Kompaniegebäude (Nr. 2 und 4) durch Aufsetzen eines zweiten sowie halben dritten Obergeschosses erweitert. Je Kompanie standen 2 Schlafsäle zu 45 Betten und ein Waschsaal für 90 Kadetten zur Verfügung. Die Speisen wurden in der Anstaltsküche zubereitet und im gemeinschaftlichen Speisesaal eingenommen. Die Zubereitung der Speisen für die Offiziere erfolgte in einer gesonderten Küche. Für den Unterricht waren im Lehrgebäude (Nr. 3) zehn Klassenzimmer unterschiedlicher Größe eingerichtet.
Die Zöglinge des Kadettenhauses in der Teltower Vorstadt gingen teilweise nach Abschluß ihrer Ausbildung als Fähnriche zur Kriegsschule auf dem Brauhausberg in Potsdam oder bereiteten sich an anderen Einrichtungen weiter auf ihren zukünftigen Offiziersberuf vor. In der Zeit zwischen 1906 und 1910 erfolgte eine weitere bedeutende Erweiterung und Modernisierung der Kadettenanstalt, die von der ursprünglichen Anlage wenig übrig ließ.
Nach Kriegsende 1918 wurde die Kadettenanstalt, wie auch die anderen militärischen Bildungsanstalten, geschlossen.
Die ursprüngliche Front des Hauptgebäudes im klassizistischen Stil ist nicht mehr vorhanden, an seiner Stelle wurde der jetzt vorhandene Komplex als staatliche (Lehrer-)Bildungsanstalt errichtet. Die staatliche Bildungs- und Lehreinrichtung bestand von 1922 bis etwa 1932. Während der Zeit des Nationalsozialismus war dort eine Nationalpolitische Erziehungsanstalt (NAPOLA) untergebracht. Nach 1945 diente der Komplex zur Unterbringung verschiedenster Verwaltungsstellen des Landes Brandenburg, dann des Rates des Bezirkes und seit 1990 des Brandenburgischen Landtages.

Die Lazarette

Die Entwicklung Potsdams zur Militärstadt seit dem ersten Viertel des 18. Jahrhunderts brachte es notwendigerweise mit sich, daß auch die Einrichtung von Lazaretten erforderlich wurde. Waren es zu Beginn mehr Krankenzimmer in den einzelnen Truppenteilen und Einheiten, die zur Aufnahme und Behandlung der Erkrankten bzw. Verletzten dienten, so machte es sich sehr bald erforderlich, ein Lazarettwesen, herausgelöst aus dem unmittelbaren Bereich der Einheiten, aufzubauen.

Mitte des 18. Jahrhunderts befand sich in der Neustädter Kommunikation (Hohenzollern- bzw. jetzt Schopenhauer-Straße) Nr. 1 bis 6, entsprechend ihrer ursprünglichen Bestimmung, die »Kaserne« des Bataillons Grenadier-Garde, dann eine des Regiments »Prinz von Preußen«, gefolgt vom Lazarett für diesen Truppenteil. Nr. 5 und 6 dienten der Grenadier-Garde als Lazarett. Dort, bzw. in den Nummern 8 bis 12, war auch — bis zur Fertigstellung des neuen im Jahre 1894 — das Garnisonslazarett. Es konnte bis 118 Kranke aufnehmen. Bald darauf ging der Komplex in den Besitz des Großen Militärwaisenhauses über.

1751 wurde in der Burgstraße 29 ein Lazarett für das Erste Bataillon Garde fertiggestellt. Noch im 19. Jahrhundert war es als Kavallerie-Lazarett für die Kranken des Husaren- und Garde-du-Corps-Regiments zuständig und konnte bis zu 60 Kranke aufnehmen. Nach Errichtung des neuen Garnisonslazaretts an der Pappelallee ging es in Privathand über.

Für das zweite und dritte Bataillon des »Regiments Garde« ließ Friedrich II. in der Lindenstraße 25, unter Rückverlegung der Straßenfront, 1772 ein Lazarett errichten, dessen Mittelgiebel zur Straße durch zwei, von Jenner ausgeführten, Plastikgruppen (Kranker und Arzt) flankierend verziert wird. Die falsche Handhabung ärztlicher Instrumente kann hier als satirische Darstellung von Fehlern der Militärärzte gedeutet werden. Dieses Lazarett hatte eine Kapazität von 87 Betten und diente um die Jahrhundertwende Verheirateten des 1. Garde-Regiments zu Fuß als Wohnhaus. Gut erhalten ist es auch heute noch ein ansehnliches Gebäude.

Ende des 19. Jahrhunderts waren auch die Einrichtungen der Gesundheitspflege für einen so großen Organismus wie das deutsche Heer dringend reformbedürftig. Umfassende Überprüfungen aller älteren Verordnungen und Einrichtungen waren erforderlich, um diese auf das Niveau der Zeit zu bringen. Die Revision erbrachte 1891 u.a. je eine Friedens- und eine Feldsanitätsordnung. Jedes Armeekorps hatte in einem Sanitätsamt eine militärärztliche Zentralbehörde erhalten, der das Lazarettwesen des Korps nach allen Richtungen hin unterstellt war. (u.a. die Benutzung von Bädern und sonstiger Heilmittel der Kurorte, wie auch die ärztliche Behandlung in der Garnison, egal ob in der Truppe oder im Lazarett.) Im Laufe der letzten Jahre des vorigen Jahrhunderts war die Krankenfürsorge durch die Einrichtung von Genesungs- und Erholungsheimen weiter ausgedehnt worden. Die Friedenssanitätsordnung gestattete die Anwendung aller Heilverfahren, die durch die medizinische Wissenschaft anerkannt waren und sich im Einzelfall als notwendig erwiesen.

In den Jahren 1890–1894 wurde auf dem 4,86 ha großen ehemaligen Ackerfeld östlich des Ruinenberges ein gemeinsames Garnisonslazarett für sämtliche Truppenteile errichtet. Die bis dahin benutzten »Speziallazarette« gingen in das am 1. Oktober 1894 bezogene neue mit ein. Die Zusammenfassung der örtlichen Lazarette im neuen Objekt, begrenzt durch »Am Ruinenberg« (Pappelallee) und »Am Königsweg« (Voltaireweg), gewährleistete mit der damals modernsten Ausstattung an medizinischem und technischem Gerät eine optimale Betreuung der Kranken. Im einzelnen existierten in diesem 15 Gebäude umfassenden Komplex, neben den sicherstellenden Bereichen wie Verwaltung, Wirtschaft, Maschinen- und Kesselhaus, zweigeschossige Blöcke, einfache und Doppelbaracken und eine sogenannte Billroth'sche oder Wiener Baracke (Blöcke 4–10), ein Desinfektionshaus u.a. Die gesamte Anlage erfuhr eine gärtnerische Gestaltung und wurde mit Bäumen bepflanzt.

Das Garnisonslazarett hatte eine Kapazität von 309 Betten, dazu einen Operationssaal, einen Betsaal, Labor, Apotheke usw. Die Patienten, die in ihren Blöcken auch über Badezimmer verfügten, waren getrennt nach Dienstgradgruppen untergebracht. Sämtliche Krankengebäude wurden mittels Niederdruckdampfheizung beheizt. Die Heizung der anderen Wohnräume (Angestellte,

Wache) erfolgte durch Öfen. Mit Dampf betrieben wurden außerdem eine Wäscherei, die Desinfektionsanstalt und ein Wasserhebewerk. Zur besseren Wärmeisolierung hatten die Krankenzimmer Doppelfenster.
General-Oberarzt Dr. Lütkemüller war um 1912/13 Leiter dieser Einrichtung, die in dieser Eigenschaft bis 1945 bestand. Nach der Kapitulation vom 8. Mai 1945 wurde das Lazarett von den russischen Truppen übernommen, die es seitdem bis heute nutzen.
Während der beiden Weltkriege gab es auch in Potsdam eine Reihe von Reservelazaretten. So waren u.a. in der Orangerie (Erster Weltkrieg), in der Adolf-Hitler-Kaserne und in der Kriegsschule Kirschallee (Zweiter Weltkrieg) Lazarette eingerichtet worden.

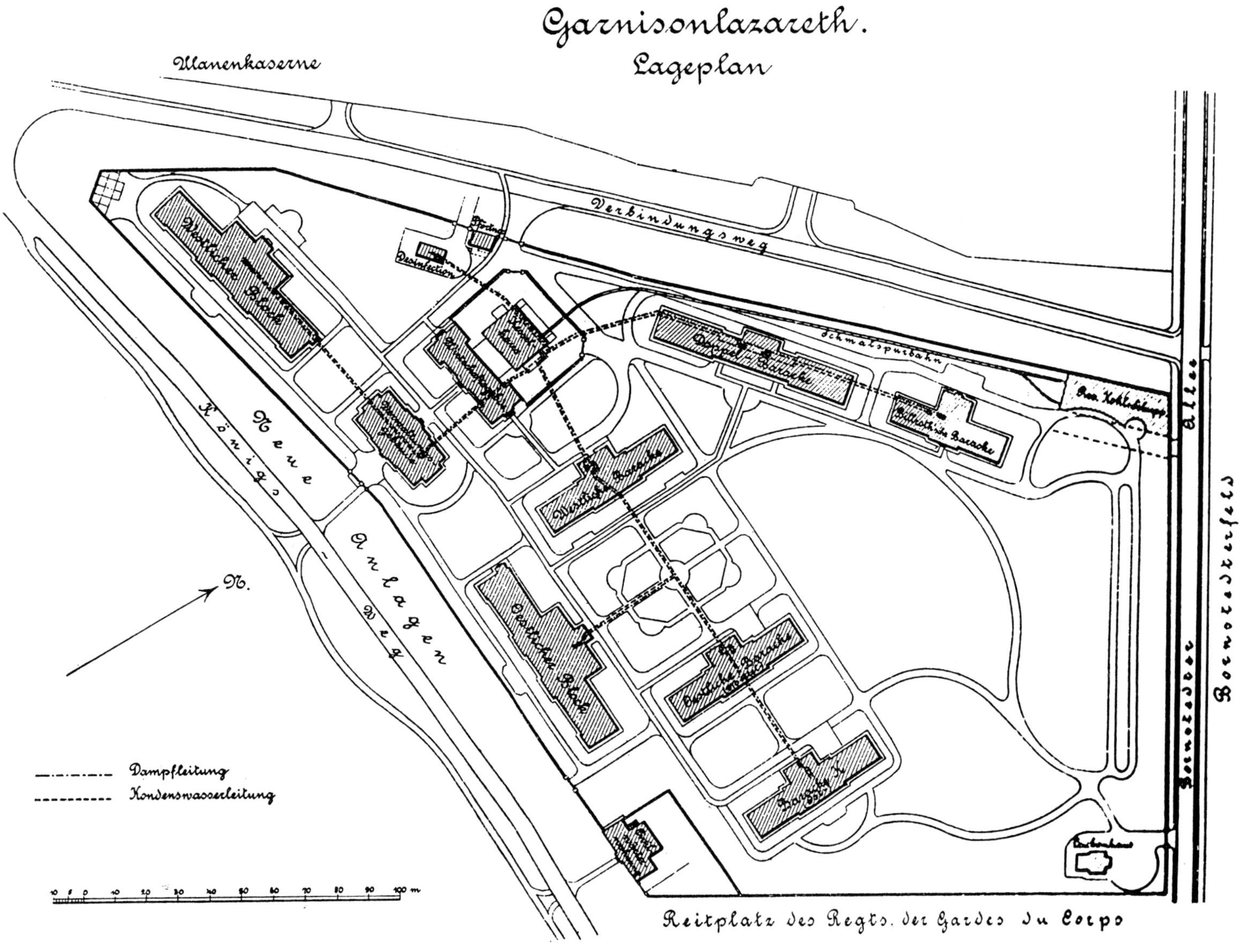

Die Kommandantur

Das herrliche Gebäude der ehemaligen Kommandantur in der Schloßstraße 7, das einen wichtigen städtebaulichen Akzent setzte, steht heute nicht mehr. Nach vergeblichen Versuchen von Vertretern der Denkmalpflege sowie aus der Abteilung Bauwesen beim Wirtschaftsministerium des Landes Brandenburg Ende der 40er Jahre und zu Anfang der 50er Jahre (siehe Dokumente) fiel das beim Bombenangriff vom 14. April 1945 beschädigte, aber durchaus rekonstruktionsfähige Gebäude 1958 der Spitzhacke zum Opfer, da auch hier parteipolitische Erwägungen entschieden.

Das Portal der Kommandantur mit ergänzender »Schmiedekunst« des Dritten Reiches

Das Gebäude der späteren Kommandantur entstand 1754 als dreigeschossiger Bau mit Unterkellerung unter den berühmten Baumeistern G.W. v. Knobelsdorff und A. Krüger. Gebaut wurde es ursprünglich als Gasthof. Das Gebäude erhielt eine prächtige Renaissance-Schaufassade nach Palladio mit Gesimsfiguren von Benckert und kleinen Reliefs von Heymüller, die Gesellschaftsszenen darstellten. Krönung dieser Fassade war der in die Ferne spähende römische Legionssoldat von Heymüller, der als Eckstütze ausgeführt war. Auf dem oberen Attikaabschluß des Gebäudes standen acht Bildsäulen, die Kunst, Wissenschaft und Landwirtschaft versinnbildlichten.

Als Bauherr fungierte der Gastwirt Johann Christoph Plöger. Es hieß im 18. Jahrhundert denn auch »Plögersches Haus« und wurde als »Gasthof zum Prinzen von Preußen« bewirtschaftet.

Anfang des 19. Jahrhunderts ging das Gebäude an den Militärfiskus über und diente seit 1816 als Kommandantur. 1898 erfolgte ein größerer Umbau im Innern, der das bisherige Durcheinander von Wohn- und Diensträumen beseitigte.

Die Kommandantur behielt ihre Funktion bis zum 14. April 1945 bei.

Regierungshochbauamt II Potsdam
Schwertfegerstr. 8, Fernspr. Nr. 56 30
Gesch.-Nr. 1886/48

Potsdam, den 28. Juli 1948

An das
Amt für Denkmalspflege
P o t s d a m

Betrifft: Abriß ehem. Wehrmachtsgebäude.

In Potsdam sind zum Abbruch bestimmt:

Mangerstraße 34, 36, 41,
Mammonstraße 4,
Schloßstraße 7,
Lindenstraße 25,
Leipzigerstr. 58,59.

Ich empfehle Stellungnahme von dort und Einspruch insbesondere bei Schloßstraße 7 (Palladiobau).

Die prächtige Renaissance-schaufassade der Potsdamer Kommandantur

4

Amt
für Denkmalpflege
des Landes Brandenburg
Az.: 5035/25

Potsdam, den 7. Januar 1949
Alte Zauche 67

Regierungshochbauamt II
Potsdam
Eing.: 13. JAN 1949
Tgb.Nr. 93 Anl. ......

An
das Reg.Hochbauamt II

Potsdam

Abschrift.

An
die Landesregierung Brandenburg
Minister des Innern

Potsdam
Saarmunder Str. 23

Betr.: Erhaltung der sogenannten Kommandantur in der Schloßstr. 7.

Wie mir Herr Direktor Noll vom Städt. Museum Potsdam mitteilt, ist die sog. Kommandantur in Gefahr, auf Anordnung der Polizeibehörde durch Sprengung vernichtet zu werden.

Es handelt sich bei diesem bekannten Gebäude unmittelbar gegenüber dem Stadtschloß um den von Jan Boumann im Jahre 1754 erbauten ehem. Plögerschen Gasthof, der nach dem berühmten Vorbilde Palladios dem Palazzo Valmarana in Vicenza, mit einer reichgegliederten korinthischen Pilasterfassade, starker Verkröpfung des Hauptgesimses und prächtigen Figurenschmuck auf der Attika errichtet wurde und in dem schon Göthe 1778 und wahrscheinlich auch Casanova während seines Besuches bei Friedrich II. wohnten. Die Fassade ist abgesehen von einigen Schäden noch vollständig erhalten, sodaß der innere Ausbau nach einem modernen Grundriß unter Berücksichtigung neuzeitlicher Bedürfnisse ohne Schwierigkeiten neu erfolgen und daher das prächtige Architekturwerk für das Potsdamer Stadtbild erhalten werden kann. Die herrlichen acht Figuren auf der Attika an der Schloßstr. und die über Eck gestellten Figuren des römischen Kriegers sind Werke des bekannten Bildhauers Benkert, die auf jeden Fall gerettet werden müssen.

Wie verlautet, soll der Auftrag zur Sprengung an die Fa. Seykora bereits erteilt worden sein. Ich bitte, nach den furchtbaren Opfern, die der Krieg gerade von dem baulichen Bestand Potsdams gefordert hat, sich mit allen Mitteln dafür einzusetzen, daß die Fassade dieses künstlerisch und baugeschichtlich höchst wertvollen Bauwerkes für das Stadtbild Potsdams erhalten bleibt.

Das Ministerium für Volksbildung, Wissenschaft und Kunst, die Abt. Wiederaufbau, das zuständige Reg.Hochbauamt II und das Stadtbauamt haben Abschrift dieses Schreibens erhalten.

gez. M a y

Obige Abschrift wird zur gefl. Kenntnisnahme mit der Bitte um Befürwortung meines Antrages übersandt.

May

Regierungshochbauamt II Potsdam
Schwertfegerstr. 8, Fernspr. Nr. 56 80
Gesch.-Nr. 63/49

Potsdam, den 8. Januar 1949

5

1) An die
Landesregierung Brandenburg
Abt. Wiederaufbau

P o t s d a m

Betrifft: Ehem. Kommandantur Schloßstraße

Nach Mitteilung des Amtes für Denkmalspflege soll das Polizeipräsidium die Sprengung des Gebäudes, das zum Bereich des Regierungs-Hochbauamtes II gehört, beabsichtigen. Eine Nachricht hierüber ist von der Polizei hier nicht eingegangen und auch kaum zu erwarten. Ob eine Benachrichtigung der zuständigen Abteilung Liegenschaft erfolgt ist, ist hier nicht bekannt.

Gegen die Sprengung bestehen aus Gründen der Denkmalspflege die allerschwersten Bedenken. Es handelt sich um die schönste Palladiofront in Potsdam, die unter allen Umständen erhalten werden sollte. Wahrscheinlich hat auch Goethe dort bei seinem Aufenthalt in Potsdam übernachtet. Die Sprengung gerade im Goethejahr wäre deshalb besonders peinlich.

Das Mauerwerk gestattet übrigens einen späteren Wiederaufbau des Gebäudes, das zur Aufnahme einer Behörde hervorragend geeignet ist. Auch aus diesem Grunde wird gebeten, die Erhaltung des Hauses mit allen Mitteln durchzusetzen.

64/49 2) An das Amt für Denkmalspflege
65/49 3) An das Stadtbauamt Potsdam
66/49 4) An die Landesregierung Brandenburg, Abt. Liegenschaft

Vorstehende Abschrift zur gefl. Kenntnisnahme.

5) z.d.A.

3a

Amt für Denkmalpflege
des Landes Brandenburg

Potsdam, den 10. 2. 194
Alte Zauche 67

Az.: 5035/25

An
das Reg.Hochbauamt II
P o t s d a m , Schwertfegerstr. 8

Regierungshochbauamt II
Potsdam
Eing.: 11 FEB. 1949
Nr. 325 Anl. ....

Abschrift.

An
die Landesregierung Brandenburg
Wirtschaftsministerium
Hauptabteilung Bauwesen

P o t s d a m

Betr.: Ehemalige Kommandantur, Schloßstr. 7

Wie mir Herr Stadtbaurat Stützel telefonisch mitteilt, droht der ehemaligen Kommandantur in der Schloßstr. (fr.Plöger'scher Gasthof) aus Verkehrsrücksichten von neuem die Gefahr des Abbruchs. Von welcher Seite dieses Mal die Initiative zur Niederlegung dieses prachtvollen Gebäudes ergriffen worden ist, konnte der Herr Stadtbaurat noch nicht ermitteln. Ich nehme Bezug auf mein Schreiben vom 21.8.48 -5035/25-, in dem die Unmöglichkeit des Abbruchs aus künstlerischen und baugeschichtlichen Gründen eingehend dargelegt ist, und auf das Schreiben des Stadtbauamtes vom 28.8.48 VI 2 - Mo, in dem die Absicht zur Erhaltung bestätigt und mitgeteilt wurde, daß die "Straßenveränderungen so angelegt sind, daß die Kommandantur erhalten bleibt." Auch auf mein Schreiben vom 7.Januar 1949 und das Schreiben des Reg. Hochbauamtes vom 8. Januar 1949 -63/49- wird hierbei Bezug genommen.

Auf jeden Fall bitte ich, jede Maßnahme gegen den Bestand des Gebäudes zu verbieten, solange der neue Wiederaufbauplan der Stadt Potsdam noch nicht feststeht und eine endgültige Klärung dieser Frage herbei-geführt ist.

gez. May

Obige Abschrift wird mit ~~der Bitte~~ um gefl. Kenntnisnahme übersandt.

May

LANDESREGIERUNG BRANDENBURG
Wirtschaftsministerium
Hauptabteilung Bauwesen

MARK BRANDENBURG

② Potsdam, den 2. April 1949.
Friedrich-Ebert-Straße 79/81
Zimmer/Apparat I/26. (5/26)

G.-Z.: 2423
Nr.: 509/49.
Bei Antwortschreiben bitte anzugeben

Betrifft: Der ehemaligen Kommandantur in Potsdam, Schloßstraße.

An das
Regierungs-Hochbauamt II
P o t s d a m .

Regierungshochbauamt II
Potsdam
Eing.: 9 - APR 1949
Tgb. Nr. 773 Anl. ......

In letzter Zeit sind verschiedentlich Gerüchte laut geworden, nach denen das Gebäude der ehemaligen Kommandantur zur Gewinnung von Trümmerschutt für die Auffüllung des Stadionwalles gesprengt werden soll.

Da der Ursprung der Gerüchte von hier aus nicht festgestellt werden konnte, bitte ich um baldgefl. Mitteilung, ob dort neuerdings etwas über eine beabsichtigte Sprengung des Gebäudes bekannt geworden ist, bezw. aus welcher Quelle derartige Gerüchte stammen.

Da das Gebäude nach Mitteilung des Herrn Ministers der Finanzen im Zuge des Zweijahresplans als Dienstwohngebäude wiederhergestellt werden soll, bin ich an der Erhaltung des Gebäudes erheblich interessiert. Ich bitte daher um eine baldgefl. Antwort.

In Vertretung
gez. T o c k u s s .

Beglaubigt
Flakowski
Reg. Angestellte.

Regierungshochbauamt II Potsdam
Schwertfegerstr. 8, Fernspr. Nr. 56 30
Gesch.-Nr. 773/49

1) Antwort.
[illegible] ...
[illegible] ...
Außer einem unverbürgten
Gerücht, das vor etwa 6 Wochen
aufgetaucht ist, habe ich aber eine

9. IV. 49

3 49 3000 Reg. 15 Landesdruckerei Brandenburg, Potsdam. A 188

G 5929

Die Hof- und Garnisonkirche

Die Königliche Hof- und Garnisonkirche lag am Südrand der Plantage, etwa 300 Meter westlich vom Stadtschloß. Heute befindet sich auf der Plantage der Nachbau des Glockenspiels der Kirche, das die Traditionsgemeinschaft »Potsdamer Glockenspiel e.V.« der Stadt Potsdam im April 1991 übergab.

Die Garnisonkirche — das eigentliche Wahrzeichen der Stadt — trat mit ihrem Turm machtvoll in die Breite Straße und das Zentrum der Stadt. An dieser Stelle ließ der Soldatenkönig Friedrich Wilhelm I. schon 1722 ein Gotteshaus errichten, das einen kleinen Turmaufbau aufwies, der mit einem Glockenspiel des Holländers Albert de Graave bestückt war. Der einfache Fachwerkbau wurde aber schon nach acht Jahren infolge des schlechten Untergrundes baufällig.

Der Soldatenkönig erteilte daraufhin den Befehl, die alte Kirche abzureißen und eine neue, massive zu errichten. Um aber einen festen Baugrund zu erhalten, wurden hierfür in den sumpfigen Boden Millionen von Steinen eingebracht und eine große Zahl von Baumstämmen eingerammt. Der König engagierte sich sehr für diesen Bau und trieb derart zu seiner beschleunigten Fertigstellung an, daß schon 1732 der erste Gottesdienst in der neuen Kirche abgehalten werden konnte. 1735 war dann auch der fast 90 Meter hohe Turm fertig. Als Baumeister fungierte Philipp Gerlach.

Das ursprüngliche Glockenspiel wurde 1734 von Meurer unter Carssebooms Leitung um fünf Baßglocken erweitert. Seit der Zeit der Königin Luise (1797) spielte es zur vollen Stunde »Lobe den Herrn«, zur halben »Üb' immer Treu und Redlichkeit«. Die Kirche blieb im wesentlichen bis 1898 unverändert und bot der Militärgemeinde Potsdams für ihre Gottesdienste stets einen würdigen Rahmen. Nun erfolgte unter Kaiser Wilhelm II. auf Kosten der Krone eine vollständige Erneuerung des Inneren der Kirche. Der massive und von hohen Bogenfenstern durchbrochene Bau bildete ein Rechteck, an dessen südlicher Längsseite sich in der Mitte der Glockenturm erhob. Je zwei Eingänge für die Gemeinde lagen an der Ost- bzw. Westseite. Der fünfte Eingang an der Nordseite waren ausschließlich der Kaiserin und Königin sowie den Königlichen Prinzessinnen vorbehalten.

Das Innere der Kirche war mit doppelten, sehr geräumigen Galerien ausgestaltet, die von zwölf mächtigen, an ihren Kapitälen mit Armaturen verzierten Steinpfeilern getragen wurden. Die weiß gestrichenen, getäfelten und mit reichen Holzschnitzereien versehenen Brüstungen der Emporen trugen überall in goldenen Buchstaben Bibelsprüche und zwischen je zwei Sprüchen verteilt die Namenszüge sämtlicher preußischer Könige. Links von der Kanzel begann dies mit dem Namenszug König Friedrich I. und endete rechts von ihr mit Kaiser Friedrich III. Die Königliche Loge trug den Namenszug Kaiser Wilhelm II.

An den Wänden der Kirche hingen die Ehrentafeln der Teilnehmer an den Kriegen von 1806 bis 1870/71. Außerdem waren sämtliche Pfeiler mit Feldzeichen geschmückt, die in den Kriegen 1813/15, 1864, 1866 und 1870/71 erobert wurden.

An der Mitte der Südseite befand sich die ganz aus Marmor (von Prof. Laske entworfen) hergestellte und mit Verzierungen reich ausgestattete Kanzel. Die hier angebrachten Reliefs und Rüstungen waren Beleg für die militärische Bestimmung des Gotteshauses. Außerdem war die Kanzel noch mit dem preußischen Adler und dem Wahlspruch »Non soli cedit« geschmückt. In einem einfachen Gewölbe unter der Kanzel befanden sich die Särge der Könige Friedrich Wilhelm I. und von Friedrich dem Großen. Hier hing auch die Standarte der Garde du Corps. Auch an den Pfeilern zu beiden Seiten der Gruft waren Fahnen der Garde du Corps angebracht. In dieser Gruft schloß in der Nacht vom 4. zum 5. November 1805 Alexander I. von Rußland im Beisein der Königin Luise ein Bündnis mit König Friedrich Wilhelm III. Am 25. Oktober 1806 stand an der gleichen Stelle Kaiser Napoleon I. und sprach die Worte: »Sic transit gloria mundi« (So vergeht der Ruhm der Welt).

Der den Altar umgebende Raum war in der ganzen Breite der Kirche bis zur Loge des Kaisers durch ein kunstvolles, vielfach vergoldetes, eisernes Gitter mit den Namenszügen des Kaiserpaares (W. und A.V.) vom übrigen Erdgeschoß abgetrennt. Dadurch entstand eine Zweiteilung, jede Hälfte hatte einen durch die ganze Länge der Kirche gehenden mittleren Hauptgang. Die Rücklehnen der dortigen Bänke wurden auf Anordnung Wilhelm II. nach

dem Mittelgang hin durch holzgeschnitzte Adler mit einer goldenen Königskrone abgeschlossen.
Der der Kanzel gegenüberliegende Teil der ersten Empore war schon von König Friedrich Wilhelm I. für den König, die Königlichen Prinzen und das Offizierkorps bestimmt worden. Links davon befand sich die Loge für die Offiziersdamen, während die Plätze auf der rechten Seite den Beamten der Regierung und der Oberrechnungskammer sowie Offizieren z.D. und a.D. vorbehalten war. Das Kirchenschiff war für die Zivilgemeinde, die übrigen Emporen für die Truppen bestimmt (insgesamt über 3.000 Plätze).
Auf der zweiten Empore lag die 1898 gleichfalls vollständig erneuerte Orgel und rechts von dieser der Platz für den Kirchenchor.
Der reiche und architektonisch wirksame Prospekt zeigte außer einer Fülle kriegerischer Symbole und Embleme allerlei Verzierungen, ein Glockenspiel und zwei, nach beweglichen Sonnen fliegende Adler. Mehrmals wiederholte sich die Inschrift »Non soli cedit«. Eine große Königskrone bildete den Abschluß nach oben.
Vom Kirchenschiff getrennt lag am südwestlichen Ausgang neben der Sakristei die mit Malerei üppig ausgestaltete Taufkapelle.

Der Kirchturm bestand aus drei sich nach oben verjüngenden Absätzen. Alle hervorstehenden und dekorativen Bauelemente waren aus Werkstein gefertigt, die Flächen in Kalkmörtel geputzt.

Die Hof- und Garnisonkirche von der Breiten Brücke aus gesehen

Der obere Absatz war aus Eichenholz gezimmert und mit einer Galerie versehen. Vier starke Bündelpfeiler trugen die mit Kupfer verkleidete Kuppel. Auf dieser ruhte zunächst auf einem Kissen die in Kupfer getriebene Krone mit Reichsapfel. Durch beide ging eine 10 Meter lange, im Innern der Kuppel verankerte Eisenstange von 14 cm Durchmesser, durch welche über dem Kreuz des Reichsapfels eine 5,5 Meter lange Querstange gezogen war, die als Wetterfahne diente. Sie trug auf einer Seite einen in Kupfer getriebenen Adler und auf der anderen den Namenszug König Friedrich Wilhelm I. Der Namenszug »F.W.R.« zeigte die Windrichtung an. An der Spitze der senkrechten Eisenstange war eine ebenfalls aus Kupfer hergestellte Sonne von 2,40 Meter Durchmesser angebracht.
Im Turm befand sich seit 1733/1735 das Glockenspiel von 40 Glocken. Eine sogenannte Spielkammer ermöglichte das Spielen von beliebigen Melodien.
Der bedeutendste Sakralbau des preußischen Barocks in der Nachfolge von Andreas Schlüter wurde in der Nacht des 14. April 1945 durch einen in der Folge des britischen Bombenangriffs auf den historischen Potsdamer Stadtkern entstandenen Brand schwer zerstört. Ein durchaus möglicher Wiederaufbau der Kirche und des Turms wurde durch das SED-Politbüro und Walter Ulbricht verhindert, die Reste in mehreren Sprengungen — die Kirche wehrte sich förmlich — im Mai/Juni 1968 gesprengt. An ihre Stelle setzte man den realsozialistischen Zweckbau eines Rechenzentrums.
1990 befand die erste frei gewählte Potsdamer Stadtverordnetenversammlung die Sprengung als einen »Akt politischer Barbarei«.
Als im April 1991 die Nachbildung des Glockenspiels der Garnisonkirche feierlich der Stadt übergeben wurde, erklärte der Brandenburger Ministerpräsident Dr. Stolpe: »Als der Turm der Garnisonkirche durch diktatorische Willkür im Jahr des Prager Frühlings stürzte, wurde der Keim in unseren Herzen gesenkt, dieses System nicht auf Dauer zu ertragen. Wer unsere Tradition mit Füßen trat, konnte in diesem Land auf Dauer keine Perspektive haben.«
Vielleicht sollten sich Magistrat und Landesregierung ab und an des Inhalts dieses letzten Satzes erinnern, wenn an die zukünftige Gestaltung des Potsdamer Stadtbildes herangegangen wird!

Die Gewehrfabrik

Zur Ausrüstung seiner Armee ließ der Soldatenkönig Friedrich Wilhelm I. 1722 in Potsdam eine Gewehrmanufaktur errichten. Die Fachkräfte für diese Einrichtung wurden in Westeuropa, besonders aus Lüttich, angeworben. Die »Am Kanal« gelegene, aus drei Fachwerkbauten bestehende, »Fabrik« produzierte die Schußwaffen gemeinsam mit der in Spandau eingerichteten Gewehrfabrik. 1755 baute Johann Gottfried Büring das an der Ecke Breite Straße/Am Kanal gelegene Direktionshaus, das wegen seines römisch-dorischen »Ochsenkopf«-Frieses besonders bekannt wurde. Vier hervorragende Figuren von Benckerts Hand schmückten das Dachgeschoß, Mars und Minerva, Vulkan und Venus. Später diente es als Unterkunft für Offiziere und wurde als Herrenhaus bezeichnet.

Die Fachwerkbauten der Gewehrfabrik waren im Laufe der Jahrzehnte baufällig geworden, und so ließ Friedrich II. 1776 die alten Bauten abreißen und bis 1780 durch massive ersetzen, deren Ausführung von Georg Christian Unger übernommen wurde. Die drei Gebäude am Kanal waren durch Torwege miteinander verbunden. Auf dem Mittelteil standen schmiedende Zyklopen. Dieser Teil war zudem mit der vom Dichter Ramler ausgewählten Inschrift »Cyclopum Offizina Marti sacra« (Werkstatt der Schmiede dem Kriegsgotte geweiht) versehen.

Die Anfangs durch Daum und Splittgerber betriebene Fabrik wurde 1855 nach Spandau verlegt. 1864/65 wurde der ganze Komplex umgebaut und die vorhandenen Häuser miteinander verbunden. In die hier entstandene Kaserne zogen die ersten drei Kompanien des Ersten Garde-Regiments zu Fuß ein (siehe Seite 19 ff.). Da diese neue Kaserne allein nicht ausreichend war, folgten in den Jahren 1876 bis 1878 sowie 1884 weitere Kasernenbauten für dieses Regiment am Lustgartenwall.

Direktionshaus der Gewehrfabrik mit dem berühmten Ochsenkopf-Fries

In der Endphase des Zweiten Weltkrieges wurden Teile der ehemaligen Gewehrfabrik, die später teilweise durch das I.R. 9 genutzt wurden, zerstört bzw. nach 1945 abgetragen, so verschwand z.B. das Direktionshaus.

Das Landwehrzeughaus

Das Landwehrzeughaus bestand aus einem Komplex von fünf Gebäuden, die in der Garde-du-Corps-Straße 1–5 lagen (durch den Bombenangriff vom 14. April 1945 zerstört).
Die Häuser stammten aus der Zeit König Friedrich II., der sie 1750 in massiver Bauweise errichten ließ als Wohnungen für verheiratete Soldaten. Im 19. Jahrhundert wurde die Anlage bis 1847 als Kaserne für die 1. und 4. Kompanie des 1. Garde-Reserve-Regiments genutzt. Nach einer zivilen Vermietung erfolgte 1856 die Einrichtung als Landwehrzeughaus. Ab 1897 waren darin Geschäftszimmer der Militärverwaltung untergebracht.
Das Gesamtgrundstück umfaßte 1.384 m^2. Die fünf dreistöckigen 9,33 m tiefen nebeneinanderliegenden Vorderhäuser hatten zusammen eine Länge von 55 m und 25 Fenster in der Front.
Im Landwehrzeughaus waren die Geschäftszimmer des Bezirkskommandos der Landwehr und das Hauptmeldeamt. Die zahlreich vorhanden gewesenen Kammern dienten der Aufbewahrung der Bekleidungs- und Ausrüstungsstücke des I. und II. Bataillon des Reserve-Infanterie-Regiments Nr. 20.

Das Militärarresthaus und das Militärgerichtslokal

Ebenfalls in der Garde-du-Corps-Straße, in den Nummern 7 bis 10, lag der massive zweistöckige Bau des Militärarresthauses. Ursprünglich 1771 als Unterkunft für »beweibte Militärs« erbaut, wurde das Haus 1838 als Arresthaus umgestaltet. Das Gebäude bestand vorher aus vier gleichen, aneinander gebauten Häusern. In den Häusern Nr. 7 und 8 waren die Arrestzellen untergebracht, im Erdgeschoß 24 und im Obergeschoß 27. Der östliche Teil des Gebäudes war vom westlichen durch hölzerne Gittertüren abgetrennt. Im Obergeschoß befanden sich zudem der Gerichtssaal mit Zeugen- und Wartezimmer.
Die Arrestzellen hatten eine Größe von etwas über 11 m^3, die Wände waren mit Kalk getüncht und der Fußboden gedielt.
Die 1 m hohen Fenster (0,5 m breit) waren in Manneshöhe angebracht und konnten zur Herstellung des sogenannten Dunkelarrest von außen mit eisernen und hölzernen Läden geschlossen werden. Auch diese Gebäudezeile wurde ein Opfer der Bomben vom April 1945.

Die Garnisonwaschanstalt

Auf dem Grundstück zwischen Schiffbauergasse, Leib-Garde-Husaren-Kaserne und städtischer Gasanstalt sowie Havel wurde 1880/81 die Garnisonwaschanstalt erbaut. Ursprünglich war hier ein Holzhof der Garnison.
Neben der Waschanstalt befanden sich auf dem Gelände ein Wohnhaus für den Inspektor und ein Trockenschuppen. Zwei Brunnen auf dem 26 m langen und 8 m breiten Hof lieferten das Wasser. Die Waschanstalt selber war ein zweistöckiger massiver Ziegelbau ohne Keller. Neben dem eigentlichen Waschraum (425 m^3) enthielt das Gebäude Aufbewahrungsräume für die Wäsche, eine Flickstube und Zuschneideraum. Neben der Leib- und Bettwäsche der verschiedenen Truppenteile, die gewaschen, getrocknet und gemangelt wurde, erfolgte auch die Desinfektion von Wäsche und Kleidung.

Die Garnisonschwimmanstalten

Die Garnison Potsdam hatte zwei Schwimmanstalten:
1. die des 1. Garde-Regiment zu Fuß und
2. die des Leib-Garde-Husaren-Regiments.
Die erstere lag an der Ostseite der Altstadt in der Nähe der Heiliggeistkirche, etwa 200 m unterhalb des Abgangs des Stadtkanals von der Havel. Sie wurde nach außen durch die hier noch bestehende 4 m hohe Stadtmauer abgeschlossen. Sie umfaßte einen Uferraum von 95 m Länge und 10 m Breite. Ein 44 m langer Bretterbau sprang 25 m weit in die Havel vor. Zu beiden Seiten 1,5 m breiten Hauptganges lagen die Schwimmbassins. Bretterbuden dienten als Aufenthalts- und Umkleideräume. 24 Schwimmeister erteilten Schwimmunterricht.
Die Schwimmanstalt des Leib-Garde-Husaren-Regiments lag etwa 800 m oberhalb der anderen Schwimmanstalt unmittelbar hinter den Ställen des Regiments am Tiefen See. Eine 16 m lange und 1,5 m breite Brücke führte zur eigentlichen Anstalt, die auf leeren Petroleumfässern ruhte. Das Baden fand in der freien Havel statt.
Beide Anstalten wurden jeweils im Frühjahr aufgebaut und mit Winterbeginn wieder abgerissen.

Die an der Stadtmauer von den Teilnehmern an den Schwimmlehrgängen angebrachten Erinnerungstafeln (Große Fischerstraße)

Das Proviantamt und die Garnisonbäckerei

Das Königliche Proviantamt umfaßte insgesamt drei Anlagen:

1. Die Hauptverwaltung in der Teltower Vorstadt (Leipziger Straße 10/11)
2. Die Magazinanlage Am Kanal 1 (Kellertor)
3. Die Zweigverwaltung mit der Garnisonbäckerei (Neue Luisenstr. 28)

Alle Magazine hatten direkte Anbindung an die Havel, so daß die Lastkähne bis an die Grundstücke heranfahran konnten.

Die Hauptverwaltung in der Teltower Vorstadt

Das 12.108 m^2 große Gelände wurde teilweise auf dem Boden der von König Friedrich Wilhelm I. 1716 gegründeten Königlichen Bierbrauerei, teilweise auf zu Anfang des 19. Jahrhunderts vom Militärfiskus angekauften Grundstücken errichtet.

Das Amts- und Dienstgebäude wurde 1834/1836 als Massivbau unmittelbar an der Leipziger Straße errichtet, 1881/82 an der nördlichen Seite erweitert.

Das Magazin Nr. 1 wurde bereits 1688 als Kornmagazin errichtet, 1716 zur Brauerei und 1799 wieder zum Magazin umgebaut. Es besteht aus Erdgeschoß und vier Obergeschossen.

Die Magazine 2 bis 7 unterschieden sich durch ihre verschiedene Größe. Desweiteren zählten zum Proviantamt zwei gegenüber dem Mehlmagazin in der Leipziger Straße Nr. 10/11 gelegene Dienstwohnungon. Teile der Anlage sind noch heute erhalten.

Die Magazinanlagen am Kanal

Das Grundstück zwischen Berliner Kommunication, Depothof, dem Kanal und der Depothofstraße hatte eine Fläche von 4.306 m^2 und beherbergte die Magazine Nr. 8 bis 11 sowie eine Aufseherwohnung. Das Magazin Nr. 8 besaß außer dem Erdgeschoß noch zwei Etagen, Nr. 9 und 10 waren lediglich Fachwerkscheunen. Das Magazin Nr. 11 wurde 1838/1840 als überdachte Reitbahn für das Regiment Garde du Corps gebaut.Es war ein 39,20 m langer und 20,20 m breiter sowie 6,0 m hoher Bau mit Ziegeldach. Von dieser Anlage ist heute nichts mehr vorhanden.

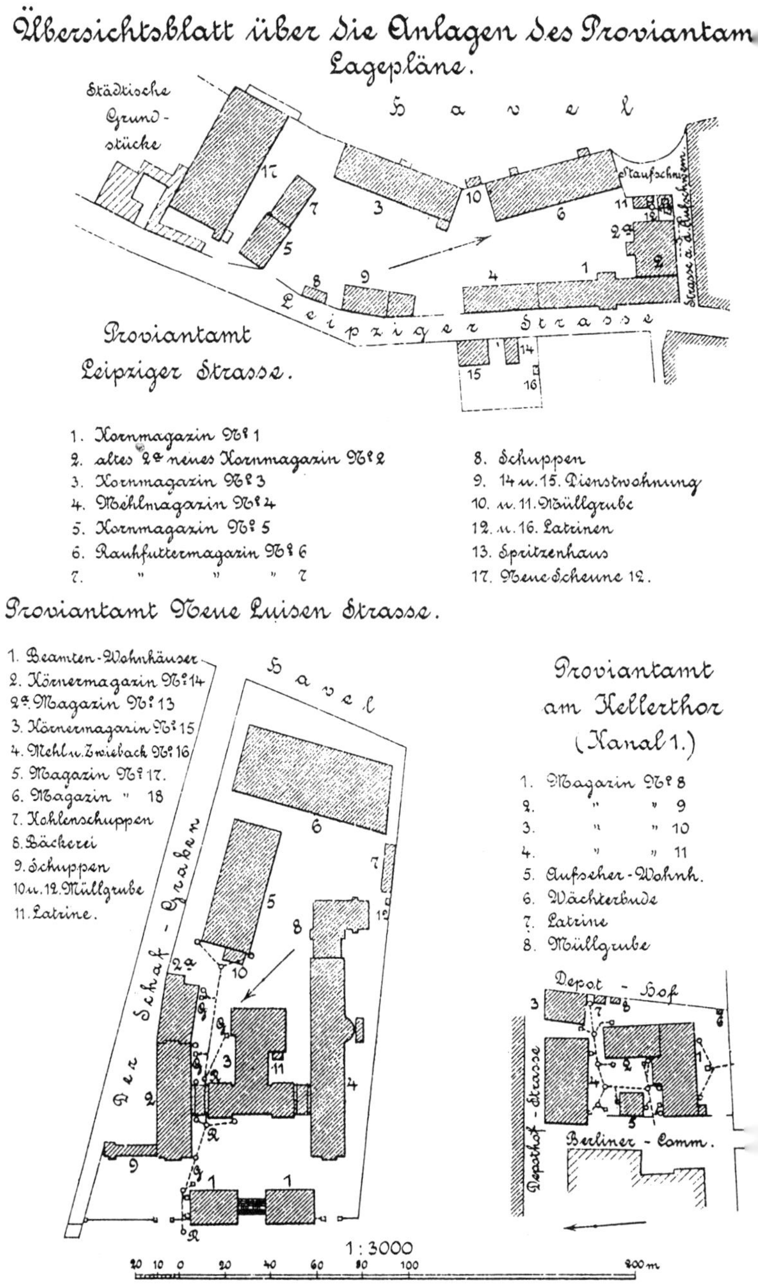

Die Zweigverwaltung in der Neuen Luisenstraße sowie die Garnisonbäckerei

Das in Gestalt eines unregelmäßigen Vierecks an der Grenze des bis dahin schiffbaren Schafgrabens, der Neuen Luisenstraße und der Havel gelegene Grundstück umfaßte 18.000 m².

Bis 1862 befanden sich hier die Gebäude einer alten Dampfmühle, die 1862 von der Königlichen Seehandlung an den Militärfiskus abgetreten wurden.

Insgesamt befanden sich auf dem Grundstück elf Gebäude, die auch heute vorhanden sind: zwei Amtsgebäude, sechs Magazine (Nr. 13 bis 18), die Garnisonbäckerei, ein Spritzenhaus und ein Kohleschuppen.

Die Amtsgebäude sind etwa 10 m voneinander entfernt unmittelbar an der Luisenstraße noch heute zu sehen und durch eine Bogenhalle miteinander in Verbindung.

Die drei vorderen Magazine — massiv gebaut — Nr. 14–16 haben jeweils fünf Geschosse.

1889/90 wurde die Garnisonbäckerei als massiver zweigeschossiger Ziegelrohbau errichtet. In den drei Öfen konnten täglich etwa 3.000 Brote hergestellt werden.

Die ehemaligen Amtsgebäude sind 1992 renoviert worden; für die großen Magazingebäude bestehen Pläne zur Nutzung als Kunstspeicher sowie für andere kulturelle Einrichtungen.

Die rekonstruierten ehemaligen Amts- und Wohngebäude zum Proviantamt und der Garnisonbäckerei in der Neuen Luisenstr. (Zeppelinstr.)

Die Königliche Matrosenstation

Schon seit der Zeit der Befreiungskriege gewann der Wassersportbetrieb am preußischen Hof aufgrund der guten Beziehungen zum englischen Hof an Bedeutung. König Friedrich Wilhelm erhielt aus Anlaß seines Besuches 1814 in England von König Georg IV. eine kleine Fregatte geschenkt, und als diese nach 14 Jahren infolge der Witterungseinflüsse verrottet war, 1832 eine richtige Fregatte in maßstabgerechter Verkleinerung (1/3 der natürlichen Größe). Ursprünglich lagen diese Fahrzeuge auf der Pfaueninsel. Der Weg dahin war aber Kronprinz Friedrich Wilhelm zu weit. Unmittelbar nach seinem Regierungsantritt gab er deshalb die Anweisung zur Errichtung einer Bootsstation am Ufer des Jungfernsees. Am 1. Juli 1841 wurde zu diesem Zweck das dem Müller Craatz gehörige Grundstück Mühlenhaus 7, zwischen der Glienicker Brücke und dem Hasengraben, in der Nähe des Neuen Garten, vom dafür zuständigen Königlichen Gartendirektor Lenné für die Krone erworben.
Das Grundstück wurde nun für die zur Bedienung der Fregatte *Royal Louise* kommandierten Pioniere in Stärke von einem Unteroffizier und sechs Gemeinen hergerichtet. Nach der Fertigstellung der Unterkunftsräume 1842 erhielten die Fregatte und die sonstigen zur Krone gehörigen Fahrzeuge ihren Liegeplatz an der neuen Station. Am 30. April 1850 trafen die ersten Matrosen der preußischen Flotte zur Bedienung der »Königlichen Lustfahrzeuge« in Potsdam ein, seitdem bürgerte sich allmählich die Bezeichnung »Matrosenstation« ein.
In den Folgejahren verfielen die anfänglich bescheidenen Gebäude. Deshalb entschied sich der junge Kaiser Wilhelm II. zum Neubau der Station. Die Anregung dafür entnahm er den auf seinen Nordlandreisen gesammelten Erfahrungen mit der dortigen Holzarchitektur. Stadtbaumeister Munthe aus Christiana (Oslo) erhielt den Auftrag für einen Entwurf, der dann zur Ausführung gelangte.
Für die Empfangshalle wurde dazu der morastige Untergrund des Seeufers ausgebaggert und mit Sand und Kies verfüllt. Die Grundmauern wurden auf Pfahlrosten aufgeführt. Zu dieser Halle, die 1892 fertiggestellt wurde, kamen 1893 ein Bootshaus und ein ebenfalls in nordischem Stil gehaltenes Kasernengebäude für die Mannschaften (1894) sowie ein besonderes Haus für den Leiter der Station, den Königlichen Schiffsführer Velten (1895). 1896 erhielt die Station vom Kaiser den norwegischen Namen Kongsnæs (Kong = König, næs = Landzunge). Dieser Name wurde in nordischer Stilisierung über dem Eingangstor der Empfangshalle angebracht.
Neben Vergnügungs- und Repräsentationsfahrten erfuhr die Königliche Fregatte *Royal Louise* aber auch eine sehr praktische Nutzung. Die preußische Admiralität ergänzte damit den Fach-

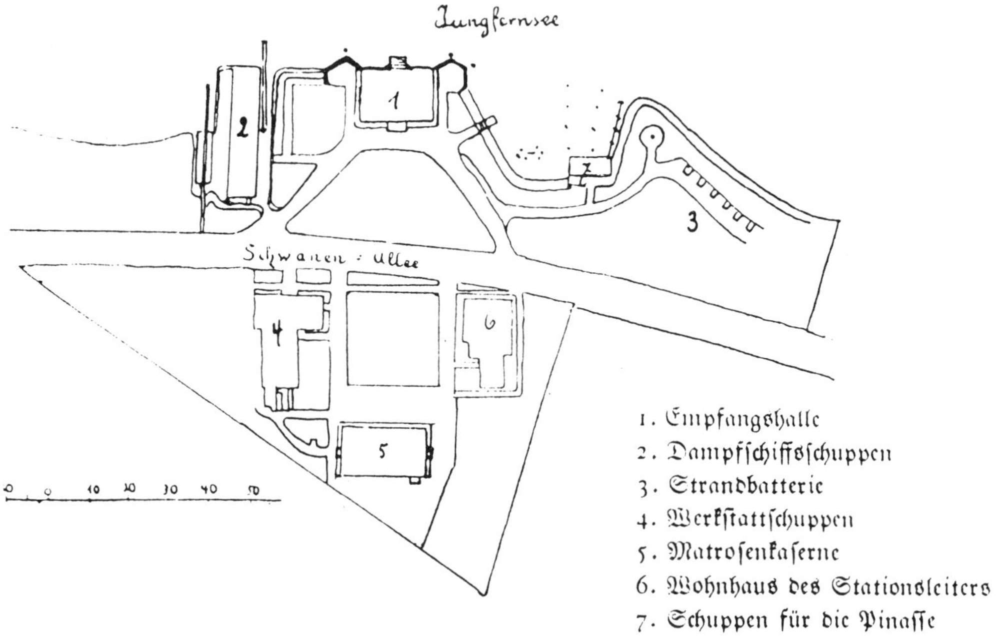

Lageplan der Matrosenstation

unterricht des Seeoffiziersnachwuchses. So findet man unter dem 10. April 1861 eine Anfrage der Direktion des »Seekadetten-Instituts« zu Berlin bei der Königlichen Gartenintendantur zu Potsdam:
»Der Direktion würde es wünschenswert sein, wenn, wie im Jahre 1856, so auch in diesem Jahre den Zöglingen des Seekadetten-Instituts die Gelegenheit geboten werden könnte, in der Auf- und Abtakelung der bei der Pfaueninsel liegenden Modell-Fregatte eine Übung zu erhalten, und dieselbe beabsichtigt daher, die Genehmigung dazu bei dem Kgl. Oberkommando der Marine nachzusuchen.«

Skizze der Wasserseite der Empfangshalle

Teilansicht der Empfangshalle der Matrosenstation im nordischen Stil; im Hintergrund die ankernde Fregatte

Die Fregatte *Royal Louise* auf dem Jungfernsee

Auch die Prinzen Wilhelm (Kaiser Wilhelm II.) und Heinrich segelten oft mit der Fregatte.
Unter Wilhelm II. vermehrte sich der Schiffspark erheblich. Hier konnte er seiner großen Vorliebe für das Seewesen nachgehen. Auch hohen Gästen wurde die Station vorgeführt, so u.a. der Königin Victoria von England, dem Prinzen von Wales, dem Schah von Persien und König Umberto von Italien.
Nach dem Ende des Ersten Weltkrieges begann die Station rasch zu verfallen. 1919 bestand der Schiffspark aus:
Fregatte *Royal Louise* nebst Beiboot; Dampfer *Alexandria* nebst Beiboot, Ruderboot *Arkona*, Ruderboot *Wherry*, einem Gigvierer, einem Gigzweier, den türkischen Kaik I und II, einem Kajak, dem Ruderboot der Badeanstalt, einem Schleppboot, einem Arbeitsboot und einer Scheuerpram. Diese Schiffe waren bald in alle Winde verstreut.
Die aus sechs Stahlgeschützen bestehende Strandbatterie kam 1921 an die Reichs-Treuhandgesellschaft.
Die Station verwaiste. Später wurde sie von privaten Mietern benutzt. Die endgültige Beseitigung der Reste der Station erfolgte nach 1945. Heute kann man den einstigen Standort der Matrosenstation am Ufer des Jungfernsees nur noch erahnen. Lediglich zwei hölzerne Unterkunftsgebäude sind in der Schwanenallee noch zu sehen.

Die Wachen/Stadttore

Da sich in den bzw. bei den Stadttoren auch jeweils Wachen (z.T. in speziellen Wachhäusern) befanden, sollen die Stadttore Potsdams hier summarisch angeführt werden:

Jägertor
1733 Bau im Zuge der zweiten Stadterweiterung
1869 Beiderseits des Tores wurde je eine Öffnung für Fußgänger durch die anschließende Stadtmauer gebrochen
1907 Abriß der Anbauten und Neugestaltung der Umgebung
1993 Umfassende Rekonstruktion

Berliner Tor
1733 Erstes Tor zwischen den Häusern Berliner Str. 2 und 20
1752– Zweites Tor etwa 70 m nordöstlich des alten Standortes
1753 Anbauten halbkreisförmig (Architekt: J. Boumann)
1896– Versetzung weiter stadteinwärts
1901 (ohne Anbauten)
1945 Beschädigungen durch Kämpfe im April
1952 Abriß, da als Verkehrshindernis angesehen

Neustädter Tor
1722 Erstes Tor im Zuge der ersten Stadterweiterung
1733 Verlegung der Stadtmauern, Tor und Wache blieben aber an alter Stelle
1753 Das zweite Tor entsteht als ein die Breite Straße abschließender Point de vue vom Schloß her. Architekt ist G.W. v. Knobelsdorff
1772 Abtragung und vollständiger Neubau der Obelisken

Potsdams ältestes Stadttor — das Jägertor — mit Stadtmauer und Wach- und Steuerhaus um 1895

Das Berliner Tor mit den Torwachhäusern

1903 Vollständige Restaurierung
1945 Schwere Kriegsschäden, ein Obelisk ist total zerstört, es erfolgt der Abriß
1981 Wiederaufstellung des zweiten nur teilweise beschädigten und nunmehr restaurierten Obelisken unweit des alten Standortes in der Breiten Straße

Nauener Tor

1722 Erstes Tor im Zuge der ersten Stadterweiterung an der Kreuzung Charlottenstraße/Nauener Straße
1733 Zweites Tor im Zuge der zweiten Stadterweiterung nahe der Stelle von Tor Nr. 1. Es trug die Inschrift: »Es lebe der König und alle braven Soldaten«
1745–
1755 Bau eines dritten Tores unter Beibehaltung des zweiten. Das Tor entsteht als erstes Beispiel für die neugotische Bauweise auf dem Kontinent (Idee: Friedrich II.; Architekt J.G. Bühring)
1867–
1869 Aus dem Umbau des dritten Tores entsteht ein viertes Stadttor (das zweite wird abgerissen)
1908–
1910 Die Torflügel werden ins Museum gebracht
1958 Restaurierung
1993 Restaurierung?

Brandenburger Tor

1733 Erstes Tor im Zuge der zweiten Stadterweiterung
1770 Zweites Tor mit nur einer Durchfahrt (Idee: Friedrich II., Architekt der »Feldseite«: G.Chr. Unger, Architekt der Stadtseite: C.v. Gontard
1843 Einbau der beiden seitlichen Durchgänge
1891 Abriß des Wach- und Zollhauses
1959–
1976 Restaurierung und Farbgebung
1992 Beginn einer erneuten Restaurierung

Das Brandenburger Tor zu Beginn des 19. Jahrhunderts

Teltower Tor

1815 Entwürfte von Quednow: Triumphbogen mit Victoria, Tor und Wachhaus

1818 Entwürfe von C.F. Schinkel nach dem Vorbild des Bockenheimer Tores in Frankfurt a.M.

1823–
1825 Bau des Tores

1886 Abriß des Tores und des östlichen Torhauses

1958 Abriß des westlichen Torhauses

Außerdem besaß Potsdam mit dem Alt-Wassertor, dem Neu-Wassertor (Am Kanal zwischen dem Heiligen See und dem Bassin) sowie dem Kellertor (am Beginn des Stadtkanals sowie der Großen Fischerstraße) noch weitere Stadttore.

Die Exerzierplätze

Neben den Exerzierplätzen unterschiedlichster Größe in den einzelnen Kasernen standen der Garnison folgende Plätze außerhalb ihrer Unterkünfte zur Verfügung:

1. Der Bassinplatz
Der in der Neustadt gelegene Bassinplatz bildete ein 114 m langes und 109 m breites Viereck. Der kleinere östliche Teil war um die Jahrhundertwende Gartenanlage. In der Mitte stand die Gloriette, ein Lusthäuschen aus der Zeit König Friedrich Wilhelms I. Der nördliche Teil diente dem Garde-Jäger-Bataillon als Exerzierplatz.

2. Der »Kleine Exerzierplatz«
Dieser lag in der Teltower Vorstadt an der Saarmunder Straße. Er hatte eine Länge von 460 m und war 280 m breit. Er bestand zum Teil aus Sand, zum Teil aus Rasen.

3. Die Plantage
Dieser im Zentrum hinter der Garnisonkirche gelegene Platz war 180 m lang und 75 m breit. An der Ostseite lag das als Langer Stall bekannte Exerzierhaus. Dieser Platz diente vorrangig dem Einexerzieren der Rekruten des 1. Garde-Regiments zu Fuß.

4. Der Lustgarten
Ursprünglich ein holländischer, dann ein französischer Garten, wurde er unter Friedrich Wilhelm I. ganz zum Exerzierplatz der Großen Grenadiere. Friedrich der Große stellte ihn zur Hälfte wieder her. Er blieb bis zum Ende des Ersten Weltkrieges der Hauptexerzierplatz der Stadt. Hier fand alljährlich die Frühjahrsparade der Garnison Potsdam statt.

5. Das Exerzierhaus
Das 1722 errichtete erste Exerzierhaus wurde schon 1737 von Gayette neu gebaut. Der »Lange Stall« lag mitten in der Stadt

Der Lustgarten um 1850

Ehrensalut im Lustgarten um 1900

nördlich der Garnisonkirche. Das schöne Eingangsportal (heute noch erhalten) entstand 1781.
Der eingeschossige Fachwerkbau war 150 m lang und 21 m breit. Er wurde um 1900 zum Turnen bzw. Reiten benutzt.
Das Exerzierhaus gehörte ursprünglich zum 1. Garde-Regiment zu Fuß, stand aber später allen Infanterietruppenteilen der Garnison zu Verfügung.
Wenige Jahre nachdem Wilhelm II. Kaiser wurde, erfolgte hier regelmäßig die Vereidigung sämtlicher Rekruten der Garnison.

Garnison und historisches Fluggelände
6. Das Bornstedter Feld — Exerzierplatz der Potsdamer

Untrennbar mit der Geschichte der Garnisonstadt Potsdam ist das Bornstedter Feld verbunden. Was für Berlin das Tempelhofer Feld war, war für Potsdam der Teil der Bornstedter Feldmark, die hinter dem Schloß Sanssouci angrenzte und seit weit über 200 Jahren zum Exerzieren der hier stationierten Truppen benutzt wurde und noch heute als Militärgelände dient. Wann exakt diese Nutzung begann, ist auch heute nicht genau feststellbar. Jedenfalls noch nicht in der Regierungszeit des »Soldatenkönigs« Friedrich Wilhelm I. (1713–1740). Der unmittelbar an der Langen Brücke gelegene Lustgarten (mit Stadtschloß und Marstall) und der sogenannte alte oder kleine Exerzierplatz an der Saarmunder Straße (heute: Heinrich-Mann-Allee) hinter dem Alten Friedhof diente Militär-Revuen und Manövern.
Erst König Friedrich II. (1740–1786) ließ seine Potsdamer Garnison auf dem Bornstedter Feld exerzieren. Die Anzahl der Soldaten war bekanntlich gestiegen, größere Räume wurden benötigt, da nun ein Teil des Regiments Garde du Corps und die als Lehrtruppe dienende reitende Artillerie in Potsdam stationiert waren. Vor allen Dingen für die Kavallerie waren der Lustgarten und auch der alte Exerzierplatz in der Teltower Vorstadt nicht mehr ausreichend. Mit großer Wahrscheinlichkeit ist anzunehmen, daß das Bornstedter Feld erst nach dem 2. Schlesischen Krieg und dem Einzug des Königs in sein fertiggestelltes Schloß Sanssouci (1747) zum Schauplatz militärischer Übungen wurde.
Die im 18. Jahrhundert noch herrschende Dreifelderwirtschaft ließ den dritten Teil des Ackers in jedem Jahr wechselnd als Brache liegen. Diese nutzte der König, aber auch das Sommer- und das Winterfeld blieben nicht verschont. Die militärische Benutzung der Bornstedter Feldmark belastete die Bauern und wurde zum Problem.
Erst im 19. Jahrhundert, die Garnison war weiter größer geworden, kamen die entscheidenden Veränderungen. Durch eine Kabinettsorder König Friedrich Wilhelms IV. (1840–1863) vom 11. August 1841 wurden Grenzlinien festgelegt, die das feste statio-

Lageplan des Bornstedter Feldes.

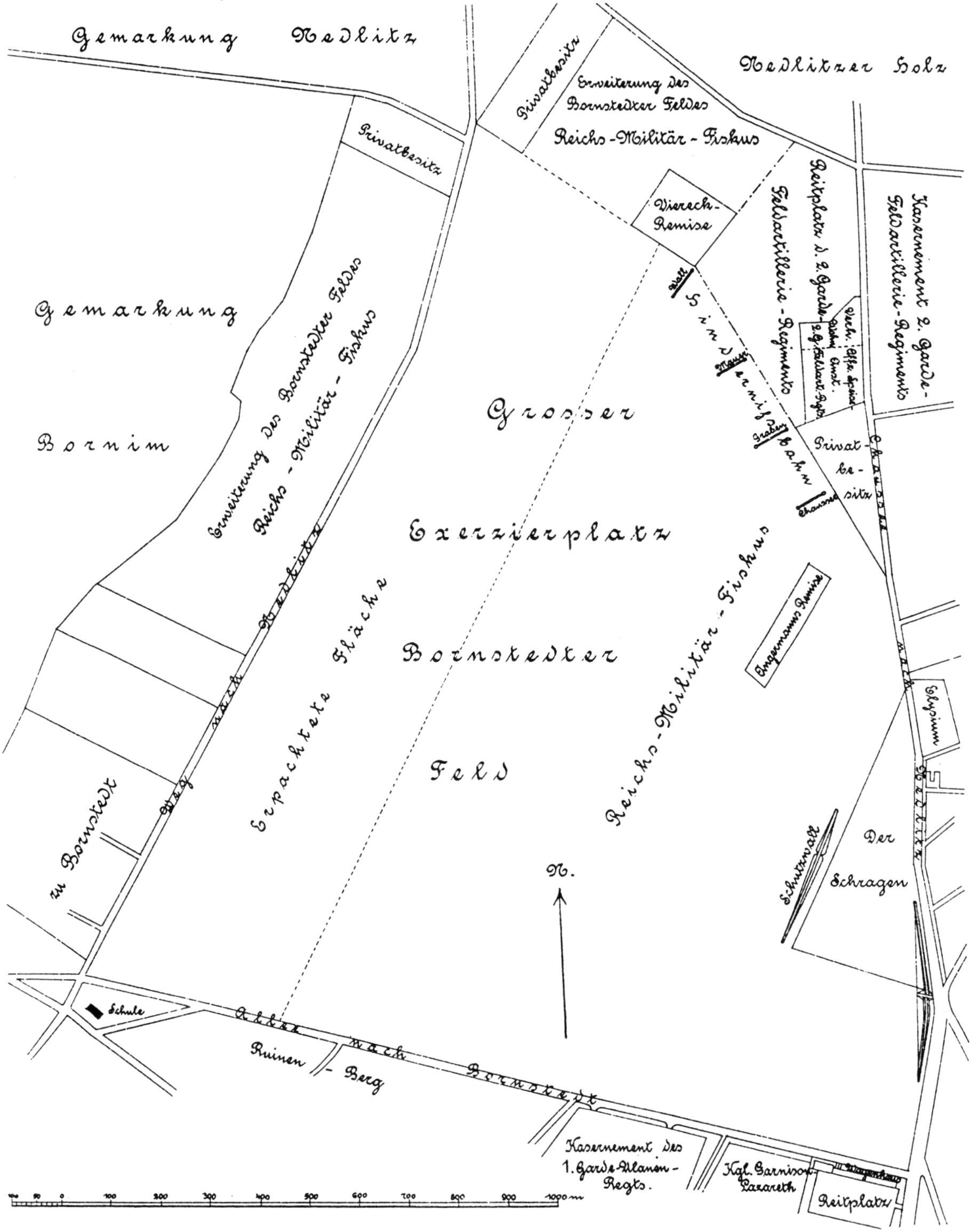

näre Exerzierfeld von der übrigen Feldmark abgrenzten. Die südliche Linie ließ der König mit Schwarzpappeln bepflanzen, daraus entstand die heute noch existierende Pappelallee. Die anderen Begrenzungen bildeten die Jägerallee (einschließlich Südrundung der Russischen Kolonie), die Nedlitzer Chaussee und die in Richtung Nedlitz führende Kirschallee. Rund 125 Hektar umfaßte im wesentlichen das Dauer-Exerzierfeld, das durch die ununterbrochene militärische Nutzung weitestgehend ein »braches Sandfeld« blieb.

Im 20. Jahrhundert sollte das Bornstedter Feld, der historische Exerzierplatz der friderizianischen Garde, zum Potsdamer Flugfeld werden. Doch schon zu Zeiten Friedrichs II. hätte es dazu kommen können. Ein Erfinder, namens Melchior Bauer aus dem thüringischen Altenburg, war nach Potsdam gekommen und wollte hier auf den Bergen um das Bornstedter Feld seine Idee vom Gleitfliegen mit einer Flugmaschine verwirklichen. Er war aber seiner Zeit voraus und erhielt vom Geheimen Kriegsrat des Königs nur einen großen Absagebrief. Erst im September des Jahres 1909 sollte es Realität werden.

Auf dem Bornstedter Feld wurden Zelte aufgeschlagen. Allerlei geheimnisvolle Vorarbeiten erregten die Neugier der Jugend und der zahlreichen Soldatenfreunde, die regelmäßig am Rande der Nedlitzer Chaussee den Jahreslauf der militärischen Übungen verfolgte. Es sprach sich bald herum, daß ein »Aviatiker« nach Potsdam kommen sollte, ein Erfinder und Flugkünstler, einer der beiden »fliegenden Brüder« aus Amerika. Dieser hatte auf dem Tempelhofer Feld seine sensationellen Flugversuche gemacht und es zum Wallfahrtsort werden lassen. Sicher veranlaßt durch den im Neuen Palais wohnenden Kaiser Wilhelm II. (1888–1918) und den Kronprinzen kam Orville Wright, im Schlepp eines Automobils die Flugmaschine, nach Potsdam.

Schon bei der 2. »Fahrt« Orville Wrights ist der Kapitänleutnant Paul Engelhard beteiligt. Neun weitere Flüge sind nötig, bis dann am 13. Oktober 1909 Engelhard zum ersten Male allein die Wright-Maschine um das Bornstedter Feld fliegt. In der heutigen Zeit kann man sich kaum vorstellen, in welcher gefährlichen Bodennähe sich damals ein großer Teil der Flüge abspielte. Einer der ersten Alleinflüge des »Wright«-Piloten Engelhard landete daher auch in den wenigen Bäumen des Bornstedter Feldes.

Zu den herausragenden Besuchern der Flugveranstaltungen Orville Wrights gehören die Angehörigen des Kaisers, an der Spitze die Kaiserin und natürlich auch der Kronprinz, der an einem der Flüge als Passagier teilnimmt. Sechs bis acht Flüge werden täglich absolviert. Englische und schwedische Kommissionen lassen sich das Wright-Flugzeug vorführen. Endlich erscheint auch der Kaiser, wohnt einem gelungenen Rundflug bei und überreicht dem Flieger sein Bild mit Widmung.

Der rund einen Monat dauernde Potsdam-Besuch Orville Wrights fördert die Entwicklung der Fliegerei in Deutschland, besonders aber der Militärfliegerei. Als besondere Leistung sei »die höchste bisher von einem Aeroplan befahrene Höhe« mit fast 450 Metern erwähnt. Am 26. Oktober 1909 bleibt Engelhard mit einer neuen Wright-Maschine über eine Stunde in der Luft.

Andere Pioniere der jungen Fliegerei in Deutschland nutzen das Bornstedter Feld. Dazu gehören Dr. Alberti und Wilhelm Focke, Simon Brunnhuber und die Prinzen Friedrich Sigismund und Karl. Am 10. und 11. August 1912 unternahm der Ingenieur und Pilot der Dornierwerke in Johannisthal Robert Gsell unter Leitung des Prinzen Sigismund mit dem von diesem konstruierten Eindecker mehrere »wohlgelungene« Flüge von 10 bis 15 Minuten auf dem Bornstedter Feld, wobei eine Höhe von bis 150 Meter erreicht wurde.

In der Folgezeit wird es stiller auf dem Exerzierfeld. Die unweit gelegenen Flugplätze in Döberitz und Johannisthal werden zu den bekanntesten in Deutschland. Gegen Kriegsende (1917) quartiert sich eine Jagdstaffel zum Schutz Berlins auf dem Bornstedter Feld ein. Der tödliche Absturz des Piloten Kamerer am 19. August 1917 ist eine der wenigen Überlieferungen aus dieser Zeit.

Die Nachkriegszeit nutzt das Bornstedter Feld für die mögliche Sportfliegerei und für Flugveranstaltungen.

Rundflüge über Potsdam, die hier ihren Ausgang nahmen, gab es noch im Jahre 1932.

Auch als Exerzierfeld der Garnison bleibt es weiterhin in Benutzung. Mitte der 30er Jahre entstand an seinem westlichen Rande die neue Kriegsschule.

Nach dem Mai 1945 wurden die hier befindlichen Militärobjekte und das Bornstedter Feld von der sowjetischen/russischen Garnison mit Beschlag belegt. Teile davon werden auch im Sommer 1993 noch von russischen Truppen genutzt.

Die Schießstände

1. Schießstände in der Potsdamer Forst

16 Schießstände befanden sich von Potsdam aus in Richtung Caputh, 15 auf der linken Seite der Wittenberger Chaussee, die jeweils eine Länge von 250 m bis 600 m hatten. Sie waren in das hügelige Gelände eingeschnitten und besaßen seitliche Erdaufwürfe.
Der 1.200 m lange Gefechtsschießstand lag westlich der Chaussee mit dieser parallel laufend. Hier bestand der Geschoßfang aus einer Mauer mit Erdaufwurf. Nutzung durch die ganze Garnison.
Vier Schießstände waren für das Garde-Jäger-Bataillon, drei für die Unteroffiziersschule, je zwei für das 1. Garde-Regiment zu Fuß. Das Regiment Garde du Corps, das 1. und 3. Garde-Ulanen-Regiment bestimmt.
In der Mitte der Westgrenze der ganzen Schießanlage befand sich das massiv gebaute einstöckige Wachgebäude.
Die gesamte Anlage wird noch heute — in veränderter Form — als Schießübungsstätte genutzt.

2. Schießstände in der Stolper Forst

Hier besaß das Leib-Garde-Husaren-Regiment zwei Schießstände von 200 bzw. 500 m Länge.

3. Schießstände im Katharinenholz

Zwischen den Chausseen Bornstedt-Bornim und Eiche-Bornim lagen bzw. liegen im waldigen Gelände acht Schießstände. Sechs waren für das 1. Garde-Regiment zu Fuß und zwei für das Lehr-Infanterie-Bataillon bestimmt. Die Geschoßfänge bestehen aus Mauern mit Erdaufwurf. Die Anlage wurde durchgängig bis Anfang der 50er Jahre von verschiedenen Truppeneinheiten — einschließlich russischer — genutzt. Sie ist bis heute noch in groben Zügen erhalten.

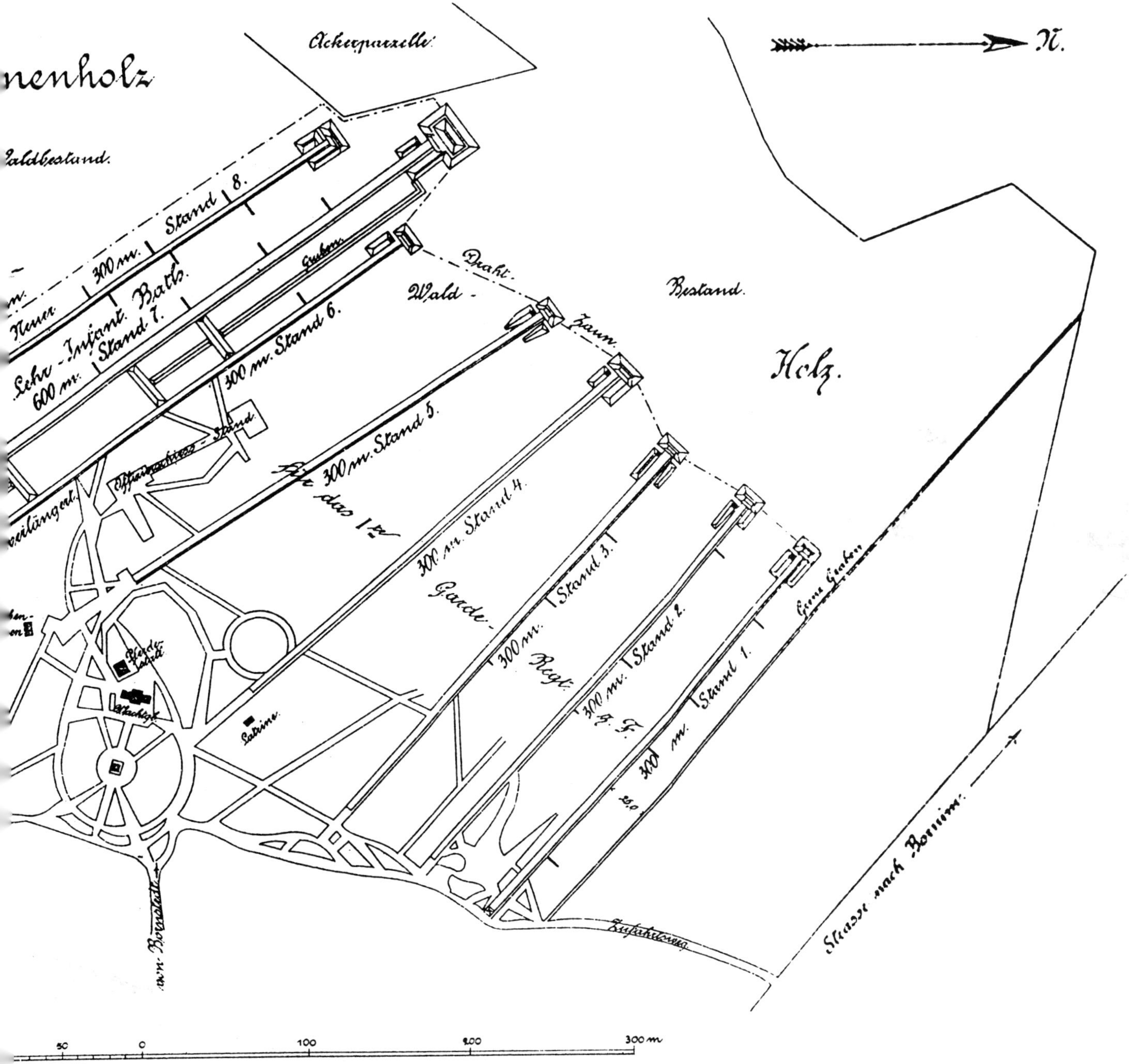
Ackerparzelle
N.
nenholz
Waldbestand.
300 m.
Stand 8.
Neuer
Lehr-Infant. Batl.
600 m. Stand 7.
Graben
300 m. Stand 6.
Draht-
Wald-
Zaun.
Bestand.
Holz.
300 m. Stand 5.
für das 1te
300 m. Stand 4.
Garde-
Regt.
z. F.
300 m. Stand 3.
300 m. Stand 2.
300 m. Stand 1.
300 m.
Cantine
Zufahrtsweg
Strasse nach Bornim.
50
0
100
200
300 m

Die Alte- oder Königswache

Eines der architektonisch wirkungsvollsten Militärgebäude Potsdams ist die Alte Hauptwache. Sie unterbricht die Front der Wohnhäuser in der Charlotten-, Ecke Lindenstraße und diente nach der Fertigstellung zuerst dem Regiment »Prinz von Preußen«, später dem Regiment »König«, daher wurde sie auch als »Königs-Hauptwache« bezeichnet.
Der nach Entwürfen von Andreas Ludwig Krüger in der Zeit von 1795 bis 1797 errichtete Bau ist ein Meisterstück im frühklassizistischem Stil. Die zehn Jahre vorher in Posen erbaute Hauptwache soll hier als Vorbild gedient haben. Der zweigeschossige würfelförmige Bau wird von mit Werkstein verkleideten Bogenhallen umschlossen, die auf gekuppelten Ionischen Säulen ruhen. Die im Gebäude enthaltene Montierungskammer und Wachstube wurde am 1. Oktober 1797 dem Kommandeur Major von Plötz, die an der Bäckerstraße eingebauten Schlächterscharren aber dem Magistrat, übergeben.

Ein Triglyphenfries verziert das Gebäude unterhalb des Gesimses. Auf der Attika der beiden Hauptfronten befindet sich reicher Figurenschmuck, der mit Mars und Minerva die Kriegskunst symbolisiert. Neben der Minerva (Lindenstraße) sieht man links ein von einer Sphinx gekröntes Feldzeichen, das seinerseits mit einem Medaillonporträt des bis 1797 regierenden Königs Friedrich Wilhelms II. geschmückt ist. Der Figurenschmuck entstand in der Werkstatt der Gebrüder Wohler.
Später wurde die Haupt- oder Schloßwache in den nördlichen Querbau des Stadtschlosses, neben dem Fortunaportal verlegt. Sie bestand dort aus einem Mannschaftsraum und einem Zimmer für den wachhabenden Offizier.
Die Wache ist 1990/91 umfassend rekonstruiert und beherbergt heute die Commerzbank, die diese Rekonstruktion finanzierte. Der Figurenschmuck auf der Attika fehlt z.Zt. noch.

Die Alte (Königs-)Wache
Ecke Charlotten-/Lindenstr.

Dokumentenanhang

Vorhandene Militärgebäude der Garnison Potsdam 1861–1870 (BLHA, Pr.Br.Rep. 27 A; II. Potsdam)

1. Kaserne Regiment Garde du Corps (Leibkompanie)
   Berliner Communication Nr. 3
2. Kaserne Regiment Garde du Corps (2., 3., 4. Kompanie)
   Am Kanal 68
3. Kaserne (Ökonomiegebäude) Regiment Garde du Corps
   Garde-du-Corps-Str. 15/16
4. Kaserne für Altverheiratete (als disponibel an das Königliche Hofmarschallamt vermietet)
   Siefertsgasse 2–4
5. Kaserne für Altverheiratete (größtenteils disponibel vermietet)
   Am Kanal 33–37
6. Vormalige Kaserne des 1. Bataillons des Garde-Reserve-Infanterie(Landwehr)-Regiments, nun Landwehr-Zeughaus des 3. Bataillons Brandenburgisches Infanterie-Regiment Nr. 60
7. Vormalige Kaserne des gedachten Reserve-Bataillons, nun Kriegsschule
   Berliner Str. 6–10
8. Vormalige Kaserne des Reserve-Bataillons, nun Kriegsschule,
   Berliner Str. 13–17
9. Kaserne der 1. Eskadron des 3. Garde-Ulanen-Regiments
   Garde-du-Corps-Str. 2
10. Große Augmentationskaserne des 1. Garde-Ulanen-Regiments (1., 2., 4. Eskadron) Brandenburger Communication 6
11. Kleine Augmentationskaserne des 1. Garde-Ulanen-Regiments (1. Eskadron) Brandenburger Communication 7
12. Kaserne für das 1. Garde-Ulanen-Regiment (3 Eskadronen) Louisenplatz 3 vor dem Brandenburger Tor (Nr. 2 = Ställe)
13. Kaserne für das 1. Garde-Ulanen-Regiment
    Brandenburger Communication 11, 12, 13
14. Kaserne für die Schulabteilung
    Vor dem Jägertore 2
15. Stallgebäude für die Leibkompanie des Regiments Garde du Corps
    Berliner Str./Communication 3
16. Stallgebäude für die 2. Kompanie des Regiments Garde du Corps
    Garde-du-Corps-Str. 12
17. Stallgebäude für 3. und 4. Kompanie Regiment Garde du Corps
    Auf dem Hofe Am Kanal 68
18. Stallgebäude für das 1. Garde-Ulanen-Regiment (4. Eskadron)
    Brandenburger Communication
19. Stallgebäude für das 1. Garde-Ulanen-Regiment (2. Eskadron)
    Brandenburger Communication
20. Stallgebäude für das 1. Garde-Ulanen-Regiment (1. Eskadron)
    Brandenburger Communication
21. Schloß- und Königswache
    Auf dem Königlichen Schloßhofe
22. Wachtgebäude am Brandenburger Tor
23. Wachtgebäude am Berliner Tor
24. Wachtgebäude am Teltower Tor
25. Allgemeines Militär-Arresthaus
    Garde-du-Corps-Str. 7–9
26. Kaserne Garde-du-Corps-Str. 10
27. Pulverhäuser vor dem Teltower Tor
28. Ehemalige Moskowiter Kirche
    Am Kanal/Ecke Plantage
29. Ehemalige Königs-Hauptwache
    Ecke Charlotten-/Lindenstr.

30. Kaserne in der Kasernenstr. 1, 2, 3
31. Garnisonholzhof
Vor dem Berliner Tor am Havelufer
32. Beschlagschmiede des Regiments Garde du Corps
An der Kellerbrücke
33. Beschlagschmiede des 1. Garde-Ulanen-Regiments
Am Jägertor
34. Dienstwohnung des Regimentskommandeurs Garde du Corps
Am Kanal 3
35. Dienstwohnung Kommandeur 1. Garde-Regiment zu Fuß
Am Kanal 67
36. Kommandanturgebäude
Schloßstr. 7
37. Kommandanturwiese an der Havel bei der Langen Brücke
38. Bedeckte Reitbahn des Regiments Garde du Corps beim Fourage-Magazin am Kellertor
39. Unbedeckte Reitbahn des Garde du Corps vor dem Berliner Tor
40. Exerzierhaus (Langer Stall) an der Plantage
41. Dienstgebäude der Garnisonsverwaltung
Breite Str. 29
42. Kaserne Priesterstr. 23
43. Kaserne Breite Str. 18 am Neustädter Tor
44. Kaserne der Stammkompanie des Lehr-Infanterie-Bataillons an der Neustädter Communication 2/3 und 4–7
45. Kaserne Lindenstr. 38/39
46. Kaserne Garde-du-Corps-Str. 3–5
47. Kaserne Garde-du-Corps-Str. 13/14
48. Kaserne Heiliggeiststr. 9–13
49. Kaserne Berliner Tor 1/2 (Berliner Communication)
50. Kaserne (ehem. Infanterie-Arrest-Haus)
Am Bassin 15/16
51. Wachtgebäude Nauener Tor
52. Wachtgebäude Neustädter Tor 18
53. Ehem. Torschreiber- und Torwachtgebäude im Kellertor
54. Wachtgebäude an der Paddenbrücke
55. Pferdestall (alt) an der Jägercommunication
56. Pferdestall (alt) an der Jägercommunication und am Nauener Tor
57. Kaserne (alte Husarenkaserne)
Tuchmacherstr. 28/29 (später Elisabethstr.)
58. Kaserne (alte Husarenkaserne)
Tuchmacherstr. 1–14 (nun Elisabethstr. 1–16 für Garde-Jäger-Bataillon)
59. Kaserne Berliner Str. 20–22
60. Neuer Reitplatz für das 1. Garde-Ulanen-Regiment auf dem Bornstedter Feld an der Jägerallee
61. Kaserne des Garde-Husaren-Regiment
Neue König-Str. vor dem Berliner Tor
62. Waschhaus am Havelufer und dem Garnisonsholzhofe
63./64. Pferdeställe der 1. und 2. Eskadron des Garde-Husaren-Regiments
An der Neuen König-Str.
65. Pferdeställe der 3. Eskadron des Garde-Husaren-Regiments an der Havel
66. Pferdeställe der 4. Eskadron des Garde-Husaren-Regiments nach der Havelseite
67. Offener Reitplatz des Garde-Husaren-Regiments in zwei Abteilungen bei den Stallungen an der Neuen König-Str.
68. Bedeckte Reitbahn des Garde-Husaren-Regiments hinter der Kaserne bei den Stallungen
69. Gebäude für den Futtermeister des Garde-Husaren-Regiments
Am Stall der 3. Eskadron
70. Wagenhaus vor dem Berliner Tor dem Holzhofe gegenüber
71. Ehemaliges Habedanksches Grundstück
Jägerallee 3
72. Wacht- und Utensiliengebäude für das 3. Garde-Regiment zu Fuß
Im Katharinenholz bei den Schießständen des Regiments
73. Wacht- und Scheibenlokal für die Königliche Schulabteilung im Walde bei den Jägerschießständen vor dem Teltower Tor
74. Wacht- und Schießhütte für das Lehr-Infanterie-Bataillon auf dem Kleinen Herzberge in der Bornimer Forst
75. Ehem. Gewehrfabrik-Hauptgebäude
Am Kanal 2
76. Ehem. Gewehrfabrik-Gebäude
Am Kanal 3
77. Ehem. Gewehrfabrik-Gebäude
Am Kanal 4

78. Wohngebäude der Gewehrfabrik Nr. 1
Ecke Breite Str./Priesterstr. (Herrenhaus)
79. Baustelle, auf welcher das im Jahre 1863 auf dem Abbruch verkaufte, sogenannte alte Familienhaus an der Promenade, gestanden hat. Gehörte zur ehem. Gewehrfabrik
80. Baustelle neben dem ehem. Gewehrfabrik-Etablissement
81. Wohngebäude an der ehem. Gewehrfabrik Nr. 1 der Breiten- und Priesterstr.
82. Ehem. Gewehrfabrik-Gebäude Nr. 2 und 3
83. Ehem. Gewehrfabrik-Gebäude
86. Ställe der 1. und 2. Eskadron des 3. Garde-Ulanen-Regiments vor dem Jägertore
87. Kaserne der Communs im Neuen Palais
88. Proviantmagazin Nr. XI an der Kellerbrücke
89. Stallgebäude des Regiments Garde du Corps am Kellertor
90. Exerzierplatz Bornstedter Feld
91. Bedeckte Reitbahn für das 3. Garde-Ulanen-Regiment vor dem Jägertor
92. Reitplatz für das 1. Garde-Ulanen-Regiment vor dem Jägertor
93. Zwei Pistolenschießstände im Forstrevier Bornstedt — sogenannte Raubfänge — für das 3. Garde-Ulanen-Regiment
94. Exerzierplatz für das 1. Garde-Regiment zu Fuß und das Garde-Jäger-Bataillon vor dem Teltower Tor
95. Schießplatz in Liefelds Grund
96. Garnisons-Exerzier- und Reitplätze/Schießstände
    1. Offener Reitplatz 1. und 2. Eskadron Regiment Garde du Corps vor dem Berliner Tor
    2. Offener Reitplatz 1. Garde-Ulanen-Regiment vor dem Brandenburger Tor
    3. Offener Reitplatz 1. Garde-Ulanen-Regiment an der Jägerallee
    4. Offener Reitplatz Garde-Husaren-Regiment vor dem Berliner Tor
    5. Exerzierplatz für die Übungen der Brigade, für das Regiment Garde du Corps, das 1. und 3. Garde-Ulanen-Regiment und das Garde-Husaren-Regiment auf dem Bornstedter Feld
    6. Exerzierplatz des 1. Garde-Regiments zu Fuß und des Garde-Jäger-Bataillons vor dem Teltower Tor
    7. Exerzierplatz auf der Plantage für das 1. Garde-Regiment zu Fuß und das Garde-Jäger-Bataillon
    8. Exerzierplatz für das Lehr-Infanterie-Bataillon an den Communs
    9. Exerzierplatz für die Truppen der Garnison auf dem Bornstedter Feld
    10. Schießplatz des Regiments Garde du Corps hinter dem Brauhausberg
    11. Schießplatz des 1. Garde-Regiments zu Fuß im Katharinenholz
    12. Schießplatz der Unteroffiziersschule an der Wittenberger Chaussee
    13. Schießplatz des 1. Garde-Ulanen-Regiments im Katharinenholz
    14. Schießplatz des Garde-Jäger-Bataillons an der Wittenberger Chaussee
    15. Schießplatz des Garde-Husaren-Regiments am Babelsberg
    16. Schießplatz des Lehr-Infanterie-Bataillons auf dem Kleinen Herzberg
    17. Schießplatz für die Garnison in Liefelds Grund an der Wittenberger Chaussee
    18. Schießplatz für die Garnison auf dem Bornstedter Feld
97. Offiziers-Speiseanstalt des 1. Garde-Regiments zu Fuß Mammonstr. 4

(Auflistung, Stand vom 1. Juli 1872)

Garnisonsverwaltung Potsdam

Nachweisung der Garnisonsanstalten für das Militärbauamt I (Potsdam 1911) (unvollständig)
(BLHA, Pr. Br. Rep. 27 A, II Potsdam, Nr. 842)

1. **Kaserne des 1. Garde-Regiments zu Fuß**
   Gewehrfabrik 1
   Erbaut: 1755; 1879 ausgebaut (ursprünglich Herrenhaus der Gewehrfabrik)
   Maße Wohnkaserne: 26,88 m x 14,44 m

2. **Kaserne 1. Garde-Regiment zu Fuß**
   Gewehrfabrik 2/5, Priesterstraße 2–8
   Erbaut: 1779 Gewehrfabrik 2/3
   1879 Gewehrfabrik 4/5
   1884 Priesterstraße 2/8 (Ökonomiegebäude, Exerzierhaus, Pferdestall, Geräteschuppen)
   1894 Abortgebäude I und II, Unterkunft für 1 1/2 Kompanien
   1909/10 Kaserne der Maschinengewehrkompanie, Pferdestall, Waffenmeisterei, Patronenplatz
   Maße Hauptgebäude: Kaserne A: 91,02 m x 12,23 m
   Kaserne B: 62,72 m x 12,00 m
   Kaserne C: 18,38 m x 11,72 m
   Mittelbau: Kaserne D: 132,56 m x 21,00 m
   Kaserne E: 67,50 m x 17,79 m

3. **Kaserne für verheiratete Unteroffiziere des 1. Garde-Regiments zu Fuß**
   Lindenstr. 25
   Erbaut: 1772 Seitenflügel 1857 neu ausgebaut und 1896/97 mit dem Hauptgebäude zusammen zu Wohnungen umgebaut.
   Das Gebäude war 1772 von Friedrich II. als Lazarett für das Garde-Regiment erbaut worden; und zwar auf dem Grundstück, wo schon unter Friedrich Wilhelm I. ein Fachwerkhaus stand, das als Lazarett der Potsdamer-Garde benutzt wurde.
   Maße Hauptgebäude: 40,06 m x 10,60 m
   Nördlicher Flügelbau: 19,47 m x 7,28 m

4. **Offiziersspeiseanstalt des 1. Garde-Regiments zu Fuß**
   Mammonstr. 4
   Erbaut: Vordergebäude ?, Hintergebäude 1892/93
   Maße Hauptgebäude: 27,31 m x 12,87 m
   Flügelanbau: 11,82 m x 5,50 m

5. **Kaserne des 3. Garde-Ulanen-Regiments**
   Jägerallee 23
   Erbaut 1861/62 Reitbahn 1
   1864/65 Pferdeställe der 1. und 2. Eskadron
   1865/66 Krankenstall
   1868/69 Kaserne Mittelbau
   1874 Kaserne, nördlicher und südlicher Verlängerungsbau
   1875 Wagenhaus II
   1875/76 Nördlicher und südlicher Flügelbau
   1878/79 Pferdestall der 5. Eskadron, Abortgebäude I und II
   1879/80 Feuerlöschgeräteraum
   1902 Abortanbauten
   Fläche des Gesamtgrundstückes: 7 ha 45 a 10 m² = 74.510 m²
   Maße Kaserne Mittelbau: 26,50 m x 19,30 m
   südl. Verlängerungsbau: 42,55 m x 11,45 m
   nördl. Verlängerungsbau: 42,55 m x 11,45 m
   südl. Flügelbau: 35,25 m x 16,00 m
   nördl. Flügelbau 35,25 m x 16,00 m

6. **Reitbahn III für das 3. Garde-Ulanen-Regiment (Reithalle)**
Am Bornstedter Feld
Erbaut: 1890/91
Maße: 38,00 m x 18,00 m

7. **Kaserne des Garde-Jäger-Bataillons**
Elisabethstraße 4–16
Erbaut: 1753
Fläche Gesamtgrundstück: 8.770 m²
Früher Kaserne des Leib-Garde-Husaren-Regiments und Militärarrestanstalt; 1911 von 2., 3. und 4. Kompanie des Garde-Jäger-Bataillons genutzt.
Maße Wohnkaserne: 23,40 m x 10,20 m
Küchengebäude: 28,98 m x 6,28 m (von Garde du Corps, Jägerbataillon und Maschinengewehr-Abteilung genutzt)

8. **Kaserne des Garde-Jäger-Bataillons**
Elisabethstraße 28/29
Erbaut: 1775
Für verheiratete Soldaten erbaut; war später zwischenzeitlich vermietet; 1862 als Kaserne für die 10. Kompanie des 1. Garde-Regiments zu Fuß eingerichtet; seit 1.10.1884 vom Garde-Jäger-Bataillon genutzt.
Maße Wohnkaserne: 29,65 m x 10,00 m

9. **Kaserne des Garde-Jäger-Bataillons (1. Kompanie)**
Berliner Str. 21/23 und Türkstraße 1/2
Erbaut: 1756 als Kaserne des 1. Garde-Regiments zu Fuß. Zwischenzeitlich vermietet; 1862–1884 Füsilier-Bataillon des 1. Garde-Regiments zu Fuß; 1884–1893 Regiment Garde du Corps; seit 1893 Garde-Jäger-Bataillon
Maße Wohnkaserne: 57,85 m x 7,67 m

10. **Baracken-Kasernement für die Garde-Maschinengewehr-Abteilung Nr. 1**
An der Jägerallee
Erbaut: 1889 als Wagenhaus III; 1901/02 Ausbau; bis 1905 Anbauten
Maße ausgebauter Teil: 74,37 m x 12,56 m

11. **Kaserne des 1. Garde-Ulanen-Regiments**
Am Ruinenberge
Erbaut: 1885–1889; Reitbahn 1891
Gesamtfläche: 89.595 m²

Maße Wohnkaserne:	32,72 m x 19,68 m
Östl. Flügelbau:	44,66 m x 12,86 m
Querbau:	48,03 m x 17,02 m
Westl. Flügelbau:	44,66 m x 12,86 m
Querbau:	47,68 m x 16,74 m

12. **Auguste-Victoria-Kaserne für das Lehr-Infanterie-Bataillon Potsdam-Eiche**
Erbaut: 1890/91
Fläche Gesamtgrundstück: 53.300 m²
Ergänzungsbauten:

1895	Exerzierhaus
1897	4 Wellblechbaracken zur Unterbringung der Ergänzungsmannschaften (12 Uffz. und 155 Mann)
1906/07	Patronenhäuser
1907/08	Südl. und nördl. Familienwohnhäuser sowie Motor- und Waschküchengebäude

Maße Hauptgebäude:	39,72 m x 14,88 m
Östl. Flügelanbau:	18,52 m x 9,76 m
Westl. Flügelanbau:	18,52 m x 9,76 m
Südl. Wohnkaserne:	23,45 m x 14,88 m
Nördl. Flügelanbau:	18,52 m x 9,76 m
Südl. Flügelanbau:	18,52 m x 9,76 m
Nördl. Wohnkaserne:	23,45 m x 14,88 m

13. **Kaserne Commun II für 1. Kompanie des Lehr-Infanterie-Bataillon**
Beim Neuen Palais (östl. Hälfte der Communs)
Erbaut: 1769 (1911: Quartiere für 5 Offiziere, 7 Unteroffiziere und 161 Mann)
Maße: 69,00 m x 25,00 m

14. **Kasernen des 2. und des 4. Garde-Feld-Artillerie-Regiments**
Nedlitzer Str. 9–20
Erbaut: 1893/94
Fläche des Gesamtgrundstücks: 196.875 m^2
Maße der großen Wohnkasernen: I/2 66,90 m x 12,86 m
II/2 66,90 m x 12,86 m
Vorhandene Quartiere für 14 Offiziere, 166 Unteroffiziere und 1.157 Mann.
Neubau von Dienst- und Wohngebäude 1900/01.
Erweiterung der Offiziersspeiseanstalt 1903/04.
Sandsteingruppe auf dem Bekleidungskammergebäude: 1773 für die Artilleriekaserne am Kupfergraben in Berlin geschaffen und nach deren Abbruch nach Potsdam gebracht. Neben einer Mittelsäule stehen jeweils rechts und links je ein abgesessener Reiter neber einer Kanone

15. **Schloßwache im Königlichen Stadtschloß**

16. **Exerzierplatz (Langer Stall)**
An der Plantage
Erbaut: 1737 Exerzierhaus
1781 Portalbau
Maße: 166,97 m x 22,28 m
Nach der AKO vom 19.1.1845 ist das Recht der Benutzung ausschließlich den Militärbehörden eingeräumt; der Königliche Marstall darf sie auf Antrag nur stundenweise nutzen.

17. **Kaserne für verheiratete Unteroffiziere des Garde du Corps**
Türkstr. 3
Erbaut: 1772 (ursprünglich von Friedrich II. für reitende Artillerie).
1829 Kaserne für Garde du Corps
1893/94 als Kaserne für verheiratete Unteroffiziere ausgebaut.
Maße Wohnhaus: 38,84 m x 13,82 m

18. **Dienstgebäude der Kommandantur**
Schloßstr. 7
Erbaut: 1754: modernisiert 1883
Maße Hauptgebäude: 27,00 m x 12,55 m
Flügelanbau: 6,90 m x 8,78 m
Vorbesitzer des Grundstücks war der Herzog Karl von Mecklenburg, der das Grundstück für 1.000 Taler verkaufte.

19. **Dienstwohngebäude des Kommandeurs des 1. Garde-Regiments zu Fuß**
Am Kanal 67
Erbaut: Unter Friedrich II. für den Kommandeur der Leibgarde
Maße: 25,44 m x 12,55 m

20. **a) Dienstgebäude der Garnisonsverwaltung**
Breite Straße 29
b) Dienstgebäude der Garnisonsverwaltung
Priesterstraße 23
Erbaut: 1753 durch Friedrich II. für beweibte Militärs der Garnison. Auf den Namen des Generalmajors von Hirschfeld im Grundbuch eingetragen.
Maße: a) 16,79 m x 12,24 m
b) 16,94 m x 6,43 m

21. **Kaserne der Garde-Jäger zu Pferde**
Kaiser-Wilhelm-Str. 33–35
Erbaut 1782 für verheiratete Militärs; zwischenzeitlich vermietet; ab 1864 Kaserne für 1. Garde-Ulanen-Regiment; ab 1890 zur Unterbringung einer reitenden Batterie des 2. Garde-Feld-Artillerie-Regiments umgebaut. Von 1895 bis 1905 Nutzung durch die Garde-Jäger zu Pferde. 1908 Umbau des größten Teils der Räume zum Soldatenheim, je zu einer Wohnung für den Kasernenwärter und Aufbewahrungsräumen für die Garnisonsverwaltung.
Maße: 43,93 m x 11,30 m

22. **Aufbewahrungsräume der Garnisonsverwaltung in der Alten Wache**
(ehem. Königstr.) Ecke Charlotten- und Lindenstraße
Erbaut: 1796 als Königshauptwache; später Bekleidungskammer und seit Oktober 1884 Aufbewahrungsräume der Garnisonsverwaltung.
Maße: 30,73 m x 19,46 m

23. **Exerzier- und Reitplätze**
1. Exerzierplatz Bornstedter Feld vor dem Jägertor (234 ha, 55 a 86 m^2)
2. Exerzierplatz auf dem Bassinplatz
3. Kleiner Exerzierplatz vor dem Teltower Tor
4. Exerzierplatz im Lustgarten des Stadtschlosses

24. **Schießplätze**
1. Schießstände in der Potsdamer Forst
2. Schießstände in der Holger Forst
3. Schießstände im Katharinenholz

25. **Wachtgebäude am Nauener Tor**
(linksseitiger Toranbau)
Erbaut: 1735; bis 1857 als Wachtgebäude genutzt. Seit 1868 an Feldwebel der Invalidenkompanie und später deren Witwen vermietet. Seit 1.4.1890 anderweitig vermietet. Ab 1888 war der 18 m^2 große Hofraum als Straßenterrain an die Stadt vermietet.
Maße: 18,83 m x 8,30 m

26. **Dienstgebäude des Kommandeurs der Leibgendarmerie**
Alte Luisenstr. 91
Erbaut: 1844 nach Entwurf Friedrich Wilhelm IV.
1872 Kaserne für 1. Garde-Ulanen-Regiment,
1.4.1890 bis März 1894 an Privat vermietet.
Ab 1894/95 Dienstgebäude Kommandeur Leibgendarmerie.
Maße: 16,35 m x 8,93 m

27. **Kaserne für verheiratete Unteroffiziere**
Heilige Geiststraße 12/13
Erbaut: 1756 für Soldatenwitwen; zwischenzeitlich vermietet; 1862–1.10.1884 Kaserne für das Füsilierbataillon des 1. Garde-Regiments zu Fuß; 1893–1896 als Wohngebäude für verheiratete Unteroffiziere der Garnison umgebaut.
Maße: 25,52 m x 11,47 m

28. **Kaserne der Leibgendarmerie**
Luisenplatz 9
Erbaut: 1836/37 nach Plänen Schinkels für 1. Eskadron
1. Garde-Ulanen-Regiment
1889–1893 Nutzung durch Regiment Garde du Corps.
Maße: 49,04 x 14,81 m

Wehrmachtdienststellen in Potsdam 1938/39 (Potsdamer Adress-Buch 1939)

Kommandantur (St) Potsdam, Schloßstr. 7.
Stab 23. Division, Am Kanal 68.
Infanterie-Regiment 9, Pappelallee.
I. Bataillon Infanterie-Regiment 9, Priesterstraße.
II. Bataillon Infanterie-Regiment 9, Pappelallee.
III. Bataillon Infanterie-Regiment 9, Jägerallee.
Artillerie-Regiment 23, Nedlitzer Straße.
I. Abteilung Artillerie-Regiment 23, Nedlitzer Str.
II. Abteilung Artillerie-Regiment 23, Nedlitzer Str.
III. Abteilung Artillerie-Regiment 23, Ruinenberg.
Kommandeur der Nachrichten-Truppen III, Nedlitzer Straße.
Nachrichten-Abteilung 43, Nedlitzer Straße.
Nachrichten-Abteilung 23, Nedlitzer Straße.
II. Aufklärungs-Regiment 6, Neue Königstraße 109.
Panzer-Abwehr-Abteilung 23, Neue Königstraße 12.
Kriegsschule Potsdam, Bornstedt.
Heeres-Unteroffiziersschule, Eiche.
Standort-Lazarett, Sanitäts-Staffel, Am Königsweg.
Sanitätsabteilung 23, Am Kanal 68.
Heeresstandortverwaltung, Mammonstr. 4.
Heeres-Verpflegungshauptamt, Leipziger Str. 7/8.
Heeres-Nebenzeugamt, Heeres-Nebenmunitionsanstalt, Krampnitz, F 3515.
Heeresbauamt, Behlertstr. 26, F 4355.
Gericht der 23. Division, Gardeducorpsstr. 17.
Standortarrestanstalt, Gardeducorpsstr. 14/17.
Heeres-Neubauleitung Krampnitz der Kavallerie-Schule, Krampnitz, F 4456.
Luftkriegsschule Wildpark-Werder, Werder, F Werder S 815.
Fliegerhorstkommandantur Wildpark-Werder, Werder, F Werder S 815.
Nachrichten-Abteilung des Reichsluftfahrtministeriums, Eiche-Golm, F 2849, 6868.
Kriegsgeschichtliche Forschungsanstalt, Hans-v.-Seeckt-Straße 8.
Chef der Heeresarchive, Hans-v.-Seeckt-Straße 8.
Heeresarchiv Potsdam, Hans-v.-Seeckt-Straße 8.
Nachrichtenkommandantur, Französische Straße 20, F 6265.
Wehrersatzinspektion Potsdam, Neue Königstraße 12.
Wehrbezirkskommando Potsdam I und II, Gardeducorpsstr. 1/5.
Wehrwirtschaftsstelle Bezirk Potsdam, Schwanenallee 3, F 2695.
Flugsicherungsschule, Marstall-Neues Palais, F 5665.
1. Heeresfachschule (V), Am Kanal 68.
2. Heeresfachschule (V), Nedlitzer Straße.
Heeresfachschule für Landwirtschaft, Pappelallee.
Heeresfachschule für Forstwirtschaft, Am Kanal 68.
Ev. Standortpfarramt, Priesterstr. 9.
Kath. Standortpfarrer Klein, Kurfürstenstr. 33.

»Potsdamer Beobachter« vom 11. Mai 1939

Oberkommando des Heeres verfügt: Mai 1939

Potsdam Kasernen-Namen
Tradition gewahrt — Adolf-Hitler-, Hindenburg- und Ludendorff-Kaserne

In Potsdam finden in diesen Tagen und in den nächsten Wochen Wiedersehensfeiern der alten Soldaten statt. Die ehemaligen Unterkünfte werden besucht und Erinnerungen an die Dienstzeit ausgetauscht. Das Wort »Weißt du noch?« liegt als ständige Frage über diesen Zusammenkünften, und die alten Kameraden erleben noch einmal im Geiste alle die Stunden, die ihre Dienstzeit in Potsdam mit sich gebracht hat.
Mit besonderer Freude werden sie nun vernehmen, daß das Oberkommando des Heeres jetzt auch in Wahrung der alten Tradition bei der Namengebung für die Potsdamer Kasernen zum Teil auf die ehemaligen Truppenteile zurückgegriffen und Bezeichnungen gewählt haben, die uns Potsdamern schon aus der Vorkriegszeit bekannt sind.
Fangen wir mal mit diesen Traditionsbezeichnungen an. Da finden wir wieder die Leib-Garde-Husaren-Kaserne in der Neuen Königstraße, in der jetzt die Panzer-Abwehr-Abteilung 23 untergebracht ist, ferner die Garde-Artillerie-Kaserne in der Nedlitzer Straße (1. Artl.-Rgt. 23) und wir haben auch wieder eine Jägerkaserne, allerdings nicht mehr in der Elisabethstraße oder am Berliner Tor, wo früher das Garde-Jägerbataillon lag, sondern diesen Namen trägt jetzt die ehemalige Unteroffizierschule in der Jägerallee. Hier sind die Traditionskompanien der Garde-Jäger und der Gardeschützen vom IR. 9 untergebracht, weshalb wohl auch die Bezeichnung Jägerkaserne gewählt worden ist, zumal sie ja in der Jägerallee, unweit des Jägertors, liegt.
Die Kameraden vom »Ersten Hieb« wird es sicherlich freuen, wenn sie hören, daß man ihrer alten Kaserne in der Priesterstraße nunmehr den Namen Sempertalis-Kaserne gegeben hat; denn diese Bezeichnung trägt ja auch ihr kameradschaftlicher Verein selbst, und die Inschrift Semper talis ziert das Denkmal des Ersten Garde-Regiments an der Garnisonkirche.
Die Kaserne des früheren 1. Garde-Ulanen-Regiments hat nach ihrer Lage den Namen Ruinenberg-Kaserne erhalten, während die des 3. Garde-Ulanen-Regiments in der Jägerallee fortan Hindenburg-Kaserne heißen wird.
Die Kaserne in der Pappelallee, in der der Regimentsstab und das II. Bataillon des IR. 9 liegen, trägt den Namen unseres Führers und heißt Adolf-Hitler-Kaserne. Die Unterkunft der Nachrichten-Abteilung 23 hat die Bezeichnung Ludendorff-Kaserne erhalten. Außerdem kommen noch hinzu: die neue Kaserne des Artl.-Regts. 23 als Hohenlohe- und die Unterkunft der Nachrichten-Abteilung 43 in der Nedlitzer Straße als Delius-Kaserne.
Zu den beiden vielleicht weniger bekannten Namen ist folgendes zu sagen:
Prinz zu Hohenlohe-Ingelfingen war 1866 Kommandeur des 1. Garde-Feld-Artillerie-Regiments und ist als Führer der Korps-Artillerie des Garde-Korps und der Belagerungsartillerie vor Paris im Kriege 1870/71 berühmt geworden. General Delius hat 1899 die Telegraphentruppe mit gegründet, war 1. Kommandeur des Telegraphen-Batls. 1 und von März 1909 bis März 1911 Inspekteur der Feldtelegraphie.
Nachstehende Tabelle gibt die Namen der Kasernen mit den dort untergebrachten Formationen wieder.

Truppe	Kaserne	Straße
Stb.. I., 1., 2., 3., 9., 11./I.R. 9	Sempertalis-Kaserne	Priesterstr. 2–8.
5., 8., 7./I.R. 9	Jäger-Kaserne	Jägerallee 10–12.
Rgts.Stb. II., 4., 8., 13., 14./I.R. 9	Adolf-Hitler-Kaserne	Pappelallee 8.
III., 10., 12./I.R. 9	Hindenburg-Kaserne	Jägerallee 23.
I./I.R. 23	Garde-Artillerie-Kaserne	Nedlitzer Straße.
Rgts.Stb., II./I.R. 23	Hohenlohe-Kaserne	Nedlitzer Straße.
III./I.R. 23	Ruinenberg-Kaserne	Am Ruinenberg.
Pz.Abw.Abt. 23	Leib-Garde-Husaren-Kaserne	Neue Königstraße 10–12.
Nachr.Abt. 23	Ludendorff-Kaserne	Nedlitzer Straße.
Nachr.Abt. 43	Delius-Kaserne	Nedlitzer Straße.

Abschrift (Brandenburgisches Landeshauptarchiv, 924/91)

Aufräumungsarbeiten in der Stadt Potsdam

An den
Herrn Oberbürgermeister
— Dezernat für den Wiederaufbau der Stadt —
Potsdam
Spandauer Straße 1 Potsdam, den 2. Juni 1945

Durch den Fliegerangriff vom 14./15.IV. und durch die Beschießung Potsdam's in den Tagen vom 24.–28.IV.45 sind an zahllosen, guten, aus dem 18. und dem frühen 19. Jahrhundert stammenden Bürgerhäusern der Stadt nur die obersten Geschosse, die Hauptgesimse mit ihren Bekrönungen und die Dachflächen beschädigt, so daß eine Wiederherstellung der Gebäude in ihrer ursprünglichen Erscheinungsform ohne weiteres möglich, mit den einfachsten Mitteln und dem geringsten Materialbedarf durchführbar, also vom Standpunkte der Denkmalpflege und der Bauwirtschaft die einzig gegebene Lösung ist.
Die Hauptgesimse, ihre Attiken und Bekrönungen (figürlicher Schmuck, Vasen, Urnen usw.) sind an den wertvolleren Bürgerhäusern aus Werkstein gefertigt gewesen.

Nach meinen Beobachtungen werden in den z.Zt. von der Bürgerschaft in Selbsthilfe durchgeführten Aufräumungsarbeiten diese Werksteine — und zwar nicht nur an den Bürgerhäusern, sondern auch an öffentlichen Gebäuden — zusammen mit den Schuttmassen abgefahren oder in Bombentrichtern vergraben. Damit sind die Werksteine für den Wiederaufbau der Stadt
unwiederbringlich verloren.
Ein Ersatz der Stücke bei Wiederherstellung der Gebäude **durch Werkstein** erscheint zumindest bei den Bürgerhäusern fraglich, würde in jedem Falle eine erhebliche Verteuerung des Wiederaufbaues der Stadt bedeuten.
Ich erlaube mir daher anzuregen, sofort eine Anordnung dahingehend zu erlassen, daß

alle Architekturteile der zerstörten bezw. beschädigten Gebäude, **die aus Werkstein** gefertigt sind, aufs sorgfältigste behandelt, tunlichst im oder am zerstörten Gebäude beiseitegesetzt werden müssen, keinesfalls aber abgefahren oder vergraben werden dürfen.

Preuß. Staatshochbauamt III Postdam

Offizier und Grenadier vom Potsdamschen Roten Leib-Bataillon Grenadiere Nr. 6 auf dem Bassinplatz mit der Gloriette im Hintergrund (um 1730)

Erinnerungsblatt
für Angehörige
des Regiments
nach dem
Deutsch-Französischen
Krieg 1870/71

Kamin im unteren Vestibül der Offizierspeiseanstalt der Leib-Garde-Husaren (heute zerstört)

Mittelbau des Hauptgebäudes der Kaserne der ehemaligen 1. Garde-Ulanen auf dem Ruinenberg (1991)

Die im Frühjahr 1992 ausgebrannte Offiziersspeiseanstalt (von der Schiffbauergasse aus) im Herbst 1991

Erinnerungsblatt des Gefreiten August Meier der 4. Eskadron des 1. Garde-Ulanen-Regiments von 1884

Angehörige
des 3. Garde-Ulanen-Regiments

Garde-Jäger als Wachposten vor dem Schloß von Sanssouci

Angehörige des Lehr-Eskadron (um 1830) von links: Dragoner vom Neumärkischen Dragoner-Reg. Nr. 3, 2 Unteroffiziere vom Kürassier-Reg. Nr. 1 und 6, Ulan vom Brandenburgischen Ulanen-Reg. Nr. 3 und Unteroffizier vom 1. Leib-Husaren-Regiment

Kriegsschule der Wehrmacht (Stabsgebäude) am Bornstedter Feld (Zustand Herbst 1991)

Straßenfront der Kasernenanlage der ehem. 2./4. Garde-Feldartillerie im Oktober 1991

Das Hauptportal (ohne Kuppel) des Großen Militärwaisenhauses in der Lindenstraße im Sommer 1992

Das ehem. große Lehrgebäude der Kadettenanstalt in der heutigen Heinrich-Mann-Allee im Sommer 1991 (mit umgebautem Portal)

Der vordere Eingang zur neuen Kriegsschule am Brauhausberg mit umgebautem Turm (bis Dezember 1989 Sitz der SED-Bezirksleitung Potsdam)

Angehörige der Unteroffizersschule
in ihrer jeweiligen historischen Uniformierung
(1825 — 1848 — 1899)

Abzeichen von Traditionsverbänden in Potsdam beheimatet gewesener Truppenteile und militärischer Einrichtungen

Erläuterungsbericht
für die Verwendungsmöglichkeiten der Potsdamer Kasernen
Am Kanal 68, Berliner Straße 10–12 und Jägerallee 10–12 (von 1947)

(Brandenburgisches Landeshauptarchiv, 924/91)

a) Am Kanal 68

Von der Kasernenanlage, die ursprünglich den östlichen Teil des Blocks Am Kanal–Heiligegeiststraße–Garde du Corps-Straße umfaßte, sind nur das Mannschaftsgebäude, Am Kanal und das danebenliegende Stallgebäude zum Teil erhalten. Das letztere wird bereits provisorisch wiederhergestellt und soll für Privatindustrie Verwendung finden. Vom Mannschaftsgebäude ist vor allem das Mauerwerk noch sehr gut erhalten. Seiner Art und Lage nach könnte das Gebäude als Behördenhaus oder als Schule Verwendung finden. Die letztere Verwendungsmöglichkeit wäre besonders ins Auge zu fassen, da die benachbarte Oberrealschule für Knaben so stark zerstört ist, daß mit ihrem Wiederaufbau kaum zu rechnen ist.

b) Berliner Straße 10–12

Die Kasernenanlage umfaßt ein ausgedehntes Gelände, das sich von der Berliner Straße bis zum Havelufer erstreckt. Da sie früher eine Reiterkaserne war, besteht sie zum großen Teil aus Stallgebäuden, von denen jedoch ein Teil in späterer Zeit zu Fahrzeughallen umgebaut wurde. Diese Gebäude sind überwiegend für Industrie zu nutzen und können als Werkstatt — oder Lagerräume — Verwendung finden, zumal da die Zufahrtsmöglichkeiten sehr gut und sowohl von der Straße als auch vom Wasser dem Güterverkehr nutzbar gemacht werden kann. Das viergeschossige Mannschaftsgebäude an der Berliner Straße läßt sich am besten als Bürogebäude verwenden. Die ehemaligen Dienstgebäude bieten bei entsprechendem Umbau die Möglichkeit, 25 Wohnungen von je 2 Zimmern zu schaffen.
Von der gesamten Anlage ist nur ein kleinerer Teil zerstört, an den Ställen sind zum Teil die Dächer zu erneuern; das Mannschaftsgebäude und der große Teil der Nebengebäude sind erhalten geblieben.

Jägerallee 10–12

Die Kasernenanlage, die fast unbeschädigt ist, eignet sich in erster Linie zur Verwendung als Behördengebäude, da das Grundstück unmittelbar an das der Provinzialregierung Potsdam anschließt und sich mit diesem leicht verbinden läßt. Das an der Jägerallee liegende ehemalige Mannschaftsgebäude ist besonders für Bürozwecke geeignet. Das ehemalige Wirtschaftsgebäude sowie die Wohngebäude sind bei verhältnismäßig geringen Umbaukosten in Kleinwohnungen zu teilen. Auf diese Weise könnten 21 Wohnungen mit Zubehörräumen geschaffen werden. Das ehemalige Exerzierhaus, die Turnhalle und der Fahrzeugschuppen könnten auch für Industrie als Lagerräume genutzt werden.

Oberregierungsbaurat

Blick auf das »Semper-Talis«-Denkmal des Ersten Garde-Regiments zu Fuß neben der Garnisonkirche

Teil 2

Militärische und Kriegerdenkmäler

Militärische und Kriegerdenkmäler sind im Gebiet der ehemaligen sowjetischen Besatzungszone zu einem Großteil beseitigt worden. Das trifft insbesondere auf die Stadt Potsdam zu, auf deren Territorium sich geradezu eine Flut derartiger Denkmäler befand.

Die zum Totengedenken und zur Trauer, Einkehr und Besinnung von den Angehörigen aller in Potsdam beiheimatet gewesenen Truppenteile errichteten Denkmäler waren Bestandteil der nationalen Tradition der damaligen Zeit. In ihnen, ihrer Gestalt und in ihrer Funktion, überhaupt im Gedenken der Kriegstoten, kommt der Geist jener Zeit zum Ausdruck, in der das jeweilige Denkmal entstand, während das Denkmal selbst und die an ihm vollzogenen Feiern ihrerseits wieder den Geist der Zeit mitprägten bzw. mitprägen.

Für diejenigen, die mit den Gefallenen das Los des Krieges geteilt haben, war der Tod im Krieg mehr als der zivile Tod, der ohnehin jeden ereilt. Für sie war er das bewußte, befohlene, oft auch freiwillige und begeisterte Selbstopfer, das dem Gefallenentod eine besondere Aura verleiht und jenen, ob er will oder nicht, zum Helden verklärt, der das Opfer erbracht hat.

»Den Toten wird das Sterben entwunden. Wenn der Staat, das Vaterland dasjenige ist, wofür gestorben wurde, dann muß dieser Staat, dieses Vaterland etwas ganz Großartiges, etwas Unanfechtbares sein — etwas, vor dem man sich in Ehrfurcht neigt, weil er sozusagen die Aura dieser Tode auf sich gezogen hat« (Horst Rumpf, Mit fremdem Blick, Weinheim–Basel 1986, S. 52).

Der Banalität, die dem Tod im Bomben- und Geschoßhagel im allgemeinen eigen ist, steht die Überhöhung entgegen, die durch die Denkmäler dem Kriegstod gegenüber zum Ausdruck kommen.

Aber wer von Kindesbeinen an die durchaus erhebenden und ergreifenden Feiern am Kriegerdenkmal miterlebte und wem in Schulen, beim Militär und anderswo der »Heldentod« als der beste aller Tode vor Augen geführt wurde, der wußte, daß es sich nicht ziemte, nach dem Sinn dieses Todes und kritisch nach den Lehren, die aus dem Sterben für das Vaterland gezogen werden könnten, zu fragen. Trotz dieser kritischen Hinterfragung bleibt jedoch die Tatsache bestehen, daß die meisten der mit derartigen Denkmälern Geehrten, ihre Pflicht im Kriege mit tiefer Überzeugung getan haben. Ebenso waren in den überwiegenden Fällen die Hinterbliebenen von der Notwendigkeit eines solchen Opfers überzeugt. So wurde die Errichtung von Denkmälern zu Ehren der Gefallenen als etwas Selbstverständliches, ja geradezu Notwendiges empfunden. Daß der Gefallene sein Leben »auf dem Altar des Vaterlandes geopfert« hatte, machte es den Hinterbliebenen zudem durchaus leichter, den Schmerz zu ertragen und daran zu glauben, daß der Tote nicht umsonst gefallenen war.

Wenn die Kriegerdenkmäler als »Steine des Anstoßes« heute kritischerer Einschätzung unterliegen als in der Vergangenheit, so hat dies eine Ursache auch im Interesse der Geschichtswissenschaft sowie der Gesellschaft im allgemeinen an all jenen Objekten, Ritualen und Symbolen, mit deren Hilfe früher nationale Identität gefördert, Geschichtsbewußtsein im Staatsinteresse vermittelt und Loyalitätserziehung betrieben wurden. Denkmalsstifter waren und sind bemüht, Krieg und vor allem Opfer mittels der Kriegerdenkmäler und ihrer Nutzung in ihrem Sinne zu interpretieren und damit auch auf das politische Verhalten der Bevölkerung einzuwirken (so wie es auch mit der Verleihung von Namen an Kasernen und Universitäten, mit der Straßennamensgebung oder mit Museumsstiftungen und Museumskonzeptionen geschieht).

Kriegerdenkmäler spiegeln demzufolge immer die politischen und geistigen Verhältnisse ihrer Entstehungszeit wider.

Die Ikonographie der Kriegerdenkmäler, die Inschriften und das Zeremoniell der Einweihungen und jährlichen Feiern dienten und dienen auch der Weitergabe von als verpflichtend verstandener Tradition zum Zwecke der Identitätsstiftung, zur Legitimitation bestimmter, meist politischer und ethischer Interessen und zur Orientierung in Gegenwart und Zukunft, jeweils ganz im Sinne der Denkmalstifter. Gruppen wie Kriegervereine, Regimentskameradschaften, Sport- und Gesangvereine, Studentenverbindungen und Berufsorganisationen, Schulen, Behörden, Kirchen und Gemeinden sowie Familienangehörige und einzelne Stifter drücken in und mit den militärischen Denkmälern ihren spezifischen Traditionszusammenhang aus. Sie bringen durch das von ihnen gewählte Formenarsenal, durch die Auswahl der Inschrift, durch die Einweihungsreden und die Art und Weise der Denkmalnutzung ihre Sicht der Vergangenheit, ihre Einschätzung des gewaltsamen Todes im Kriege zum Ausdruck und tradieren diese Sicht.

Berechtigt nun aber die martialische, kriegs- oder soldatische Tugenden verherrlichende Ikonographie der Denkmäler, die manchen heutigen Betrachter unangenehm und peinlich berühren, dazu diese Denkmäler zu entfernen oder gar zu zerstören?

Die Aussage eines Denkmals beansprucht zwar in der Regel Ewigkeitsgültigkeit, doch ihre Botschaft und Wirkung verflüchtigt sich mit der Zeit. Ihre politische Wirkung geht in dem Maße verloren, wie die am Denkmal verwendeten Symbole nicht mehr verstanden werden.

Militärische bzw. Kriegerdenkmale werden so zu bloßen Schmuckelementen von Plätzen und Anlagen. Ihre ursprünglichen Intentionen verschwinden immer mehr. Sie können im Abstand der Jahre als das begriffen werden, was sie immer waren: Widerspiegelung der politischen und ideologischen Strömungen ihrer jeweiligen Entstehungszeit bzw. deren Interessen, Absichten, auch der Bedürfnisse nach Sinnstiftung ihrer Schöpfer (Künstler, Denkmalstifter). Sie sind für uns heutige unverzichtbare historische Quellen, deren Verlust aufgrund systematischer Denkmalstürze unsere Möglichkeit, vergangene Zeiten zu verstehen, einschränken. So wie kein Historiker die Basis seiner Forschungen, die zumeist schriftlichen Quellen, bewußt beseitigt, weil er damit auch seine Tätigkeit in Frage stellen würde, genausowenig sollten überkommene Denkmäler beseitigt werden, gleichgültig aus welcher Zeit sie stammen, wer ihr Stifter war und wer sie künstlerisch gestaltet hat. Sie können für uns Heutige im positven Sinne Stein des Anstoßes sein. Sie machen uns die geistige Vorstellungswelt früherer Generationen in all ihren Verästelungen sichtbar. Kriegerdenkmäler sind auch deshalb zu erhalten, damit wir uns daran erinnern, was für uns ästhetisch aushaltbar war.

Die nachfolgenden Beschreibungen und Bilder von militärischen Denkmälern in Potsdam sollen auf ein Stadtelement verweisen, das fast gänzlich verschwunden ist, weil bestimmte Gruppen politische Verantwortung tragender Personen gedanken- und geschichtslos mit diesen Zeugen unserer Vergangenheit umgegangen sind, ja z.T. ihren Haß am toten Objekt auslebten.

Wir haben in diese Übersicht über militärische Denkmäler diejenigen Denkmäler von Hohenzollernherrschern miteinbezogen, die im Stadtbild von Potsdam gestanden haben, weil sie gleichzeitig jeweils die Oberbefehlshaber der Armee waren. Sie sind im Gegensatz zu den Denkmalen im Bereich der Schlösser und Gärten alle vernichtet worden, ein weiteres Motiv für uns, auf sie zu verweisen.

Das Eingehen auf die Geschichte dieser Denkmäler ist in der Ausführlichkeit sehr unterschiedlich, teils wollten wir uns nicht zu sehr wiederholen — die Bilder sprechen ihre eigene Sprache — teils, weil augenblicklich zu wenige Fakten zur Verfügung standen.

Leider haben sich nicht viele Verantwortliche an das gehalten, was Kurt Tucholsky 1918 in seinem Gedicht »Bruch« u.a. zu diesem Thema reimte: »... Laß uns vorübergehen und lächeln — denn wir wissen ja Bescheid. Ich glaub, wir lassen still die Puppen stehen als Dokumente einer großen Zeit.«

Das Denkmal Friedrich Wilhelm I.

Vor dem bepflanzten Teil des Lustgartens am Potsdamer Stadtschloß stand in der Flankierung durch zwei Standbilder Ebenhechts, Flora und Pomona, das außerordentlich ausdrucksvolle und lebensechte Bronzestandbild Friedrich Wilhelm I., des Soldatenkönigs.

Dieses Standbild wurde 1883 vom späteren Kaiser Wilhelm II. beim Bildhauer Carl Hilgers in Auftrag gegeben. Der Berliner Hilgers orientierte sich dabei an einem in der Ruhmeshalle des Berliner Zeughauses stehenden Denkmal des Soldatenkönigs. Das überlebensgroße Standbild wurde in der Bronzegießerei Gladenbecks in Berlin-Friedrichshagen gegossen. Die feierliche Enthüllung erfolgte am 18. August 1885.

Das Denkmal überstand den Zweiten Weltkrieg und wurde 1950 für die Buntmetallgewinnung eingeschmolzen (siehe Dokumentenanhang).

Standbild Friedrich Wilhelm I. auf dem Lustgarten mit Blick Richtung Marstall

Das Denkmal Friedrich II.

»An Seine Majestät den Deutschen Kaiser zu Berlin.

Die heute aus Anlaß des 200jährigen Jubiläums Preußens als Königreich zu gemeinsamer Festsitzung versammelten städtischen Behörden der Residenzstadt Potsdam danken Euer Majestät untertänigst für das unserer Stadt durch die uns heute kundgegebene Schenkung des Standbildes des großen Friedrich erneut bezeugte Allerhöchste Wohlwollen und verbinden damit in Erinnerung an die Förderung, die Potsdam allzeit von den Königen aus dem Hohenzollernhause erfahren hat, das Gelübde unwandelbarer Liebe und Treue.

Potsdam, den 18. Januar 1901
Der Magistrat — Die Stadtverordnetenversammlung
Jähne (Oberbürgermeister) — Pusch

Mit diesen Worten dankte die Stadt Potsdam Wilhelm II. für das vom Bildhauer Joseph Upheus nach einem Modell für die Berliner Siegesallee geschaffene Standbild König Friedrich des Großen. Am 3.4.1901 wies der Kaiser als Standort für das Denkmal die Mitte der Plantage an der Garnisonskirche an. Die Gesamtanlage sollte gärtnerisch gestaltet sein.
Die Enthüllung des in der Gladenbeckschen Bronzegießerei in Berlin gegossenen Denkmals fand am 23.5.1901 statt.
Die Höhe des Gesamtstandbildes betrug 4,54 m; davon entfielen auf die Figur 2,70 m, auf den Sockel 1,60 m und auf die Stufe 0,24 m.
Im Frühjahr 1934 erfolgte eine Umsetzung des Denkmals um ca. 10–15 m und eine Umgestaltung des Sockels, der jetzt drei Stufen umfaßte und eine achteckige Form aufwies.
Das Denkmal wurde nach dem 8. Mai 1945 im Zuge der Denkmalstürmerei abgetragen und zu Beginn der 50er Jahre eingeschmolzen (siehe Dokumentenanhang).

Standbild Friedrichs des Großen auf der als Grünanlage gestalteten Plantage

Das Denkmal Friedrich Wilhelm III.

1842 konstituierte sich ein »Verein zur Errichtung eines Standbildes Sr. Majestät des hochseligen Königs Friedrich Wilhelm III. in Potsdam«, der aus 60 »patriotisch gesinnten Bürgern« bestand. Er brachte bis 1845 die dann insgesamt 14.810 Taler umfassenden Kosten durch Spendenmittel auf.
Anfang März 1844 hatte der damit beauftragte Prof. August Kiss das Modell fertig.
Im Juni begannen die vorbereitenden Arbeiten am vorgesehenen Standort, der Nordseite des Wilhelmplatzes. Am 3.8.1844 fand die Grundsteinlegung statt, bei der jeweils ein Taler von 1770, 1793, 1795, 1797, 1810, 1813 und 1840 in den Grundstein eingelegt wurde.
Ende 1844 wurde der Guß des Denkmals in Bronze in der Einsiedelschen Gießerei zu Lauchhammer bei Dresden durchgeführt.
Am 18.6.1845 wurde König Friedrich Wilhelm IV. über die Fertigstellung des Denkmals und der Anlage informiert.
Am 3.8.1845 fand die feierliche Einweihung des Denkmals in gegenwart zahlreicher Vertreter der Krone, des Militärs, des Magistrats sowie der Bevölkerung statt.
Seit 1905 wurde eine Absenkung des Denkmals beobachtet, die man seit 1910 tabellarisch festhielt. Am 26.1.1927 wurde festgestellt, daß das Denkmal sich inzwischen soweit neigte, daß sowohl für das Denkmal als auch für die Passanten eine unmittelbare Gefahr bestand. Am 22.4.1927 lag die Südwestflanke des Denkmals 10 cm tiefer als die Nordostflanke.
1928 begannen deshalb Gründungsarbeiten für das Denkmal. Man stellte fest, daß das Denkmal auf einem aus 9 Pfählen von ca. 20 m Länge bestehenden Rost, »dessen Verbindung in der üblichen Weise durch starke Quer- und Längspfähle erfolgt war«, ruhte. Das Denkmal bestand aus:

unterem Würfel mit einem Gewicht von	90 Ztn. =	4.500 kg
oberen Würfel mit einem Gewicht von	100 Ztn. =	5.000 kg
Deckplatte mit einem Gewicht von	30 Ztn. =	1.500 kg
Statue mit einem Gewicht von	35 Ztn. =	1.750 kg
	255 Ztn. =	12.750 kg

Das Denkmal König Friedrich Wilhelm III. am alten Standort an der Südseite des Wilhelmplatzes

Gewicht des eisernen Gitters	=	3.000 kg
Granitstufen am Denkmal	=	4.200 kg
Granitsockel für eisernes Gitter	=	2.800 kg
	Gesamt =	22.750 kg

Dieses Gewicht bewirkte bei den ungünstigen Bodenverhältnissen infolge des ständig hohen Grundwasserspiegels das Absenken.

Im Juli 1928 erfolgten neue Gründungsarbeiten an einem neuen Standort für das Denkmal, der sich 50 m enfernt auf der Südseite des Wilhelmsplatzes befand.

Es wurden hierzu vier Betonpfähle in einem eisernen Mantelrohr eingebracht und die Pfähle in Schrägstellung nach außen gespreizt. Darauf kam eine 16 m² Eisenbetonplatte zur Aufnahme der Denkmals- und Verkehrslasten. (siehe Skizze)

Die Umsetzung begann am 18.9.1928 und wurde von der Potsdamer Firma Max Beyert durchgeführt.

Im März 1930 erfolgte die Restaurierung der Inschrift an der Vorderseite des Sockels: »FRIEDRICH WILHELM III./DEM VATER DES VATERLANDES/DIE DANKBARE VATERSTADT/MDCCCXLV«.

Nach 1945 wurde das Denkmal demontiert und »zwischengelagert«. Erst 1950 geschah die Zerstörung durch Einschmelzen (siehe Dokumentenanhang).

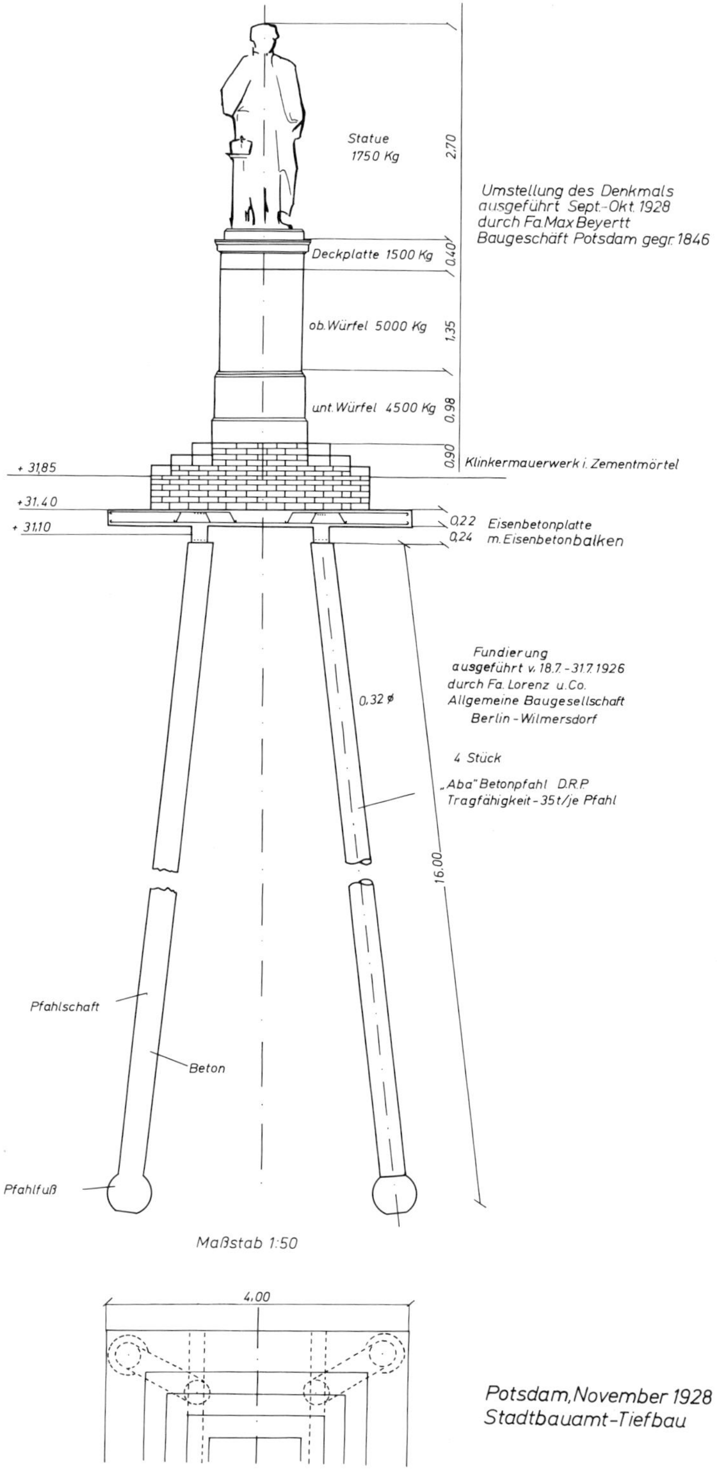

Umsetzung
des Standbildes König Friedrich Wilhelm III.
auf dem Wilhelmplatz in Potsdam

Das Denkmal Kaiser Wilhelm I.

Anfang 1897 beschloß der Kreisausschuß der Provinz Potsdam die Errichtung eines Denkmals für den ersten deutschen Kaiser auf der Freundschaftsinsel an der Brückenstraße. Stifter war der Provinzialausschuß der Provinz Brandenburg, der die Kosten von 217.000 Mark aufbrachte.
Das von dem Begasschüler Ernst Herter geschaffene überlebensgroße Reiterstandbild aus Bronze wurde im Februar 1901 vollendet (Höhe der Figur 2,80 m, Sockel 2,45 m hoch, Stufen 0,59 m hoch; Gesamthöhe des Denkmals: 5,84 m).
Die feierliche Enthüllung des Denkmals fand in Gegenwart Kaiser Wilhelms II., der kaiserlichen Familie, zahlreichen Vertretern der militärischen und zivilen Reichsspitze und der Bevölkerung Potsdams am 11. April 1901 statt.

Das Denkmal zeigte Kaiser Wilhelm I. in voller Generalsuniform auf einem ruhig stehenden Pferd mit Blickrichtung Park Babelsberg.
Auf der Vorderseite des Sockels saß die Siegesgöttin Victoria, die das lorbeerumwundene Kurschwert hielt.
An der Rückseite des Sockels lehnte — als Sinnbild der Trauer für den Verstorbenen — eine Fahne mit gebrochenem Schaft und ein Kranz mit Schleife.

Die Einweihungsfeierlichkeiten vom 11. April 1901 in Gegenwart Kaiser Wilhelms II.

Das Relief auf der linken Seite des Sockels zeigte den noch jugendlichen Prinzen Wilhelm, vom gallopierenden Pferd seine Soldaten grüßend, in der Schlacht von Bar-sur-Aube am 27.2.1814.
Das Relief auf der rechten Seite des Sockels stellte die Szene der Begrüßung Kaiser Wilhelms I. bei seinem Einzug in Berlin 1871 am Brandenburger Tor dar. Dem Kaiser, in Begleitung des Kronprinzen, Bismarcks, Moltkes u.a., wird von einer Ehrenjungfrau zum Empfang ein Lorbeerkranz gereicht.
Weitere Inschriften am Denkmal befanden sich:
Am Sockel vorn, unter der Krone auf der Kartusche: »W R«; hinten auf der Kranzschleife: »Ihrem großen Kaiser Wilhelm I./die Mark Brandenburg«;
Links, unterhalb des Reliefs: »Welch eine Wendung durch Gottes Fügung!«
Rechts, unterhalb des Reliefs: »Meine Kräfte gehören der Welt und dem Vaterland!«
Nach 1945 erfolgte zuerst die Demontage und Verschrottung aller Bronzeteile des Denkmals, etwas später die Abtragung des Sokkels.

Das Kaiser-Wilhelm-Denkmal mit Garnisonkirche im Hintergrund

Das Denkmal Kaiser Friedrich III.

Eine der repräsentativsten Denkmalanlagen zierte den Luisenplatz. Hier stand seit dem 21.10.1903 das Denkmal des preußischen Königs und deutschen Kaisers Friedrich III.
Von den ersten Ideen eines Denkmal-Komitees bis zur Einweihung des Denkmals vergingen knapp sechs Jahre. Lassen wir zur Geschichte dieses Monuments die Dokumente sprechen:
(Vertrag vom 11.4.1903)
(Festordnung vom 21.10.1903)

Abschrift Akte Nr. 1-1/161 des Stadtarchivs Potsdam

Potsdam, 11. April 1903

Vertrag

In Potsdam ist ein Ausschuß zur Errichtung eines Denkmals für den hochseligen Kaiser Friedrich zusammengetreten, auf seinen Aufruf sind an freiwilligen Spenden für diesen Zweck rund 30.000 Mark eingegangen, welche sich in baar und 3 1/2prozentige landschaftlichen Centralpfandbriefen in der Stadthauptkasse in Potsdam in Verwahrung befinden.
Vertreter des Fonds ist der Ausschuß zur Errichtung des Kaiser-Friedrich-Denkmals und wird zwischen diesem Ausschuß und dem Bildhauer Eugen Boermel Grunewald bei Berlin folgender Vertrag abgeschlossen:

§ 1

Der Bildhauer Eugen Boermel übernimmt die Herstellung und die Aufstellung eines Standbildes des hochseligen Kaiser Friedrich nebst Brunnenanlagen nach dem von Sr. Majestät dem Kaiser genehmigten und von dem Ausschuß am 28. März 1903 angenommenen Modell auf dem Luisenplatz in Potsdam mit Front nach dem Brandenburger Tor.
Die Herstellung des Standbildes ist in hochkünstlerischer Art zu bewerken. Im einzelnen liegt Herrn Boermel ob:

1) Herstellung, Anlieferung und Aufstellung des Granitsockels einschließlich der im Sockel einzulegenden Leitungen für die Wasserspeier nebst den Brunnenanlagen und der Vorrichtung für den Wasserablauf.
2) Herstellung, Anlieferung und Anbringung der broncenen Wasserspeier.
3) Herstellung, Anlieferung und Aufstellung des Standbildes in Bronce, einschließlich der Transporte, der Vorhaltung von Rüstungen und Hebezeugen sowie der Fürsorge der Umhüllung des Denkmals bis zur Enthüllung und aller unvorhergesehenen Leistungen.

§ 2

Die Fundierung des Denkmals und Herstellung des Unterbaus bis zur Höhe des Plateaus, auf das das Denkmal gestellt werden soll. Die Vorhaltung des Bauzaunes bis zur Fertigstellung des Denkmals. Die Einrichtung der Brunnenanlagen im Erdboden, Herstellung des das Denkmal umgebenden Gitters und die Ausgestaltung der Umgebung, die Wegschaffung der Fontaine und die Vorkehrungen für die Enthüllungsfeier sind nicht Sache des Herrn Boermel, doch verpflichtet er sich, eine Zeichnung für ein Gitter um das Denkmal zu fertigen.

Fest-Ordnung

für die feierliche Enthüllung des Denkmals König Friedrichs III., Deutscher Kaiser

zu Potsdam, am Mittwoch, den 21. Oktober 1903, mittags 12 Uhr

in Gegenwart Ihrer Majestäten und der Kaiserlichen und Königlichen Familie.

1. Die Potsdamer Innungen, die Krieger- und Militärvereine, einschl. der Insassen des Invalidenheims zu Neubabelsberg und der zugelassenen Deputationen benachbarter Kriegervereine, die Königlichen und städtischen Lehranstalten Potsdams (das Königl. Viktoria-Gymnasium, die städtische höhere Mädchenschule, die städtische Charlotten-Schule, das Realgymnasium, die Realschule, die städtischen acht Gemeindeschulen, die beiden städtischen katholischen Schulen), nehmen bis 11.[30] Uhr vormittags die ihnen auf dem Denkmalsplatze (Luisenplatz) zugewiesenen Stellen ein.
2. Die Feier wird eingeleitet durch den Gesang des Potsdamer Männergesangvereins unter Leitung seines Dirigenten Herrn Königlichen Musikdirektors Martin Gebhardt:

Hymne.

Hör' uns o Gott, Herr der Welt,
Gib unsern Werken dein Gedeih'n,
Segne das Land, das uns erzeuget,
Auf deinen Schutz bau'n wir allein.

Herr unser Gott, steh uns bei in Gnaden,
Wenn unsern Herd ein Feind bedroht.
Bist du mit uns, wer kann uns schaden?
Stärk' unsern Mut bis in den Tod.

Herr unser Gott, unser Hort, dem wir vertrauen,
Laß Frieden und Eintracht Herr gedeih'n,
Segne dein Volk auf allen Gauen,
Auf deinen Schutz bau'n wir allein.
Herr der Welt!

Alfred Dregert.

3. Ansprache des Vertreters der Stadt (Herr Bürgermeister Vorkastner).
4. Die Hülle fällt; die Truppen präsentieren, die Musik-Korps spielen die Nationalhymne.
5. Seine Majestät hurra! hurra! hurra!
6. Die Musik-Korps und der Sänger-Chor setzen mit der Nationalhymne ein.
7. Schlußgesang:

Dankgebet aus den niederländischen Volksliedern von A. Kremser: „Wir treten zum Beten".

Lageplan des Luisenplatzes in Potsdam.

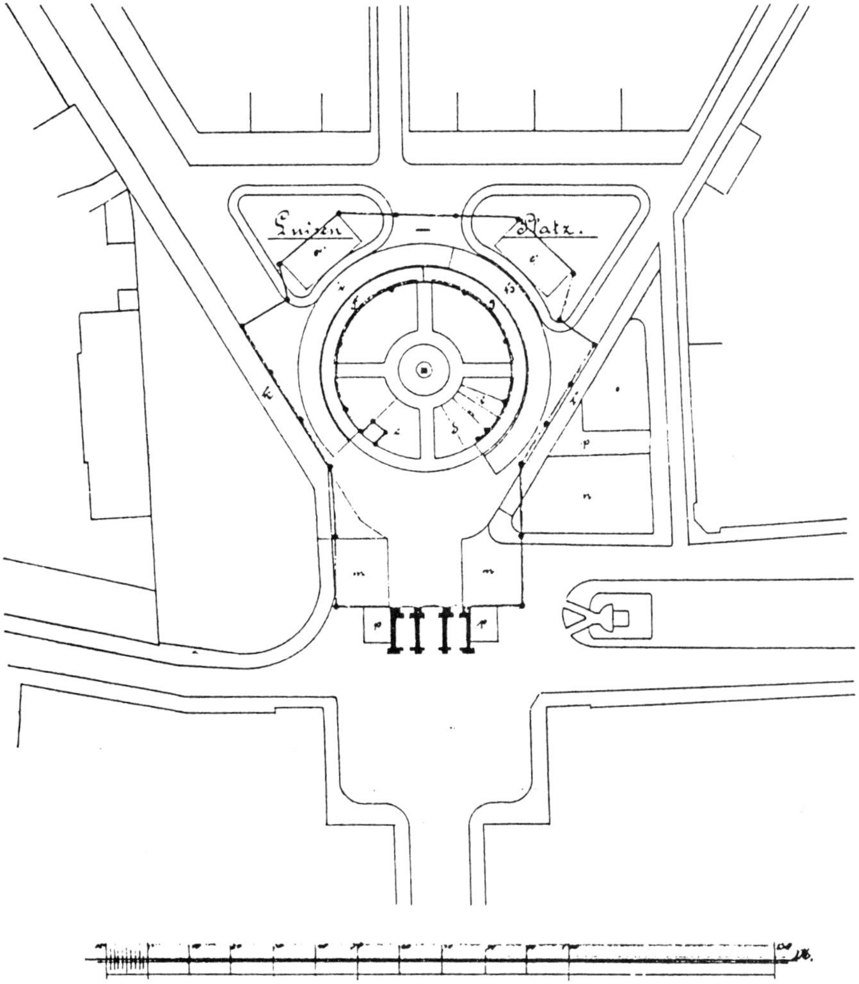

a) Tribüne A
b) Tribüne B
c) Kaiser-Tribüne
d) Magistrats-Tribüne
e) Sänger und Musiker
f) Höhere Mädchenschule und Charlottenschule
g) Kgl. Viktoria-Gymnasium, Realgymnasium, Realschule, Höhere Knabenschule.

h) Kriegervereine
i) Innungen
k) Leib-Kompagnie des I. Garde-Regiments z. F.
l) Leib-Eskadron Kgl. Regts. der Gardes du corps
m) Offizierkorps
n) Gemeindeschulen, Knaben
o) Gemeindeschulen, Knaben;
p) Gemeindeschulen, Mädchen.

Potsdam, 16. Oktober 1903.

Der Stadtbaurat.
Rigmann.

Der Stadtbauinspektor.
Dietrich.

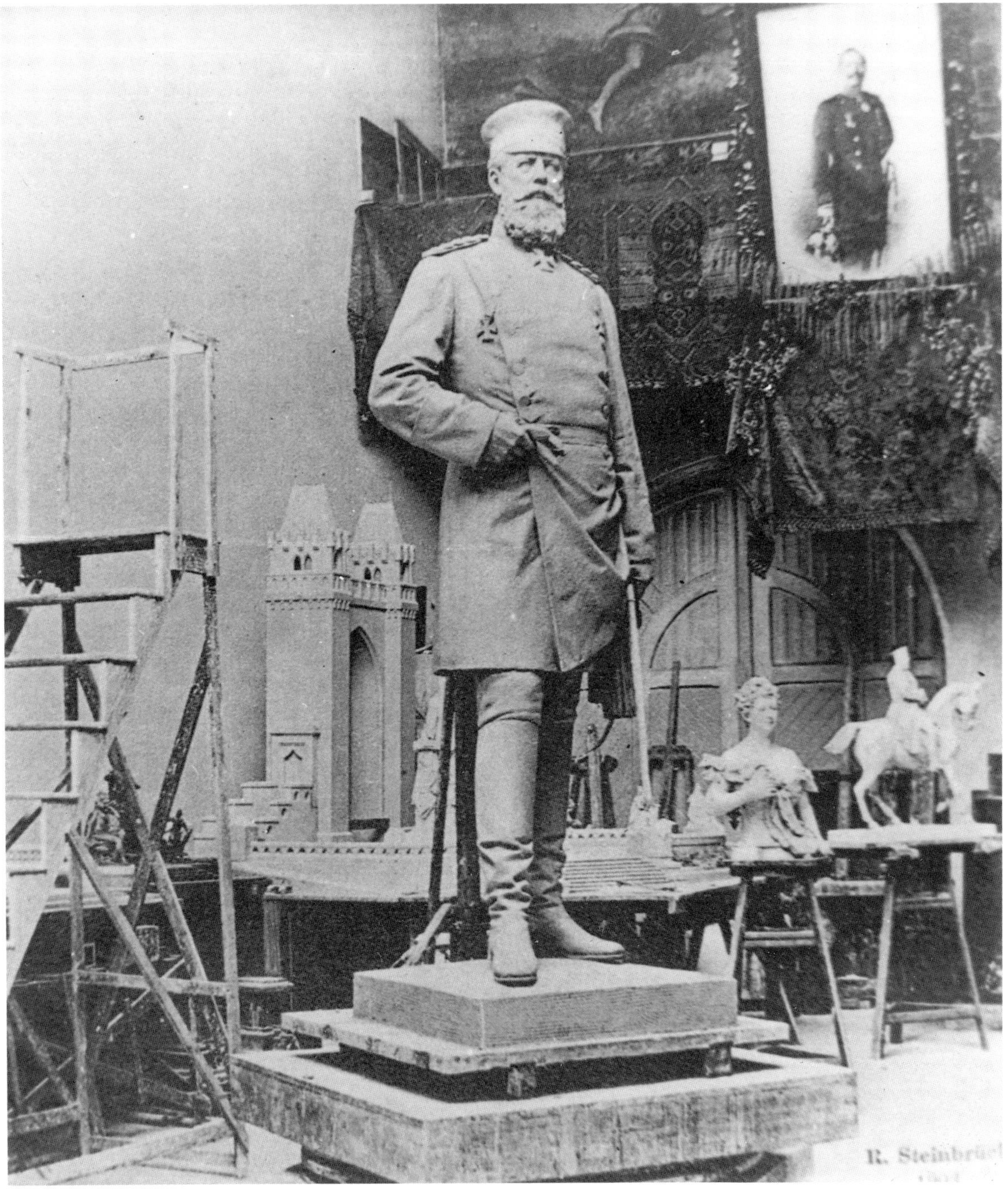

Das Denkmal Kaiser Friedrich III. für Potsdam im Atelier von E. Börmel in Berlin-Grunewald

§ 3

Das Denkmal soll folgende Größenabmessungen aufweisen:

Höhe des Postaments vom äußeren Fußboden des Brunnenbeckens bis Platte der Figur	2,32 m
Höhe der Figur (Bronce) von der Platte bis zur Höhe des Mützenrandes	3,12 m
Höhe der Figur allein, Fußsohle bis Mützenrand	2,96 m
Breite des Brunnenbeckens	4,16 m

§ 4

Als Material ist zu verwenden:

a) für die Granitausführung des Postaments und Brunnenrandes der Probe entsprechend blauschwarzer Labrador-Granit aus Schweden oder Virbo-Granit aus Schweden nach Wahl des Denkmal-Ausschusses.

b) für den Fußbodenbelag der Brunnen Platten aus grauem Selber-Granit, geschliffen, der Probe entsprechend.

c) Für die Figur und was am Postament an Gußteilen vorgesehen ist echte Bronce in der Legierung von 92 % Kupfer, 7 % Zinn und 1 % Aluminium.

Die Bronce darf kein Arsen enthalten. Die Broncen sind sachgemäß durch Anker und Dübel zu befestigen, die Schrauben müssen aus Bronce hergestellt sein, eiserne Schrauben sind untersagt, außer den in den Füßen angebrachten mit Zink isolierten Eisenstangen. Der Bronceguß soll in der Gladenbeck'schen Gießerei in Friedrichshagen bei Berlin erfolgen.

Der Luisenplatz mit dem Denkmal Friedrich III. 1907

§ 5

Das Denkmal, insbesonder die figürlichen Teile, müssen so ausgeführt werden, daß bezüglich der Stabilität alle Anforderungen erfüllt werden. Insbesondere müssen die Wandungen der Broncefigur genügend stark und dürfen deshalb an keiner Stelle schwächer als 4 mm sein.

§ 6

Herr Boermel verpflichtet sich die Arbeiten so zu betreiben, daß das Denkmal am 18. Oktober 1903 fertiggestellt ist und enthüllt werden kann.
Von dem Standbild ist zunächst ein Modell herzustellen. Die Abnahme des Modells durch den Denkmal-Ausschuß wird bewirkt durch diejenigen Mitglieder, die auf eine von dem Oberbürgermeister von Potsdam mindestens eine Woche vor dem Termin gelangende Mitteilung zur Abnahme im Atelier des Künstlers sich einfinden. Der Oberbürgermeister wird die Mitglieder sofort von dem Termin benachrichtigen.
Die Abnahme des fertigen Standbildes erfolgt nach der Aufstellung des Denkmals in derselben Weise.
Der Denkmal-Ausschuß ist berechtigt, einen Sachverständigen zu jeder Abnahme heranzuziehen.

§ 7

Herr Boermel erhält für die von ihm in diesem Vertrage übernommenen Leistungen den Preis von 30.000 i.B, dreißigtausend Mark.
Die Zahlung dieses Betrages erfolgt in drei Raten und zwar werden gezahlt:
1) 10.000 Mark nach Abschluß dieses Vertrages
2) 10.000 Mark nach Fertigstellung des Broncegusses der Hauptfigur
3) 10.000 Mark nach Enthüllung des Denkmals bzw. nach Abnahme desselben.
Der Denkmal-Ausschuß verpflichtet sich, die eingegangenen Beträge bis zur Höhe von 30.000 Mark nur zu dem aus diesem Vertrag an Herrn Boermel zu leistenden Zahlungen zu verwenden.

§ 8

Sollte die Herstellung des Denkmals in der vereinbarten Weise sich durch unvorhergesehene Ereignisse, als Krankheit oder Tod des Künstlers verzögern oder unmöglich werden, so ist der Denkmal-Ausschuß, und es sind auch die Erben des Künstlers berechtigt, von diesem Vertrag zurückzutreten. Der vom Vertrag zurücktretende Denkmal-Ausschuß ist alsdann berechtigt, die bis dahin fertigen Arbeiten nach ihrem Wert im Verhältnis zum vertragsmäßigen Preise der Gesamtarbeit zu vergüten, er erhält dafür das Eigentum an den ausgeführten Arbeiten bzw. Modellen und das Recht, die Fertigstellung einem anderen Künstler unter Benutzung der bereits geleisteten Arbeiten zu übertragen.

§ 9

Dem Herrn Boermel verbleibt im Allgemeinen das Recht, das Denkmal ganz oder teilweise nachzubilden, doch darf er das Werk als Denkmal in jetziger oder anderer Größe nur mit Genehmigung Seiner Majestät des Königs herstellen und aufstellen, dagegen ist er berechtigt, kleine plastische Nachbildungen herzustellen und zu verwerten.

§ 10

Der Erfüllungsort für diesen Vertrag ist Potsdam. Streitigkeiten aus diesem Vertrage, auch auch § 8, werden mit Ausschluß des Rechtsweges durch ein Schiedsgericht erledigt, wozu jeder Teil einen Schiedsrichter bezeichnet, und den Herren ein zum Richteramt befähigter Jurist von dem jeweiligen Amts-Präsidenten zu Potsdam ernannt wird.

§ 11

Die Stempel-Unkosten trägt der Denkmal-Ausschuß, behufs dessen Berechnung wird der Wert des Materials auf 7.500 Mark, der der Arbeit auf 22.500 Mark angegeben.

Grunewald, den 6. April 1903

Eugen Börmel
Bildhauer

Der Denkmalausschuß
(9 Unterschriften)

Das Standbild Friedrich III. an seinem letzten Standort in der Grünanlage vor dem katholischen St. Joseph-Krankenhaus

1934 wurden im Magistrat der Stadt erste Pläne für eine Umgestaltung des gesamten Luisenplatzes diskutiert. Da auch damals schon das Verkehrsaufkommen gestiegen war, sollte der Platz zum Parkplatz umfunktioniert werden. Die Planung zog sich über Jahre hin. Im Juni 1938 wurde es dann ernst. Für die Umgestaltung mußte das Denkmal umgesetzt werden. Als erster neuer Standort wurde Bornstedt diskutiert. Danach folgte im Februar 1939 der Vorschlag, des Denkmal nach dem Wilhelmplatz gegenüber dem Denkmal Friedrich Wilhelm III. zu plazieren. Schließlich kam das Denkmal im Juni 1940 in die Grünanlage vor dem St. Joseph-Krankenhaus in der Allee nach Sanssouci.
Sein Schicksal nach 1945 ist unbekannt.

Das Denkmal für die Gefallenen von 1813

Das älteste Kriegerdenkmal der Stadt Potsdam steht am südlichen Rande des Alten Friedhofs in der heutigen Heinrich-Mann-Allee. Es ist den über 2.000 Soldaten, die nach den Schlachten bei Großbeeren, Dennewitz und Leipzig in Potsdamer Lazaretten aufgenommen wurden und an ihren Verwundungen bzw. Krankheiten gestorben sind, gewidmet. Es war in seiner Art einzig in ganz Preußen.

Als Beispiel für die Denkmalanlage fungierte eine Gedenkstätte in Halle, wo 1.800 verstorbene Preußen und Russen in 40 Gräbern beigesetzt wurden. Ihnen errichteten die drei vereinigten Maurergewerke der Stadt am 3.8.1814 ein Denkmal in Gestalt einer sechs Fuß hohen Sandsteinpyramide mit dem Eisernen Kreuz auf Goldgrund. Die dort enthaltene Einweihungsrede des Superintendenten Fulda gelangte nach Potsdam und wurde vom Prediger Budach von der Garnisonkirche im »Potsdamer Wochenblatt« auszugsweise wiedergegeben, mit der Anregung, doch in Potsdam auch ein solches Denkmal der Dankbarkeit zu errichten.

Der Redakteur des Wochenblattes, Prediger Hanstein von der Nikolaikirche, griff die Anregung auf und warb in seinem Blatte dafür.

Die ersten Spenden kamen schnell zusammen. Für das Denkmal gingen fünf verschiedene Entwürfe ein. Aus diesen wählte Hanstein am 15.8.1815 den Entwurf des Stadtbaurats und Schloßbaumeisters Krüger aus, der über einem Steinsockel das Glaubenskreuz zeigt, umgeben von drei Adlern mit Eichen- und Lorbeergewinde in den Schnäbeln. Durch seine 18 Fuß Höhe sollte es von der Straße aus gut sichtbar sein.

Bereits am 19.10.1815 — nicht wie die Inschrift besagt, am 18.10. — fand die feierliche Einweihung statt. Neben Bürgergarde, Schützenkompanie und Kadettenkorps und zahlreichen Militär- und Zivilbehörden waren viele Einwohner der Stadt erschienen. Nach Gesang und Predigt wurden die Ehrensalven geschossen.

1840 wurden anläßlich des 25. Jahrestages des Denkmals die Schrift vergoldet und erste Reparaturarbeiten durchgeführt.

1840/41 machte Lenné den Vorschlag für eine gärtnerische Gestaltung der Anlage, die von Angehörigen des Armen- und Arbeitshauses ausgeführt wurde.

Erneute Reparaturarbeiten am Denkmal gab es 1863 anläßlich des 50. Jahrestages der Völkerschlacht.

Bis 1921 fand auf dem Brauhausberg regelmäßig am 18. Oktober das Abbrennen von Freudenfeuern zum Andenken an die Ereignisse von 1813 statt.

Das Denkmal ist nur noch als Steinsockel erhalten, die gärtnerische Anlage nicht mehr vorhanden.

Denkmal auf dem Alten Friedhof
Inschrift:

ZWEITAUSEND / TAPFEREN UND SIEGREICHEN / VATERLANDSVERTEIDIGERN / IM GROSSEN JAHRE DER ERRETTUNG / XDCCCXIII / AN DEN TAGEN VON / GROSS-BEEREN, DENNEWITZ, LEIPZIG / VERWUNDET, ERKRANKT, / HIER IN LIEBE GEPFLEGT, / IM TODE BEWEINT, / AUF DIESEM GOTTESACKER BESTATTET — / WEIHET DIES DENKMAL / DAS DANKBARE POTSDAM. / AM XVIII. OCTOBER MDCCCXVI

Rückseite

HEIL EUCH, EDLE STREITER! DANK UND LOHN / EUCH, DIE IHR DEN FEIND DES HERRN GESCHLAGEN / STANDHAFT WUND UND SCHMERZ FÜR UNS GETRAGEN, / EUCH GEBÜHRET HIER DER LORBEER SCHON! / UND EIN SCHÖNER KRANZ IST EUCH GEWUNDEN / DORT AN DES GERECHTEN RICHTERS THRON!

Das Denkmal für die Gefallenen des 1. Garde-Regiments zu Fuß von 1870/71

Auf den Schießständen der Garde im Katharinenholz in Bornstedt befand sich bis 1945 das Denkmal für die Gefallenen des 1. Garde-Regiments zu Fuß aus dem Deutsch-Französischen Krieg von 1870/71. Dieses Denkmal wurde 1872 von den Regimentsangehörigen gestiftet.

Es bestand aus einem hohen steinernen Unterbau, der einen etwa lebensgroßen liegenden Löwen aus Bronze trug. Der Unterbau zeigte an den Flächen bzw. Ecken vier flache Lorbeerkränze, vier plastische Adler und wies drei große Tafeln auf (zwei davon etwa 1,40 x 1,40 m, eine 1,40 x 1,60 m groß).

Die Tafeln verzeichneten die Namen der Gefallenen.

Der Verbleib des Denkmals ist ungeklärt.

Denkmal im Katharinenholz bei Potsdam, enthüllt am 2. September 1872 in Gegenwart Kaiser Wilhelms I.

Das Denkmal des 1. Garde-Regiments zu Fuß (Semper-Talis-Denkmal)

Am 18.1.1921 wandte sich der Verein ehemaliger Kameraden des 1. Garde-Regiments zu Fuß in Berlin und Potsdam sowie der Offiziersverein des Regiments an den Potsdamer Magistrat:

»Bei den wegen der Beziehungen des Regiments zur Stadt Potsdam — beider Geschichte ist nicht voneinander zu trennen — bin ich überzeugt, daß die Stadt regsten Anteil an dieser Denkmalsfrage nehmen wird.

Als geeigneter Platz für das Denkmal erscheint der quadratische Platz südöstlich der Garnisonkirche, zwischen Breiter und Mammonstraße.

Auf ihm und in seiner nächsten Umgebung hat sich ein großer Teil des Regimentslebens abgespielt, mit dem Garnisonskirche und Langer Stall engstens verbunden sind...

Siegfried Graf zu Eulenburg
Königlich-Preußischer Major a.D., letzter Kommandeur
des 1. Garde-Regiments zu Fuß«

Am 25.2.1921 erfolgte der Magistratsbeschluß als Denkmalsplatz den Schmuckstreifen der Breiten Straße hinter der Waisenbrücke zur Verfügung zu stellen.

Ein erstes Modell des Denkmals von Prof. Wandschneider wurde verworfen.

Generalleutnant v. Friedeburg schrieb im August 1921 einen Denkmalswettbewerb aus.

Im November 1922 waren sechs Entwürfe im Maßstab 1:6 fertig.

Der Magistrat stellte für die Ausstellung der Entwürfe den Raum 320 im Stadtschloß zur Verfügung, verlegte aber dann den Ort in das Große Zivilkasino in der Waisenstraße.

Von den Entwürfen gelangte schließlich das des Bildhauers Dorrenbach zur Ausführung.

Am 24. Juni 1924 fand die feierliche Einweihung statt. Das weit überlebensgroße Denkmal überstand die Kriegswirren und mußte 1946 auf Anweisung einer sogenannten Denkmalskommission der Kommunisten von ehemaligen Angehörigen des Regiments zerstört werden.

Das Semper-Talis-Denkmal an der Garnisonkirche

Die Denkmäler des Regiments Garde du Corps

»An die städtische Baupolizei in Potsdam Stadtschloß

Der Verein ehemaliger Garde du Corps beantragt hiermit, das alte Gefallenen-Denkmal (seit 1923) des Regiments Garde du Corps gegenüber dem Haupteingang zum Neuen Garten wegen des zunehmenden Verfalls des Denkmals entfernen zu dürfen und an seiner Stelle ein Reiterdenkmal entsprechend der beigefügten Photographie in etwas über Lebensgröße zu errichten.
Auf Anregung des Herrn Generalkonservators Ministerialbaurat Dr. Hiecke, mit dem wir in direkter Verbindung wegen der Aufstellung getreten waren, soll nun aber das neue Reiterdenkmal wegen seiner größeren Dimensionen nicht auf dem bisherigen Platze errichtet werden, sondern bei dem Birkenwäldchen an der im Lageplan bezeichneten Stelle aufgestellt werden.
Der Magistrat der Stadt Potsdam hat sich mit der von Herrn Generalkonservator vorgeschlagenen Stelle (etwa 100 Meter vom alten Standort entfernt) einverstanden erklärt.
Das Denkmal hat eine Höhe von ca. 3,00 m, der Sockel eine Grundfläche von 3,15 x 1,50 m. Pferd und Reiter werden in Bronce gegossen, der Sockel wird in wetterfestem Stein ausgeführt.«
Am 10.3.1929 wurde das Modell durch den Potsdamer Oberbürgermeister Rauscher im Atelier des Bildhauers Prof. Cauer besichtigt. Die Maße des neuen Denkmals betrugen nunmehr:
Sockelhöhe: 2,00 m, Pferd und Reiter: 3,00 m
Grundfläche unterer Sockel: 1,80 x 3,00 m
Betonplatte: 2,00 m x 3,20 m.
Die Denkmalsweihe fand dann am 25. Mai 1929 statt.
Das Denkmal wurde 1944 im Rahmen der »Metallspende« (siehe Dokumententeil) für die Rohstoffversorgung des Krieges abgebaut und eingeschmolzen, trotzdem der Potsdamer Oberbürgermeister Friedrichs sich 1940/41 gegen eine derartige Verwendung ausgesprochen hatte.

Das erste Denkmal der Garde du Corps gegenüber dem Eingang zum Neuen Garten

Das zweite Denkmal der Garde du Corps Ecke Allee-/Schulstr.

Das Denkmal für das Leibgarde-Husaren-Regiment

Das auf einem kleinen Hügel als Gedenkstein errichtete Denkmal für die Leib-Garde-Husaren stand bzw. steht im Garten der ehemaligen Offiziersspeiseanstalt in der Berliner Straße (vormals Neue Königstraße). Im Vordergrund vor dem Steinhügel befanden sich bronzene Gedenktafeln mit den Namen der in den Kriegen 1864, 1866, 1870/71 und der im Weltkrieg 1914–1918 Gefallenen des Regiments. Die Einweihung des Denkmals erfolgte etwa um die Mitte der 20er Jahre.

Die Denkmalanlage steht heute noch ohne jegliche Bronzeteile, die nach 1945 entfernt worden sind.

Das Gefallenendenkmal vor der Offiziersspeiseanstalt unmittelbar an der Berliner Straße

Das Denkmal für das Garde-Jäger-Bataillon

Das Denkmal für das Garde-Jäger-Bataillon und die Formationen — die Garde-Maschinen-Gewehr-Abteilung Nr. 1, das Garde-Reserve-Jäger-Bataillon und das Reserve-Jäger-Bataillon Nr. 15 — wurde nach einem Entwurf des Bildhauers Karl Kowalczewski aus Bronze gegossen. Es hatte seinen Standort auf dem Bassinplatz.

Das Denkmal stand ursprünglich mit Blickrichtung Feuerwehrdepot inmitten einer die Vogesenlandschaft imitierenden Grünanlage und sollte einen Jäger darstellen, der den Hartmannsweilerkopf bergan stürmte.

Einweihungsfeier am 25. Juni 1923

Auf der Vorderseite des steinernen Sockels war eingraviert:
Mit Gott für König und Vaterland

1914 1918

Unseren gefallenen Kameraden zum Gedächtnis
Ein Vorbild den kommenden Geschlechtern
Ein Ruhmeszeichen
Dem Garde-Jäger-Bataillon 1744–1919
Der Garde-Maschinengewehr-Abt. Nr. 1 1901–1919
Dem Garde-Reserve-Jäger-Bataillon 1914–1918
Dem Reserve-Jäger-Bataillon Nr. 15 1914–1918

Im Rahmen einer grundlegenden Umgestaltung des Bassinplatzes in der Mitte der 30er Jahre wurde das Garde-Jäger-Denkmal umgesetzt. Ein festlich wirkender breiter Weg, der am Anfang und Ende von stimmungsvoll wirkenden Kandelabern flankiert wurde, führte nun in gerader Linie vom Tabakhäuschen (Gloriette) zum freistehenden Denkmal.
Das Schicksal des Denkmals ist unbekannt.

Sicht auf das Denkmal nach der Umgestaltung des Bassinplatzes (20.5.1936)

Das Denkmal des 1. Garde-Ulanen-Regiments

Die umfangreiche Denkmalanlage des Regiments befand sich vor der Kasernenanlage am Ruinenberg. Auf einem Denkmalplatz, der von einer Mauer mit Säulen, auf denen die Gefallenen des Regiments im Ersten Weltkrieg verzeichnet waren, zwischen denen auf niedrigen Mauerteilen jeweils ein Lorbeerkranz war, stand in der Mitte das eigentliche Denkmal. Auf einem Denkmalsockel ruhte die erschöpfte Gestalt eines nackten Soldaten.
Über das Schicksal des Denkmals nach 1945 ist momentan nichts Näheres bekannt.

Die Denkmalanlage vor der Kaserne am Ruinenberg

Das Denkmal für das 3. Garde-Ulanen-Regiment

Das Denkmal für dieses Regiment wurde vom Bildhauer Hans Hubert Dietzsch-Sachsenhausen entworfen. Die feierliche Einweihungsfeier fand am 17. Mai 1923 statt. Das bronzene Reiterdenkmal befand sich an der Ecke Jägerallee/Reiterweg (Königsweg), am Rande der russischen Kolonie Alexandrowka.

Über sein Schicksal — ob im Rahmen der Metallspende vor 1945 entfernt und eingeschmolzen oder erst nach dem 8. Mai 1945 vernichtet — ist vorläufig nichts bekannt. Als einziges Überbleibsel des Denkmals existiert noch der Betonsockel.

Einweihungsfeier des Denkmals des 3. Garde-Ulanen-Regiments am Rande der Russischen Kolonie am 17. Mai 1923

Das Denkmal für das 2. und 4. Garde-Feld-Artillerie-Regiment

Das schlichte Denkmal für die Gefallenen dieser Regimenter im Ersten Weltkrieg befand sich an der Ecke Spandauer (Nedlitzer) Straße/Alleestraße. Die Einweihung erfolgte am 5. Mai 1923. Das Denkmal stand nicht nur für die Gefallenen des 2. und 4. Garde-Feldartillerie-Regiments, sondern auch, wofür das Relief des sich aufbäumenden Pferdes am Denkmal steht, für die 2,5 Millionen auf deutscher Seite umgekommenen Truppenpferde, vorrangig bei der Feldartillerie und den Munitionskolonnen.
Über das Schicksal des steinernen Denkmals nach 1945 ist vorläufig nichts bekannt.

Das schlichte Denkmal der Potsdamer Garde-Artillerie-Formationen für ihre Gefallenen im Weltkrieg 1914–1918

Das Denkmal für das Lehr-Infanterie-Bataillon

Standort: Brauhausberg in Potsdam, vor dem Eingang des Reichsarchivs (der früheren Kriegsschule)
Schöpfer: Der Berliner Bildhauer Prof. Hermann Hosaens.
Maße: Höhe von 4,5 m. Aus widerstandsfähigem Sandstein aus Hauscheuer (Schlesien).
Aus dem 1,2 m hohen Sockel schlang sich Eichenlaubgewinde mit den Infanteriewaffen hervor. Das Ganze wurde von einem Grabenpanzer zusammengehalten und mit dem Stahlhelm bekrönt. Ein Spruchband mit den Jahreszahlen des Weltkrieges 1914–1918 lag über dem Panzer.

Die Vorderseite trug die Inschrift:

»Dem Lehr-Infanterie-Bataillon und
dem Lehr-Infanterie-Regiment
zur Ehre und zum Gedächtnis
Errichtet
A.D. 1932«

Auf der linken Seitenfläche stand:

»Das Lehr-Infanterie-Bataillon
seinen ungezählten
Kameraden
die im Großen Kriege
bei ihren
Stammtruppenteilen
fechtend fielen«

Auf der rechten Seitenfläche war zu lesen:

»Vom Lehr-Infanterie-Regiment
fielen im Kampf
für Deutschland
sein Kommandeur
Major Herold
103 Offiziere
535 Unteroffiziere
4.928 Garde-Füsiliere«

Geschichte des Denkmals

24.11.1919 Gründung eines Vereins ehemaliger Kameraden des Lehr-Infanterie-Regiment in Berlin und erste Gedanken für ein Denkmal.

Nachdem Pläne für die Aufstellung eines solchen Denkmals in Pankow und Niederschönhausen scheiterten, entstand ab 1927 der Plan für den Aufstellungsort Potsdam. Der ursprünglich vorgesehene Ort in der Nähe des Neuen Palais mußte nach 5jährigen Auseinandersetzungen mit der preußischen Regierung fallengelassen werden, ebenso einer an der Garnisonskirche (insgesamt gab es noch 12 weitere Standortvorschläge).

Der Magistrat von Potsdam stellte dann einen Platz in den Anlagen vor dem Reichsarchiv auf dem Brauhausberg zur Verfügung. Am 8.1.1932 genehmigte die Potsdamer Stadtverordnetenversammlung das Projekt. Am 15.5.1932 fand dann die Einweihungsfeier statt. Von den zahlreichen Ehrengästen seien genannt: Generalmajor von Borries, Generalmajor von Humboldt (letzter Kommandeur des Lehr-Infanterie-Bataillon und erster des Lehr-Infanterie-Regiments), Generalmajor Graf Fink von Finckenstein, Generalmajor von Gottberg, Gen.d.Inf. Hasse, Generalmajor von Waldow (Standortältester von Potsdam), Kronprinz Wilhelm.

Auf die Festreden des evangelischen Standortpfarrers, Koblanck, des katholischen Standortpfarrers von Berlin, Monsignore Stinner, und des Vorsitzenden des Reichsverbandes der Kriegervereine, General v. Tippelskirch, erwiderte Stadtrat Baumgärtel:

»Im Namen der Stadt Potsdam übernehme ich diesen Gedenkstein in den Schutz der städtischen Körperschaften. Wie die Stadt Potsdam die Heimat der Aktiven des Lehr-Infanterie-Bataillons war, so soll dieser Denkstein seine Heimat in den Mauern der Stadt Potsdam finden ...«

Das Schicksal nach 1945 ist unbekannt.

Das Denkmal für die Unteroffizierschüler

Aus Anlaß der Feier des 100jährigen Gründungstages und zum Gedächtnis an die Gefallenen der aus der Postdamer Unteroffizierschule hervorgegangenen Unteroffiziere im Ersten Weltkrieg wurde am 7. Juli 1925 ein Denkmal vor dem Hauptgebäude der Schule in der Jägerallee enthüllt. An der Feier nahmen u.a. Kronprinz Wilhelm und Prinz Eitel Friedrich teil.
Das bronzene Denkmal wurde 1941 in die Kasernenanlage der neuen Unteroffizierschule in Potsdam-Eiche umgesetzt.
Über das Schicksal ist nichts bekannt.

Das Denkmal der Unteroffiziersschule vor der Kaserne in der Jäger-Allee

Das Denkmal nach seiner Umsetzung am neuen Standort der Heeresunteroffiziersschule in Potsdam-Eiche

Das Denkmal für die Deutschen Kraftfahrtruppen

Trotzdem sich mit den Kraftfahrtruppen keine direkte Beziehung zu Potsdam herstellen ließ, richtete der »Denkmalausschuß für das Deutsche Kraftfahrdenkmal in Berlin« eine Bitte um Bereitstellung eines Denkmalplatzes an den Potsdamer Magistrat, da sich — wie schon öfter — der Magistrat von Groß-Berlin weigerte, militärischen Traditionsverbänden entsprechende Möglichkeiten einzuräumen (Faksimile des Antrags vom 1.10.29).
Am 10.10.29 erteilte das Potsdamer Stadtbauamt einen negativen Bescheid, »da sich beim besten Willen innerhalb des Stadtgebietes kein geeigneter Platz für das monumentale Denkmal ausfindig machen läßt«. Nach weiteren zähen Verhandlungen konnte der Denkmalverein schließlich von der Provinz Brandenburg ein etwa 484 m^2 großes Grundstück an der Michendorfer Chaussee (Reichsstr. Potsdam-Wittenberg) erwerben.
Ende des Jahres 1930 begannen die Bauarbeiten, die nach Unterbrechung von April bis Juni 1931 andauerten. Das Denkmal wurde von dem Berliner Architekten Fritz Ebhardt entworfen und unter seiner Leitung ausgeführt. Die plastischen Skizzen und Modelle für die Ausführung des Denkmals schuf der Kunstbildhauer Max Blichmann aus Berlin. Für die Ausführung der Steinbildhauerarbeiten wurde der Bildhauer Josef Gobes, Berlin, herangezogen. Die Gesamtausführung lag in den Händen der

Die Denkmalsanlage für die Gefallenen der deutschen Kraftfahrtruppen

Denkmalsausschuß
für das Deutsche Kraftfahrerdenkmal in Berlin

Vorsitzender: Generalmajor a. D. Krenzlin, Berlin-Charlottenburg, Leistikowstr. 6

Fernsprecher: Westend 217

Bankkonto: Disconto-Gesellschaft, Depositenkasse Reichskanzlerplatz 1, Charlottenburg
Generalmajor a. D. Krenzlin, für „Denkmalsbaufonds Deutscher Kraftfahrtruppen"

Postscheckkonto: Berlin NW 7 Nr. 118325, Generalmajor a. D. Krenzlin, „Denkmals-baufonds Deutscher Kraftfahrtruppen" in Charlottenburg 9

MAGISTRAT
2-OKT.29 N.
POTSDAM

Berlin-Charlottenburg 9, den 1. Oktober 1929.
Leistikowstraße 6

An den
Magistrat der Stadt Potsdam

P o t s d a m

Den im Weltkriege gebliebenen Angehörigen der Kraftfahrtruppen soll ein Ehrenmal errichtet werden, das gleichzeitig auch die Erinnerung an die gewaltigen Kriegsleistungen auf dem Gebiete des Kraftfahrwesens wach erhalten will. Unsere vielen mehrjährigen Bemühungen, einen Platz für das Denkmal im Bereich von Groß-Berlin zu erhalten, sind leider gescheitert.

Wir richten nun an den Magistrat zu Potsdam die ergebenste Bitte, uns im dortigen Bezirk eine Stätte für das Denkmal gütigst überlassen zu wollen. Wenn auch die Kraftfahrtruppen nicht unmittelbare Beziehungen zu Potsdam haben, so sind sie doch mit allen Heeresformationen auf das engste verbunden gewesen und gehören somit der Allgemeinheit an. Erwünscht ist eine Stelle, die an einer großen Durchgangsstrasse liegt, auf der ein lebhafter Automobilverkehr herrscht.

Erwähnt sei noch, daß die Mittel für das Denkmal vorhanden sind, und mit dem Bau sofort begonnen werden könnte.

Indem wir nochmals bitten, uns gütigst helfen zu wollen, daß wir die auf uns so lange lastende Ehrenschuld endlich abtragen können, verbleiben wir mit

Vorzüglicher Hochachtung
Denkmalsausschuß
I. A.
Krenzlin

IV 37/10

Norddeutschen Marmorwerke und des Steinmetzgeschäfts von Hans Köstner und Gottschalk, Berlin-Weißensee.
Das Denkmal hatte folgende Maße (dreiseitige Treppenumrandung, Straßenseite ohne Treppen):

Gesamtanlage — Stirnseite:	10,70 m
Gesamtanlage — Längsseite:	12,30 m
Denkmal — Stirnseite:	3,30 m
Denkmal — Längsseite:	5,20 m

Das Denkmal zeigte auf einem monumentalen Aufbau einen sich aufbäumenden Kampfwagen. Auf einer Längsseite war das Steinrelief eines Lastkraftwagens, auf der anderen als Relief das Kraftfahrergrab bei Le Pavè (wo im September 1914 eine vorbeimarschierende Kolonne durch französische Kavallerie fast völlig aufgerieben wurde, und wo man später die zerstrümmerten Fahrzeuge als Wahrzeichen der im Kampf gefallenen Kraftfahrtruppensoldaten um das Massengrab schichtete) zu sehen. Auf der Rückseite des Denkmals stand ein feldmarschmäßig ausgerüsteter Kraftfahrer — direkt aus dem Stein gehauen —. Die Vorderseite trug die Inschrift »1914–1918. Den Deutschen Kraftfahrtruppen«, zwischen den Jahreszahlen das K der Schulterklappen, darunter das Eiserne Kreuz, wiederum darunter das alte Reichswappen, in gleicher Höhe rings um das Denkmal die Wappen der deutschen Bundesstaaten.

Am 7. Juni 1931 fand am unweit des Gebäudes und Geländes der Schützengilde zu Potsdam e.V. gelegene Denkmal die Einweihungsfeier statt. Eine vieltausendköpfige Menge hatte sich eingefunden. Darunter zahlreiche Vertreter von Krieger- und Schützenvereinen, Vertreter der alten und neuen Wehrmacht, die Spitzen der Behörden, Potsdams Stadtväter. Mit klingendem Spiel rückte die 1. Kompanie der 3. preußischen Kraftfahrabteilung aus Lankwitz heran. Die Meldung erfolgte an den Oberbefehlshaber des Gruppenkommandos I der Reichswehr, General Hasse. Es schloß sich ein Feldgottesdienst an. In Vertretung der Deutschen Kraftfahr-Offiziersvereinigung gedachte Generalmajor a.D. Petter der 59 Offiziere und 2.319 Unteroffiziere und Mannschaften der Kraftfahrtruppe, die gefallen waren. Mit einer Rede übernahm dann Bürgermeister Dr. Dehms das Denkmal der Kraftfahrtruppen in die Obhut der Stadt.
Denkmal und Grundstück wurden der Stadtgemeinde Potsdam von der Deutschen Kraftfahr-Offiziersvereinigung durch Vertrag vom 12./13. September 1935 übereignet. Dafür verpflichtete sich die Stadt zur Pflege des Denkmals und zur Unterhaltung der das Denkmal umgebenden gärtnerischen Anlagen.
Über das Schicksal des Denkmals nach 1945 ist vorläufig nichts bekannt.

Das Denkmal für die Gefallenen des Sanitätskorps

Als einziges der in der Zeit nach dem Ersten Weltkrieg errichteten Gefallenendenkmäler ist das Denkmal für die Angehörigen des Sanitätskorps erhalten geblieben.
Bereits im Frühjahr 1927 faßte ein Denkmalausschuß ehemaliger Angehöriger der Sanitätsformationen in den Streitkräften des deutschen Kaiserreiches während des Ersten Weltkrieges den Beschluß, ein Denkmal für seine Gefallenen zu errichten.
Der Ausschuß hatte sich am 31.8.1929 an die Stadt Potsdam wegen eines würdigen Standortes gewandt, weil ein entsprechender Antrag — wie in ähnlichen Fällen schon oft geschehen — für einen Standort in Berlin vom Magistrat von Groß-Berlin über Jahre verschleppt und abgelehnt worden war.
Die Stadt Potsdam stellte einen Platz in den städtischen Anlagen zwischen den Eingängen zum Alten und zum Neuen Friedhof an der Saarmunder Str. (Heute Heinrich-Mann-Allee) zur Verfügung. In einem Schreiben vom 4.8.1929 an den Potsdamer Oberbürgermeister Rauscher lesen wir dazu:
»... Die vom verstorbenen Bildhauer Dietzsch-Sachsenhausen im Modell geschaffene allegorische Figuengruppe ist in der Werkstatt des Bildhauers Joseph Gobes in Berlin-Moabit (in 3,00 m Höhe) bereits soweit gediehen, daß ihre Vollendung im September zu erwarten steht. Das zu dem (3,12 m hohen) epitaphartigen Sockel nötige Gestein ist in den konstruktiven Formen geschnitten ...
Der gesamte Denkmalbau (einschl. bildhauerisch-technischer Nachprüfung und Nachbehandlung für einen Zeitraum von 5 Jahren) wird vom Denkmalausschuß bestritten. Der Stadt Potsdam würde lediglich die Erhaltung der bereits jetzt zu herzerfrischender Schönheit gediehenen gärtnerischen Anlage auf dem Denkmalplatze zufallen ...«
Das Ehrenmal für die »Angehörigen des Sanitätskorps der Armee, Marine, Schutztruppen für 15.000 im Weltkriege gebliebenen Ärzte (Sanitätsoffiziere), Sanitätsunteroffiziere und -mannschaften, Krankenträger und Krankenwärter« hat folgende Maße:

Gesamthöhe:	6,12 m
Höhe der Figurengrupe:	3,00 m
Sockelhöhe:	2,54 m
2 Sockelstufen:	je 0,29 m
Sockelmaß unten:	7,11 x 6,03 m

Schrift auf der Vorderfront zur Straße:
»Den 14.745 im Weltkrieg Gefallenen des Sanitätskorps in Treue um Treue«. Heute: »Den 15.001 im Weltkrieg gebliebenen der Sanitätskorps der Armee. Marine. Schutztruppen«

Ursprünglich waren vom Bildhauer Dietzsch-Sachsenhausen am Sockel noch Seitenreliefs vorgesehen, die Angehörige des Sanitätskorps während ihres Einsatzes im Kriege darstellen sollten. Schließlich entstand eine »auf schlichtem, beiwerkfreien epitaphartigem Sockel eine die Ausübung der Humanität im Kriege bis zur vordersten Linie hin vorsinnbildlichende rein allegorisch gehaltene Gruppe«.
Am 27.10.1929 fand die Einweihungsfeier für das Denkmal statt (siehe Entwurf der Einladung).
Während der Feier war die Saarmunder Straße schwarz von Menschen. Neben zahlreichen Militärangehörigen der alten Armee und der Reichswehr, u.a. Reichswehrminister Gröner, die Generäle v. Stülpnagel, Hasse und Enckevort, waren Prinz Eitel Friedrich sowie die gesamte Magistratsspitze Potsdams vertreten.
Das Denkmal überstand den Zweiten Weltkrieg und die Zeit danach trotz Sozialismus relativ unbeschadet. Lediglich der Zahn der Zeit nagte an der Substanz.
Kurz nach der Wende 1989 rief der aus Potsdam stammende und in München lebende Mediziner Prof. Dr. Heinz Goerke über die Deutsche Gesellschaft für Wehrmedizin und Wehrpharmazie dazu auf, einen Fond für die Restaurierung des Denkmals zu schaffen. Das notwendige Geld kam bald zusammen, so daß die Restaurierung durchgeführt werden konnte.
Am 14. April 1992, 47 Jahre nach dem verheerenden Terrorangriff britischer Bomber auf Potsdam, wurde das rekonstruierte Denkmal im Rahmen einer Feierstunde wieder eingeweiht. Die Bundeswehr war mit einem großen Aufgebot vertreten. Anläßlich dieser Feier hielt der Präsident der Deutschen Gesellschaft für Wehrmedizin und Wehrpharmazie, Admiralarzt a.D. Dr. med. Karl-Wilhelm-Wedel, nachfolgende Rede:

Entwurf.

Einladung +) zur

EINWEIHUNGSFEIER FÜR DAS EHRENMAL DER DEUTSCHEN SANITÄTSKORPS

(Armee, Marine, Schutztruppen; San.Offiziere und sonstige im Kriege tätigen Ärzte, San.-Mannschaften, Krankenträger, Krankenwärter)

in Potsdam Saarmunderstrasse, am Friedhof,

am 27. Oktober, 12 Uhr pünktlich.

– –

FEIERORDNUNG.

Bis 11^{30}	Eintreffen von Vereinen u.Verbänden auf dem Denkmalsplatz. Skizze und Tafeln beachten.
" 11^{45}	Eintreffen der Ehrengäste, Angehörigen der Gefallenen und von sonstigen Teilnehmern,
" 11^{50}	Eintreffen der militärischen Abordnungen.
Beginn:	
12^{00}	Lobe den Herrn (Choral). Ansprachen der Geistlichen. Niederländisches Dankgebet.
12^{30}	Ansprache des Obergeneralarztes a.D. Dr.Musehold und Denkmalsenthüllung.
12^{50}	"Ich hatt' einen Kameraden". Ehrung, Kranzniederlegung. Übernahme des Denkmals durch den Vertreter der Stadt. Schlußwort des Herrn Weiberg.

Deutschlandlied.

Namens des Denkmalausschusses:

Prof.Dr.Franz	Dr.P.Musehold	Dr.Uthemann	A.Weiberg
Generaloberstabsarzt	Obergeneralarzt a.D.	Mar.Generalstabsarzt a.D.	Ehrenvorsitzender des Vereins ehem.Laz.-Geh.-San. Utffz.u. Mannschaft. der Armee und Marine.
Ehrenvorsitzender	Vorsitzender		

+) Bemerkungen:
1. Uniform oder dunkler Anzug.
2. Auskunft erteilt der Schriftführer:
   Oberarzt Dr.Schlegel Berlin W 62
   Kurfürstenstr. 63/69.
   oder Kamerad Sonnenburg, Berlin-Pankow, Wollankstr.77.
3. Treffpunkt nach der Feier wird am Denkmalplatz bekanntgegeben.

Mitteilung der Einladung an Anteilnehmende Kameraden und Kollegen und Veröffentlichung in Tages- und ärztlichen Fachblättern erbeten.

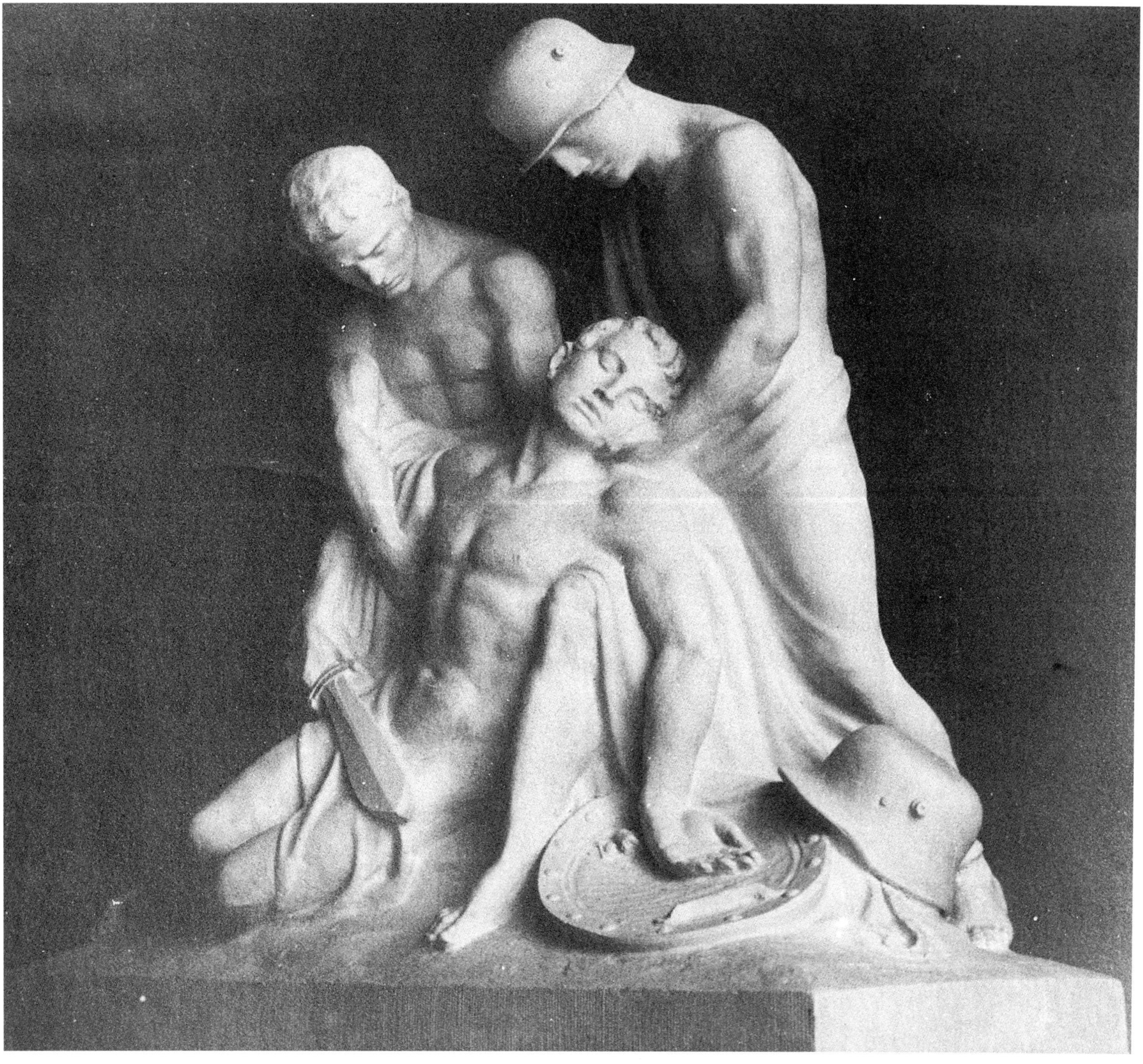

»Tief beeindruckt stehen wir in dieser Stunde und an diesem für Potsdam so bedeutungsvollen Tag vor dem restaurierten Ehrenmal und haben Kränze zu Ehren der Toten des Sanitätsdienstes im Ersten und Zweiten Weltkrieg niedergelegt; denn wir halten es für unsere ständige Verpflichtung, ihrer zu gedenken.

›Das Vermächtnis der Toten ist der Frieden — wir wollen uns von ihrem Schicksal ergreifen lassen, es aber nicht verklären‹, erklärte vor bald vier Jahren Professor Dr. Rupert Scholz. Wir sollten uns damit ins Gedächtnis rufen, daß die Toten der Kriege, insbesondere die des Zweiten Weltkrieges, nicht leichten Herzens oder gar frohen Muts gestorben sind, etwa als Opfer falsch verstandenen Heldentums, wollten sie doch ebenso leben, wie wir am Leben hängen. Und gewiß nicht jeder identifizierte sich mit einem Regime, das aus unsäglichem Machtstreben, aus verfehlter Großmannssucht und mit menschenverachtender Methode den Krieg auslöste; aber dennoch hat die überwiegende Mehrheit der deutschen Soldaten ihre Pflicht erfüllt und tapfer, anständig und in gutem Glauben für ihre Familien und für ihr Vaterland gekämpft.

In ganz besonderer Weise gilt dies für die Angehörigen des Sanitätskorps, des Sanitätsdienstes, wo immer sie verwendet wurden, die sich immer und zuerst zum Wohle des kranken und verwundeten Kameraden eingesetzt haben und daher unverhältnismäßig hohe Verluste beklagen mußten; der Ruf nach dem ›Sani‹ war mit Sicherheit der Ruf, der dort, wo gekämpft wurde, am meisten erklang. Manche haben wir gekannt, mancher stand an unserer Seite, manchen haben wir geliebt. Immer wieder erfaßt uns Betroffenheit aus dieser Verbundenheit heraus.

Es kann deshalb nicht zulässig sein, daß von bestimmten Gruppen unserer Gesellschaft eine ganze Generation deutscher Soldaten pauschal diffamiert wird! Wohl sind wir verpflichtet, die Ursachen zu ergründen und ungeschminkt und ehrlich darzustellen, die zum Schicksal der Toten geworden sind. Immerhin: alleine auf deutscher Seite wurden 3,25 Mill. Soldaten der Wehrmacht getötet, kamen bei Luftangriffen ca. 300.000 Zivilisten um und wurden weitere 1,25 Mill. Menschen vermißt! Und insgesamt forderte der Zweite Weltkrieg 55 Millionen Menschenleben! Aus jenem Leid müssen wir lernen und uns immer wieder dafür einsetzen, daß die vor 50 Jahren gemachten Erfahrungen nicht vergessen werden und als Mahnung zu Gerechtigkeit und Frieden zu verstehen sind!

Daß dies manchmal etwas länger dauert und dennoch zum Ziele führt, durften wir seit Oktober 1989 erleben. Der damals eingeleitete Prozeß, der zur Vereinigung aller Deutschen in einem Lande führte, beeindruckt uns noch heute tief und nötigt jedem höchste Anerkennung ab, weil er aus dem Volk heraus entstanden ist und ohne Blutvergießen abging! Allerdings wollen wir dabei nicht vergessen, daß seit jenem blutig niedergeschlagenen Volksaufstand am 17. Juni 1953 538 Tote und 114 standrechtlich Erschossene zu beklagen waren, die wir hier und heute in unser Gedenken einschließen!

Wir Lebenden sind nur ein Glied in der Kette der Generationen. Wenn wir uns von unseren Toten abwenden (so Alfred Dregger), verlieren wir nicht nur unsere Vergangenheit, sondern auch unsere Zukunft. Wir stehen in der Lebens- und Kulturgemeinschaft unseres Volkes und Landes, die keine Generation neu zu schaffen vermag, die jede Generation nur übernehmen und, mit ihren eigenen Beiträgen versehen, weitergeben kann. Wir Lebenden gehören zu den Toten ebenso wie zu den kommenden Geschlechtern — und diese zu uns.

Verneigen wir uns, die Mahnung begreifend, hier und immer wieder und überall dort, wo Denkmale wie dieses hier stehen, vor den Toten!«

Entwurf des Denkmals im Atelier von Bildhauer Dietzsch-Sachsenhausen

Der Luftschiffhafen als allgemeines Kriegerdenkmal der Stadt Potsdam

Die erste Bekanntschaft Potsdams mit der neuen Luftfahrttechnik waren die Flugversuche Otto Lilienthals auf dem Drewitzer Windmühlenberg im Jahre 1891. Ein einsatzfähiges Luftfahrzeug brachte im September 1909 aber erst der Amerikaner Orville Wright den staunenden Potsdamern auf dem Bornstedter Feld zu Gesicht. Seine hier durchgeführten Flugvorführungen erfolgten auf Einladung des Kaiserpaares, die diesen auch persönlich starkes Interesse entgegen brachten. Der Kronprinz wagte sich sogar selbst mit Wright in die Lüfte und wurde wegen seines Mutes in der deutschen Presse als »Aviatiker« gefeiert.

Potsdam blieb zunächst aber nur ein oft benutzter Landeplatz in der fortschreitenden Entwicklung der Fliegerei. Zum Ende des Jahres 1910 erwarb man am Rande der Stadt das Gelände an der Pirschheide/Wildpark von der Königlichen Forst. Hier entstand in kurzer Zeit in Zusammenarbeit der Stadt und der Deutschen Luftfahrt-Aktien-Gesellschaft (DeLAG) — Tochtergesellschaft des Zeppelinbaus zum Betrieb der Verkehrsluftfahrt — ein Landeplatz mit Luftschiffhalle für die vom Grafen Zeppelin nach vielen Rückschlägen entwickelten Starrluftschiffe. Potsdam sollte, gemeinsam mit Staaken, als der Luftschiffhafen Berlins zu einem Luftfahrtzentrum Europas ausgebaut werden. Der am Templiner See gelegene Landeplatz, bis zur Gegenwart als »Luftschiffhafen« bezeichnet, wurde bis zum Ausbruch des Ersten Weltkrieges 1914 zivil genutzt.

Eine gewaltige Halle konnte zwei der riesigen Luftschiffe aufnehmen. In ihr lagen zeitweilig die Schiffe *Schwaben*, *Sachsen*, *Viktoria Luise* und die *Hansa*. Die von hier zu ihren Deutschland- und Mitteleuropafahrten startenden Besatzungen und Passagiere konnten den einmaligen Reiz der märkischen Landschaft genießen.
Das Luftschiffer-Bataillon aus der Tegeler Heide bei Berlin war mit seinen Militärluftschiffen Z. 5 und Z. 7 oftmals zu Gast in der Potsdamer Zeppelinhalle. Die Mannschaften wurden dann in Ermangelung einer eigenen Kaserne in der des Lehr-Infanterie-Bataillons in Eiche bei Potsdam untergebracht. Da die DeLAG Luftschiffe im Kriegsfall dem Heer zur Verfügung gestellt werden mußten, unternahmen die Luftschifferkommandos auch zahlreiche Erprobungs- und Ausbildungsfahrten von Potsdam aus.
Nach Kriegsausbruch begann man mit der Errichtung einer Luftschiffwerft am Rande der Pirschheide, denn die in Friedrichshafen reichte für den Bedarf nicht aus. Außerdem war sie wegen der Grenznähe gefährdet. So verlegte man einen Teil der Produktion ins Reichsinnere, nach Potsdam.
Schon im November 1914 verließ das erste in Potsdam gebaute Luftschiff diese Werft, gefolgt vom zweiten im Januar 1915.
Die an der Havel gebauten Schiffe hatten ein Volumen von 36.000 m^3 und benötigten zu ihrer Füllung mit Wasserstoff den Inhalt von 6.000 Gasflaschen.
Die Produktion von Luftschiffen blieb aber nicht die einzige militärische Aufgabe der Potsdamer Zweigstelle. Versuchsfahrten im Auftrage der Artillerieprüfungskommission führten sie zu den märkischen Schießübungsplätzen Sperenberg und Kummersdorf. Hier begannen sie die Tests für die Entwicklung des Bombenabwurfs. Die anfangs aus normalen 21-cm-Artilleriegranaten bestehenden Bomben (später bis 1.200 kg) wurden auf diesen Plätzen gegen Versuchsbauten wie Unterstände, Brücken und Eisenbahnzüge erprobt.
Das zum Bau der Luftschiffe erforderliche vorgefertigte Material wurde über ein Stichgeleise, abzweigend von der Bahnlinie Nauen-Jüterbog, direkt zur Montage in die Werfthalle gebracht. So ging Schiff auf Schiff der Potsdamer Werft, nach kurzer Einarbeitung der Besatzung, an die Front. Nachdem die Luftschiffe, durch die weitere Entwicklung der Flugzeuge, nur noch im Dienste der Marine eingesetzt wurden, stellte man die Produktion in Potsdam 1917 ein. Im letzten Kriegsjahr wurden in der Potsdamer Werft in Staaken gebaute Riesenflugzeuge für ihre Englandflüge mit Schwimmern ausgerüstet. Nach dem Kriegsende kaufte die DeLAG 1919 die Gesamtanlage von der Stadt Potsdam. Die Werfthalle mußte 1920 auf Befehl der Interalliierten Kommission abgebrochen werden. An sie erinnerten Jahre später nur noch die Trümmer der Umfassungswände. Der Platz verödete und war mit seinen ungepflegten Rasenflächen nur noch Tummelplatz für Kinder.
Bereits 1919/20 gab es erste Pläne für ein Denkmal, daß den im Ersten Weltkrieg gefallenen Söhnen Potsdams gewidmet sein sollte. Doch erst 1921 kam es zur Bildung einer Denkmalkommission, bestehend aus Mitgliedern des Magistrats, der Stadtverordnetenversammlung und drei Vertretern der Bürgerschaft. Unter Hinzuziehung der Regimentsvereine, des Kreiskriegerverbandes und der Reichswehr wurde 1 1/2 Jahre beraten. Dabei bestanden die Regimenter auf der Errichtung eigener Denkmäler, weil sie ihre Ersatzmannschaften aus dem ganzen Reich erhielten und ein nur Potsdam umfassendes Denkmal für sie deshalb nicht angebracht wäre.
1922 war dann der Plan für ein Denkmal auf der Freundschaftsinsel mit Durchblick vom Palast Barbarini fertig. Weil er aber im Finanzausschuß großen Widerstand fand, wurde er vom Magistrat zurückgezogen.
Der Finanzausschuß erklärte dagegen sein Interesse für die Errichtung einer Sportplatzanlage als Gefallenenehrung. Inflation und Finanznot verzögerten vorerst die Planung.
Im November 1924 erwarb die Stadt Potsdam das am Templiner See gelegene, für land- und wassersportliche Veranstaltungen wie geschaffene, Gelände wieder von der DeLAG.
1924/25 entstand dann als Ehrenbau für die 1.500 Gefallenen der Stadt Potsdam eine umfassende Sportanlage. In die Anlage integriert war ein Weihestein für die Söhne Potsdams, die ihr Leben im Weltkrieg 1914–1918 verloren. Die Einweihungsfeier vom 15.5.1925 fand unter großer Anteilnahme der Bevölkerung mit zahlreichen sportlichen Veranstaltungen sowie Aufmärschen von Kriegerverbänden und Angehörigen der Reichswehr statt.
In der folgenden Zeit wurde der Potsdamer Luftschiffhafen zu einer für Potsdam und Deutschland vorbildlichen Sportstätte mit Stadion, Regattahaus, Schießständen, Spielplätzen, Gebäuden für

Ausstellungen u.ä. ausgebaut. Diese Anlage wurde durch die Stadt bis Kriegsende 1945 genutzt. Danach war der Komplex bis ca. 1950 kaum für die Öffentlichkeit zugängig, weil ihn die russischen Besatzungstruppen mit Beschlag belegten.
Ab 1952 wurden die Sportanlagen durch die KVP-Berlin »Vorwärts« II (Sportclub der Kasernierten Volkspolizei) genutzt, der Weihestein verschwand. 1956 ging die Anlage in den Besitz des Armeesportklub »Vorwärts« Potsdam über. In den folgenden Jahren erfolgte ein großzügiger Ausbau zur Sport- und Trainingsstätte für den ASK sowie für die Kinder- und Jugendsportschule. Im Herbst 1990 wurde der Gesamtkomplex durch die Bundeswehr übernommen und Sportschule der Bundeswehr. Teile des Geländes erwarb die LSB, die dort im Mai 1993 ein Museum zur Geschichte des Luftschiffhafens sowie der Luftschiffahrt eröffnete.

Vorbeimarsch der Ehrenformation der Reichswehr am Weihestein anläßlich der Eröffnung der Sportanlagen im Luftschiffhafen am 15.5.1925

Das Gefallenendenkmal auf dem Bornstedter Friedhof

1935 entstanden in Bornstedt Pläne für die Errichtung eines Denkmals für die gefallenen Söhne Bornstedts. Die Anlage sollte sich unmittelbar an den Friedhof Bornstedt anlehnen.
Nach der Eingliederung Bornstedts nach Potsdam übernahm Anfang 1936 der Potsdamer Oberbürgermeister Friedrichs die Leitung der Arbeiten für eine solche Gedenkstätte.
Im Juni 1936 erging hierzu ein Auftrag an die Potsdamer Firma Tuchscherer & Krüger zur Errichtung einer 1,80 m hohen Umfassungsmauer, die sich an die östliche Seite der Kirche anschließen sollte. Die Mauer war mit gelben Rüdersdorfer Klinkersteinen zu verblenden.
Ursprünglich war für die Gedenkanlage ein 7,50 m hohes Eichenkreuz mit einem 2,00 m langen Querholz vorgesehen. Dieser Plan wurde jedoch verworfen.
Im September 1936 entstanden dann erneut Pläne für ein Kriegerdenkmal:

1. Untersockel: 1,60 x 1,60 x 0,25 m
   Postament: 1,30 x 1,30 x 1,45 m,
   darauf ein Stahlhelm mit Eichenlaub 0,90 x 1,00 x 0,70 m aus Bronze.
2. Eisernes Kreuz am Eingang zur Anlage:
   Untersockel: 0,45 x 0,38 x 0,20 m
   Kreuz: 0,42 x 0,20 x 0,42 m aus Sandstein.

Am 16.10.1936 wurde dann nach einer Besichtigung der Anlage durch den OB Friedrichs entschieden, einen Auftrag für eine liegende Plastik an den Berliner Bildhauer W.E. Lemcke zu erteilen: Der dafür vorgesehene Sockel war 2,30 m lang, 1,10 m breit und ca. 0,80 m hoch. Die darauf ruhende Bronzefigur sollte einer stehenden Figur von 3,00 m entsprechen.

Der Preis für die Plastik einschließlich aller Vorarbeiten, Entwurf und Ausführung sowie Gips- und Bronzeguß mit Zieselierung betrug 6.300,00 RM.

Das Modell war im Dezember 1936 fertig. Am 4.3.1937 erfolgte der Guß. Mitte Juli 1937 war die gesamte Denkmalanlage fertiggestellt, zu der auf der zur Kirche gelegenen Seite eine Reihe von ca. 30 Denkmalplatten im Format 40 x 60 x 6 cm aus wetterfestem Coltaer Sandstein mit einer 6 cm hohen vertieften Schrift gehörte, die die Namen der gefallenen Söhne Bornstedts trugen. Zur Anlage gehörten außerdem noch zwei große Bänke aus Sandstein an der Friedhofsmauer.

Am Sonntag, dem 5. September 1937, um 11.30 Uhr, erfolgte in kleinem Rahmen die feierliche Einweihung der Anlage, die bis heute weitestgehend erhalten ist, aber einer Rekonstruktion bedarf.

Blick auf die Gedenkanlage vom Norden — rechts die Gedenktafeln, im Hintergrund der Kirchturm Bornstedt

Die Soldatendenkmäler auf der Langen Brücke

Schon 1317 wird für Potsdam in einer Urkunde des Askaniers Waldemar des Großen eine **lange** Brücke über die damals ursprünglich breitere Havel erwähnt. Kurfürst Friedrich I. fand aber schon keine Brücke mehr vor und erlaubte deshalb der Stadt 1416 den Neubau einer Brücke. Diese bestand bis zur Zeit des Großen Kurfürsten. Friedrich Wilhelm ließ sie 1662–1664 durchgängig erneuern.
Im 19. Jahrhundert wurde die bisherige Holzbrücke unter Friedrich Wilhelm III. durch einen eisernen Neubau ersetzt, der 1824/25 unter Schinkels Oberleitung ausgeführt wurde.
Unter Kaiser Wilhelm I. wurde dann 1886/88 diese etwas weiter westlich und tiefer gelegene Brückenanlage durch eine prunkvolle neue im modernen Barockstil als Steinbau ersetzt.
Auf Anregung Kaiser Wilhelm II. wurden die Geländerpfeiler bis 1896 durch prächtige Soldatenfiguren des Begasschülers Hertler geziert. Auf den vier Mittelpfeilern der ersten Brücke befanden sich (Stadtseite) vier Soldatenfiguren und auf 16 Endpfeilern acht Kriegstrophäen.
Auf der sogenannten zweiten Brücke standen auf zwei Mittelpfeilern je zwei Soldatenfiguren angelehnt an einen jeweils 12 Meter

Blick auf die Lange Brücke zu Beginn der 30er Jahre (Neue Fahrt)

Die Brückenfiguren Husar und Grenadier (Langer Kerl)

hohen Fahnenmast aus Zinkguß. Auch hier befanden sich auf den Endpfeilern insgesamt acht Kriegstrophäen des 13./14. Jahrhunderts. Die Soldatenfiguren in Überlebensgröße stellten auf dem ersten Brückenteil einen Grenadier (aus der Zeit Friedrich Wilhelms I.), einen Husaren (aus der Zeit Friedrichs II.), einen Artillerist (aus der Zeit Friedrichs I.) und einen Dragoner (aus der Zeit des Großen Kurfürsten) dar.

Um die Fahnenmasten waren in einem Fall ein Angehöriger der Garde du Corps/ein Jäger (aus der Zeit Friedrich Wilhelm IV. bzw. III.), und im anderen Fall ein Matrose/Ulan (aus der Zeit Kaiser Wihelm des II. bzw. I.) gruppiert.

In einem Schreiben des Oberbaurats Rechholtz vom 28.2.1934 lesen wir:

»Schon bei der in den Jahren 1886/88 erfolgten Erbauung der Brücke bestand die Absicht, daß an hervorragender Stelle Potsdams liegende Bauwerk der Bedeutung der alten Residenzstadt entsprechend zu schmücken. So entstanden in den Jahren bis 1896 unter reger Beteiligung des Kaisers und z.T. mit Mitteln seiner Privatschatulle die Sandsteinstandbilder der Soldaten und die Zinkgußtrophäen.«

Letztere wurden im Herbst 1934 im Zuge von Umbauarbeiten an der Brücke entfernt und verschrottet.

Der durch den Bombenangriff vom 14. April 1945 beschädigte Brückenteil über die Alte Fahrt, deren teilweise gleichfalls beschädigte Soldatendenkmäler der »Bilderstürmerei« einiger übereifriger Kommunisten in der unmittelbaren Nachkriegszeit zum Opfer fielen, wurde 1958–1962 durch einen Neubau in »vollendeter moderner Schlichtheit« ersetzt.

Die Lange Brücke mit beschädigter Figur des Grenadiers im Frühjahr 1947 — im Hintergrund die Ruinen vom Stadtschloß und Garnisonkirche

Das Bismarck-Denkmal

Das Bismarck-Denkmal, eine vom Bildhauer Harro Magnussen geschaffene Bronzebüste, stand auf dem ein Dreieck bildenden Bismarckplatz zwischen Bismarck[Berta-von-Suttner]straße/Moltke-[Hebbel]straße.

Die Denkmalsanlage war von zwei aus dem Sachsenwald bei Friedrichsruh von einem Bismarckverehrer gespendeten Eichen flankiert (die heute noch existieren). Im Gegensatz zur Zeit vor 1945 befindet sich der Platz gegenwärtig in sehr schlechtem Zustand.

Über den Verbleib des Denkmals ist nichts bekannt.

Das Bismarck-Denkmal Ecke Moltkestr./Bismarckstr.

Das Steuben-Denkmal

Gegenüber der Kommandantur in der Schloßstraße befand sich eine Grünanlage, der sogenannte Kommandanturgarten. In dieser Anlage stand des Denkmal des preußischen Offiziers Friedrichs des Großen und späteren Organisators des amerikanischen Heeres im Unabhängigkeitskrieg der Vereinigten Staaten, Friedrich Wilhelm von Steuben. Dieses Denkmal (vom Bildhauer Jäger) wurde vom Kongreß der USA dem deutschen Kaiser und dem deutschen Volk als Wahrzeichen ununterbrochener Freundschaft 1911 geschenkt. Es wurde am 2.11.1911 in Potsdam aufgestellt und eingeweiht.

In der Bombennacht des 14. April 1945 wurde das Bronzedenkmal durch den Luftdruck detonierender Bomben vom Sockel gestürzt. Es wurde dann bis 1950 auf dem Bauhof auf dem Gelände der ehemaligen Kaserne des Ersten Garde-Regiments zu Fuß (später I.R. 9) in der Priesterstraße (Henning-von-Tresckow-Str.) gelagert und dann eingeschmolzen zur Buntmetallgewinnung (siehe Dokumentenanhang).

Das Denkmal des Generals von Steuben in der Schloßstraße

Dokumente zur Beseitigung von Denkmälern vor 1945

Deutscher Gemeindetag
Nr. Rv 4 – 1407/40

Berlin NW 40, den 5. Juni 1940
Alsenstr. 7

An
die deutschen Stadt- und Landkreise
die übrigen Gemeinden mit mehr als 5.000 Einwohnern

Nur für den Dienstgebrauch!

Eilt sehr!
Stempel:
Der Oberbürgermeister
8. Juni 1940
der Residenzstadt
Potsdam

Auf Anordnung des Herrn Vorsitzenden

Betr.: Denkmäler für die Metallspende des deutschen Volkes

Der Vorsitzende des Deutschen Gemeindetages und Leiter des Hauptamtes für Kommunalpolitik Reichsleiter Oberbürgermeister Fiehler ist beauftragt worden, die Ablieferung öffentlicher Denkmäler an die Metallspende des deutschen Volkes zu leiten, da auf Wunsch des Führers die Gemeinden und Gemeindeverbände Träger der Ablieferung sein sollen.
Reichsleiter Fiehler erlässt in Ausführung dieses Auftrages nach Benehmen mit den beteiligten Reichsstellen folgende

Richtsätze:

1. Die Metallspende des deutschen Volkes ist für die Rohstoffversorgung zur Durchführung des Krieges von entscheidender Bedeutung. Ihr werden auch die öffentlichen Denkmäler aus Bronze oder Kupfer zugeführt, soweit nicht ihr künstlerischer, politischer, geschichtlicher oder heimatlicher Wert auch für die kommenden Geschlechter wichtig ist.
2. Jedes Denkmal muss mit den Massstäben seiner Zeit gemessen werden. Wenn auch viele Werke seit der Mitte des vorigen Jahrhunderts bis nach der Jahrhundertwende den heutigen künstlerischen Anschauungen nicht entsprechen, so ist doch manches von Künstlern geschaffen worden, die zu den besten ihrer Zeit zählen. Es gilt, künstlerisch Wertvolles vom Alltäglichen und Überflüssigen zu scheiden. Dabei sind auch solche überzeitlichen Werke zu beachten, die sich einer lediglich ästhetischen Beurteilung entziehen. Erhalten bleiben sollen Denkmäler, die hohe künstlerische oder politische Bedeutung besitzen oder in einer besonderen Weise der Heimat verbunden sind.
3. Die Entscheidung über die Freigabe eines öffentlichen Denkmals für die Metallspende liegt bei den Oberbürgermeistern (Bürgermeistern) der deutschen Gemeinden, die sich bei ihren Entschlüssen des Rates örtlicher Fachleute und besonderer Gutachten bedienen. Falls nicht die Gemeinde Eigentümer des Denkmals ist, muss der Eigentümer vorher gehört werden. Der Abbruch eines Denkmals beginnt erst dann, wenn nach der Erstattung der Meldung die erforderlichen Gutachten vorliegen und der Abbruch durch den Reichsbeauftragten für Metalle freigegeben ist. Der Reichsbeauftragte wird dazu nähere Richtlinien erlassen.
4. Öffentliche Erörterungen über die Entfernung von Denkmälern sind zu vermeiden.
5. Denkmäler, die nicht auf öffentlichen Grundstücken stehen, und Denkmäler auf Friedhöfen werden von diesen Massnahmen nicht betroffen. Es empfiehlt sich, durch öffentlichen Anschlag auf den Friedhöfen den Grabeigentümern mitzuteilen, dass die Gemeinde gewillt und in der Lage sei, Denkmäler, die abgeliefert werden sollen, auf Gemeindekosten zu entfernen. Dasselbe Verfahren könnte für Grabmäler in privaten Gärten und Höfen angewandt werden.

6. Für das Verfahren gilt folgendes:
   a) Der Gemeindeleiter ermittelt die in seinem Bereich vorhandenen Denkmäler. Für jedes Denkmal wird ein Meldebogen in doppelter Ausfertigung nach Vordruck ausgefüllt.
      Der Gemeindeleiter prüft die Frage der Ablieferung oder Erhaltung der einzelnen Denkmäler unter beratender Mitwirkung von örtlichen Fachleuten der Kunst, der Kunstwissenschaft und der Heimatpflege.
      Diese Prüfung soll bis zum 15. Juli, bei Städten mit mehr als 100.000 Einwohnern bis zum 15. August 1940 beendet sein.
   b) Die Meldebogen gehen sodann (bei kreisangehörigen Gemeinden durch den Landrat)
      1) in Preußen an den Oberpräsidenten (Verwaltung des Provinzialverbandes)
      2) in den ausserpreußischen Ländern an die Landesregierung
      3) in den Reichsgauen an den Reichsstatthalter (Gauselbstverwaltung).
      Diese Stellen begutachten die Entscheidung der Gemeindeleiter und führen ein Gutachten des zuständigen Denkmalpflegers und des zuständigen Landesleiters der Reichskammer der bildenden Künste herbei.
   c) Wenn der Gemeindeleiter oder die in Ziffer b. bezeichneten Landesstellen eine Begutachtung durch die zuständigen Reichsstellen wünschen, so geht der Meldebogen ausserdem an den Deutschen Gemeindetag, der dieses Gutachten einholt.
   d) Die zuständigen Landesstelle oder, wenn Reichsgutachten erstattet sind, der Deutsche Gemeindetag geben die Meldebogen an den Gemeindeleiter zur endgültigen Entscheidung zurück.
   e) Der Gemeindeleiter gibt ein Stück des Meldebogens nach Erledigung an den Deutschen Gemeindetag.

Dazu bemerkt der Deutsche Gemeindetag:

1. Die Landräte werden gebeten, dieses Rundschreiben umgehend den Gemeinden des Landkreises unter 5.000 Einwohnern bekannt zu geben.
2. Die Landesregierungen, Landeshauptleute und Gauhauptleute sind gebeten worden, die Gemeinden in der vorgesehenen Form durch gutachtende Mitwirkung zu unterstützen.
3. Vordrucke der Meldebogen sind im Deutschen Gemeindeverlag, Berlin NW 7, Schiffbauerdamm 19 vorrätig. Ein Stück des Meldebogens ist in der Anlage beigefügt. Es wird gebeten, ausschliesslich diese Vordrucke zu benutzen.

Der Geschäftsführende Präsident
In Vertretung
Schlüter
Beigeordneter

Vfg. VI a 1104/40
Schreiben: An den
Deutschen Gemeindetag
Berlin NW 40
Alsenstraße 7

Betrifft: Denkmäler für die Metallspende des Deutschen Volkes. Rundschreiben vom 5. Juni 1940 Nr. Rv. 4-1407/40

Nach dem angezogenen Rundschreiben sollen alle öffentlichen Denkmäler aus Bronze oder Kupfer der Metallspende zugeführt werden, soweit nicht ihr künstlerischer, politischer, geschichtlicher oder heimatlicher Wert für die kommenden Geschlechter wichtig ist.
Die praktische Anwendung dieser Richtlinien wirft wenigstens für eine Stadt wie Potsdam eine Reihe von Zweifelsfragen auf. Zunächst sind Denkmäler ohne politischen, geschichtlichen oder heimatlichen Wert überhaupt nicht vorhanden.
Die hier vorhandenen Bronzedenkmäler kann man in folgende Reihen ordnen:
1) **Denkmäler preußischer Könige**, z.B.
   Friedrich Wilhelm I. (Lustgarten),
   Friedrich der Große (Plantage),
   Friedrich Wilhelm III. (Wilhelmplatz),
   Kaiser Wilhelm I. (Freundschaftsinsel),
   Kaiser Friedrich III. (Allee nach Sanssouci).

Diese scheiden zum Teil schon wegen ihres besonderen künstlerischen Wertes, im übrigen aus historischen Gründen für eine Ablieferung aus.
2) **Kriegerdenkmäler** — nur in den eingemeindeten Dörfern. Sie haben vorwiegend nur geringfügige Zutaten aus Metall, wie bekrönende Adler und dergl.,
3) **Regimentsdenkmäler**, und
4) **Sonstige Denkmäler** (Bismarck, Steuben [Geschenk der U.S.A.], Eisenhart).

Unter den 2, 3 und 4 genannten Denkmälern sind eine Anzahl künstlerisch wenig wertvoller Denkmäler vorhanden, deren Abgabe für das Stadtbild wenig Schaden bedeuten würde.
In keinem Falle ist jedoch die Abgabe der Krieger-, Regiments- und sonstigen Denkmäler denkbar, ohne die spätere Schaffung eines Ersatzes und ohne die gleichzeitige Bekanntgabe, dass der Ersatz später erfolgen wird. Zum Beispiel ist es unvorstellbar, das an sich künstlerisch schlechte Bismarck-Denkmal einer Stadt zu nehmen, die die Heimat von Bismarcks Mutter war, in der er selbst als Regierungsreferendar und Gardejäger lange Zeit lebte und die er wiederholt auch in historisch denkwürdiger Stunde, z.B. 1848, aufgesucht hat. Was nun die Krieger- und Regimentsdenkmäler anbelangt, so darf man nicht vergessen, dass Potsdam die ausgesprochenste aller Soldatenstädte Deutschlands ist und dass zur Ausprägung des Stadtcharakters selbst dann diese Krieger- und Regimentsdenkmäler gehören, wenn sie künstlerisch nicht einwandfrei sind. Aber auch die politische Auswirkung der Wegnahme ohne Lösung der Ersatzfrage ist mehr als bedenklich. Die alten Garde-Vereine, deren Angehörige heute noch an diesen Zeugnissen ihrer Vergangenheit mit ganzer Seele hängen, sind wegen der grundsätzlichen Rekrutierung der Garde aus ganz Preußen über den preußischen Lebensraum verstreut. Man würde also nicht nur örtliche, sondern überörtliche Wunden schlagen.
Ich halte es für ausgeschlossen, dass diese Vereine in die Abgabe willigen, ohne dass die Ersatzfrage klar gelöst ist. Dass die Vereine noch einmal die Kosten aufbringen, werden sie ablehnen. Wer aber trägt die Kosten für den Denkmalersatz? Es fragt sich auch, ob ein Denkmalersatz ohne Wiederverwendung von Bronze möglich ist, wenn die Namen der im Weltkriege gefallenen Regimentskameraden wieder auf Tafeln verewigt werden sollen …
Ich bitte, um unverzügliche Klärung der Vorfragen, da die hier zu treffenden Entscheidungen ganz wesentlich davon abhängen.

Nach 14 Tagen.

Potsdam, den 13. Juli 1940
Der Oberbürgermeister

Allgemeine Stellungnahme zu der geplanten Ablieferung von Denkmälern aus Bronze oder Kupfer für die Metallspende des Deutschen Volkes

In Potsdam sind Denkmäler ohne politischen, geschichtlichen oder heimatlichen Wert überhaupt nicht vorhanden. Denkmäler ohne künstlerischen Hochwert sind wohl einzelne vorhanden, gerade ihnen aber können die anderen Werte nicht aberkannt werden.
Die hier vorhandenen Denkmäler kann man in folgende Gruppen ordnen:
1) Denkmäler preußischer Könige,
2) allgemeine Kriegerdenkmäler,
3) Kriegerdenkmäler der ehemaligen Garde-Regimenter,
4) sonstige Denkmäler.
Die Gruppe 1) scheidet zum Teil schon wegen ihres besonderen künstlerischen Wertes, im übrigen aus geschichtlichen Gründen für eine Ablieferung aus.
Unter den in Gruppe 2), 3) und 4) genannten Kategorien sind eine Anzahl künstlerisch wenig wertvoller Denkmäler vorhanden, deren Abgabe in ästhetischer Beziehung für das Stadtbild einen Gewinn bedeuten würde.
In keinem Falle ist jedoch die Abgabe der Krieger-, Regiments- und sonstigen Denkmäler denkbar, ohne die spätere Schaffung eines Ersatzes und ohne die gleichzeitige Bekanntgabe, dass der Ersatz später erfolgen wird. Z.B. ist es unvorstellbar, das an sich künstlerisch geradezu schlechte Bismarck-Denkmal einer Stadt zu nehmen, die die Heimat von Bismarcks Mutter war, in der er selbst als Regierungsreferendar und Gardejäger lange Zeit lebte und die er wiederholt — auch in historisch denkwürdiger Stunde, z.B. 1848 — aufgesucht hat. Was nun im besonderen die Krieger- und Regimentsdenkmäler anbelangt, so darf man nicht vergessen, dass Potsdam die ausgesprochenste aller Soldatenstädte Deutschlands ist und dass zur Ausprägung des Stadtcharakters selbst dann diese Krieger- und Regimentsdenkmäler gehören, wenn sie künstlerisch nicht einwandfrei sind. Aber auch die politische Auswirkung der Wegnahme ohne Lösung der Ersatzfrage ist mehr als bedenklich. Die alten Garde-Vereine, deren Angehörige heute noch an diesen Zeugnissen ihrer Vergangenheit mit ganzer Seele hängen, sind wegen der grundsätzlichen Rekrutierung der Garde aus ganz Preußen über den preußischen Lebensraum verstreut. Man würde also nicht nur örtliche, sondern überörtliche Wunden schlagen. Ich halte es für ausgeschlossen, dass diese Vereine in die Abgabe willigen, ohne dass die Ersatzfrage klar gelöst ist. Dass die Vereine noch einmal die Kosten aufbringen, werden sie ablehnen. Wer aber trägt die Kosten für den Denkmalersatz? Es fragt sich auch, ob ein Denkmalersatz ohne Wiederverwendung von Bronze möglich ist, wenn die Namen der im Weltkriege gefallenen Regimentskameraden wieder auf Tafeln verewigt werden sollen. Pietät wird das fordern.

Potsdam, den 10.9.40
Der Oberbürgermeister

Dokumente zur Vernichtung von Denkmälern nach 1945

Direktive Nr. 30

Beseitigung deutscher Denkmäler und Museen militärischen und nationalsozialistischen Charakters

Der Kontrollrat verfügt wie folgt:

I.

Von dem Zeitpunkt des Inkrafttretens dieser Direktive an ist untersagt und als gesetzwidrig erklärt die Planung, der Entwurf, die Errichtung, die Aufstellung und der Anschlag oder die sonstige Zurschaustellung von Gedenksteinen, Denkmälern, Plakaten, Statuen, Bauwerken, Straßen- oder Landstraßenschildern, Wahrzeichen, Gedenktafeln oder Abzeichen, die darauf abzielen, die deutsche militärische Tradition zu bewahren und lebendig zu erhalten, den Militarismus wachzurufen oder die Erinnerung an die nationalsozialistische Partei aufrechtzuerhalten, oder ihrem Wesen nach in der Verherrlichung von kriegerischen Ereignissen bestehen. Untersagt und als gesetzwidrig erklärt ist ferner das Offenhalten von Museen und Ausstellungen militärischen Charakters, die Errichtung, Ausstellung, der Anschlag oder die sonstige Zurschaustellung an Gebäuden oder anderen Bauten von Gegenständen der obenerwähnten Art sowie die Wiedereröffnung von Museen oder Ausstellungen militärischen Charakters.

II.

Sämtliche bestehenden Gedenksteine, Plakate, Statuen, Bauwerke, Straßen- oder Landstraßenschilder, Wahrzeichen, Gedenktafeln oder Abzeichen einer Art, deren Planung, Entwurf, Errichtung, Aufstellung, Anschlag oder sonstige Zurschaustellung § 1 dieser Direktive untersagt, sind bis zum 1. Januar 1947 vollständig zu zerstören und zu beseitigen. Ebenso sind sämtliche Museen und Ausstellungen militärischen Charakters in ganz Deutschland bis zum 1. Januar 1947 zu schließen und aufzulösen.
Nicht zu zerstören oder sonst zu beseitigen sind Gegenstände von wesentlichem Nutzen für die Allgemeinheit oder von großem architektonischem Wert.

III.

Untersagt und als gesetzwidrig erklärt ist vom 1. Januar 1947 an die wissentliche Zurückhaltung oder Zurschaustellung von Gedenksteinen, Denkmälern, Plakaten, Statuen, Bauwerken, Museen oder Ausstellungen militärischen Charakters, Straßen- oder Landstraßenschildern, Wahrzeichen, Gedenktafeln oder Abzeichen solcher Art, deren Planung, Entwurf, Errichtung, Aufstellung, Anschlag oder sonstige Zurschaustellung § 1 dieser Direktive untersagt und deren Zerstörung § II dieser Direktive fordert.
Die Verantwortung nach § III dieser Direktive tragen die Inhaber des gesetzwidrig zurückbehaltenen Gegenstandes oder bei Gesetzesverletzungen, bei denen es sich um öffentliches Gut oder um Gegenstände handelt, deren Eigentümer nicht ausfindig gemacht werden können, die dafür verantwortlichen Beamten.
Am 12. Juli 1946 hat das Koordinierungskomitee den § IV in der nachstehenden Fassung für gültig erklärt:

IV.

Der Zerstörung und Beseitigung sind nicht unterworfen:
1. Gedenksteine, die lediglich zum Andenken an verstorbene Angehörige regulärer militärischer Einheiten errichtet worden sind, mit Ausnahme paramilitärischer Verbände der SS und Waffen-SS und

2. Einzelgrabsteine, die bereits bestehen oder in Zukunft aufgestellt werden,
unter der Voraussetzung, daß die Architektur, die Ausschmückung oder die Inschriften der in den Absätzen 1 und 2 erwähnten Gedenk- und Grabsteine weder militärischen Geist widerspiegeln noch das Gedächtnis an die nationalsozialistische Partei bewahren.
Zum Zwecke der Erhaltung der in den Absätzen 1 und 2 erwähnten Gedenk- und Grabsteine können an deren Architektur, Ausschmückung und Inschriften Änderungen zur Beseitigung anstößiger Merkmale vorgenommen werden.

V.

a) Die Ausdrücke »militärisch« und »Militarismus« sowie der Ausdruck »kriegerische Ereignisse« im Sinne dieser Direktive beziehen sich auf Kriegshandlungen nach dem 1. August 1914 zu Lande, zu Wasser oder in der Luft und auf Personen, Organisationen und Einrichtungen, die mit diesen Handlungen in unmittelbarem Zusammenhange stehen.
b) Der Ausdruck »Nationalsozialistische Partei« im Sinne dieser Direktive bezieht sich auf die ehemalige Nationalsozialistische Deutscher Arbeiterpartei und auf die in unmittelbarer Verbindung mit ihr stehenden Personen, Organisationen und Einrichtungen.

VI.

Diese Direktive tritt mit dem Tage ihrer Verkündung in Kraft.
Ausgefertigt in Berlin, den 13. Mai 1946.
(Die in den drei offiziellen Sprachen abgefaßten Originaltexte dieser Direktive sind von B.H. Robertson, Generalleutnant, L. Koeltz, Armeekorpsgeneral, M.I. Dratwin, Generalleutnant, und Lucius D. Clay, Generalleutnant, unterzeichnet.)

Abschrift Akte Nr. 1-9/1623 des Stadtarchivs Potsdam

Potsdam, den 20.2.1950

An die Abteilung Planung, Materialversorgung und Statistik

(Stempel) Rat der Landeshauptstadt
Potsdam
Eingang 20. Febr. 1950
727/50
Abt. Wirtschaftsplanung

Betr. Denkmäler aus Bronze.

Zur Entscheidung über die auf dem Bauhof vergrabenen Denkmäler aus Bronze trat am 20.2.1950 folgende Kommission zusammen:

1. Prof. Dr. Kurth
2. Dr. Pokrandt
3. Baurat Mohr
4. Kunstmaler Bullert
5. Bildhauer Tilke
6. Sachbearbeiter Hoffmann

Zugegen war von Ihrer Abteilung Herr Gabriel, außerdem von der Tagespost Herr Dannehl.
Es wurde folgende Entscheidung getroffen:
Die Denkmäler Friedrich Wilhelm III. und Steubens sind zu verschrotten. Es dürfte sich etwa um 30 Zentner Bronzeschrott handeln. Die Denkmäler von Friedrich Wilhelm I. und Friedrich II. sind wegen ihres künstlerischen Wertes zu erhalten. Die Verwaltung der Schlösser und Gärten wird bei der Landesregierung die erforderlichen Anträge stellen. Die Denkmäler sollen im Park von Sanssouci Aufstellung finden.
In Gegenwart Ihres Herrn Gabriel wurde von der Kommission nochmals über die im Museum lagernden Gegenstände aus Buntmetall entschieden. Das noch vorhandene Sammelgut ist kunst- und kulturgeschichtliche wertvoll. Soweit das Material aus dem Stadtschloß stammt, wird es demnächst an die Verwaltung der Schlösser und Gärten zwecks Aufstellung im Neuen Palais abgegeben werden.
Als künstlerisch nicht wertvoll wurden lediglich eine Messingbüste von Friedrich Wilhelm IV. (etwa 4 kg) und eine Zinkplakette (etwa 3 kg) ausgesondert, die hier abgeholt werden können.
Die Bezahlung des Schrottes hat an die Haushaltsstelle 167 A. 17 zu erfolgen.

(Stempel) Städtisches Museum
Potsdam
Schloßstr. (ehem. Leibreitstall)
(Unterschrift) i.A. Hoffmann

Abschrift Akte Nr. 1-9/1623 des Stadtarchivs Potsdam

Schreiben des »Volkskorrespondenten« Max Löwener mit Bitte um Veröffentlichung an die Redaktion der »Märkischen Volksstimme« vom 21.2.50

»Wo blieben die Potsdamer Denkmäler?
Die monarchistische Epoche, die im Jahre 1945 ihren endgültigen Zusammenbruch erlebte, drückte sich durch riesige Plastiken und Denkmäler in unserem Stadtkern aus. Da die Frage der Buntmetallaktion in letzter Zeit akut wird, so wären doch auch in diesem Falle in dieser Hinsicht Nachfragen notwendig: Wo blieben die Reste der Vergangenheit?
Aus allen Industriezweigen unserer jungen Republik kommen Notschreie, da Buntmetall sehr gesucht und benötigt wird, und doch hat man sich nicht dazu entschlossen, auch diese Reserven, die bestimmt vorhanden sein müßten, anzugreifen. Zwei Fragen wären dabei zu betrachten, und zwar: Ist der künstlerische Wert von diesen Denkmälern derartig, daß man sie nicht zu volkswirtschaftlichen Dingen umarbeiten könnte oder ist es der wirtschaftliche Faktor, der weitaus notwendiger war?
Hierüber wäre eine Diskussion einzuleiten um festzustellen, sind diese Materialreserven (z.B. Reiterstandbild auf der langen Brücke) noch vorhanden und wo befinden sie sich und können sie wirtschaftlichen Zwecken zugeleitet werden?«

Kommunalwirtschaftliches
Unternehmen der
Landeshauptstadt Potsdam
BAUHOF POTSDAM

Abt.: Eisen & Metall

Potsdam, den 17.2.1950.
Bauhofstraße 2 - 8
Fernruf 4321, Apparat
Ba./Sei.

An den
Rat der Landeshauptstadt Potsdam,
Abteilung Planung, Material und Statistik
z.Hd. von Herrn L ö w e n e r ,
P o t s d a m ,
===================
Dortustrasse.

Rat d[illegible] Potsdam
Eing. 18. FEB. 1950
697/50
Abt. Wirtschaftsplanung

Wir bitten um Zuteilung von 500 kg Bronzeschrott für die Durchführung unserer Aufträge und Instandsetzung von Maschinen und zwar von dem auf dem Bauhof-Gelände lagernden zerstörten Steuben-Denkmal.

Das Museum der Stadt Potsdam hat sich bereit erklärt, diese Menge dem Bauhof abzutreten.

K.W.U.
der Landeshauptstadt Potsdam
Bauhof Potsdam
Hübner

BGL
KWU-Bauhof
Rammberg

Meldung vom Museum beifügen Lö. 18/2.50

Wiedervorlage 20/2.50 Lö.

Reg. 10. Stichnote. 3.49. 3000. A. 197 G. Pdm. 1629

Abt. Pla-Ma-Sta.

XXa/1/351/50

23. Februar 50.
Dortustr. 30 – 33

An die
Landesregierung Brandenburg
HA. Innerdeutscher Handel,
Außenhandel und Materialversorgung
Abt. Materialversorgung
Gruppe Bewirtschaftung
– Innere Reserven –

Potsdam

Betrifft: Buntmetallschrott.

Bei der Erfassung von Buntmetallen bezw. Buntmetallschrott sind wir im Rahmen der Feststellungen auf Denkmäler, die in Potsdam aufgestellt waren, gestoßen. Diess. wurde die Ansicht vertreten, daß die Denkmäler der vergangenen Hohenzollernepoche zum größten Teil nichts mit Kulturgut zu tun haben, das unbedingt als Überlieferung erhalten bleiben müßte. Doch konnte diese Ansicht nicht mit dem Vertreter der Staatl. Schlösser und Gärten in Einklang gebracht werden. Um eine generelle Regelung in dieser Frage zu erreichen, bitten wir um Entscheidung, die dahin ausgeht, ob die Buntmetalle dieser Art der Produktion zugeführt werden oder nicht.

Bei den bisher festgestellten Denkmälern handelt es sich um:

1. das Denkmal des Friedrich Wilhelm I.,
2. " " " Steuben,
3. " " " Friedrich Wilhelm II. und
4. " " " Friedrich Wilhelm III.

Da die aufgeworfenen Fragen nicht nur Potsdam angehen, sondern auch im weiteren Rahmen andere Kreise, wird vorgeschlagen, eine entsprechende direkte Verfügung über den Einsatz dieser Materialien zu erlassen.

In diesem Zusammenhang ist ebenfalls eine Frage zu klären, die vor allem Gießereien betrifft, die als Privatbetriebe normalerweise Verträge mit Produktionsbetrieben abschließen müßten. Da diese bisher noch nicht in dem erforderlichen Umfang Vertragsabschlüsse getätigt haben, bestehen mit der VVB Altstoffe Schwierigkeiten, die auf Grund der neuen Schrott-Verfügung die vorhandenen Bestände abziehen wollen. Es wäre auch zweckmäßig, hierbei eine Klarstellung in dieser Frage zu ermöglichen.

Im Auftrage:

[Unterschrift]

(Löwener)

Wv. 28.2.

Am 7.3. tel. Rücksprache mit
pp. 517/ Frl. Dietrich. Zu dem obigen
wird die Stellungnahme des Min. f. Volksb., Wissenschaft
eingeholt. Schnellste Erledigung wurde zugesagt. Am 7./3.
(Hoffmann) ist benachrichtigt.

Betrifft: Buntmetallschrott

Aktenvermerk:

Am 20.2.1950 um 10,oo Uhr vorm. besichtigte eine Kommission bestehend aus den Herren Professor Kurth, Direktor der staatlichen Schlösser und Gärten, Dr.Pockrandt, Leiter der Kulturabteilung Landeshauptstadt Potsdam, Baurat Mohr,Stadtbauamt Potsdam, Ziegler, Hoffmann,Gaida und Bullert, die auf dem Gelände des Bauhofs Potsdam ausgegrabenen 4 Statuen in Überlebensgrösse dargestellt und in Bronce gegossen. Von dem Leiter der Abteilung Pla-Ma-Sta wurde ich zur Teilnahme an dieser Kommission beordert.

Die vier Statuen stellen dar:

1.) General Steuben
2.) Friedrich Wilhem III
3.) Friedrich der Grosse und
4.) eine mir unbekannte Statue

Von der Kommission wurde beschlassen, dass zwei Statuen (General Steuben und die mir unbekannte Statue) zur Verschrottung gemeldet werden sollen. Jedoch die Statuen Friedrich Wilhehm III und Friedrich der Grosse wegen ihrem Kunstwert nicht zur Verschrottung kommen sollen, da man beabsichtigt, sie nach ihrer Restaurierung wieder aufzustellen. Meinen Einwendungen,unter Hinweis auf die von der Deutschen demokratischen Regierung herausgegebene Verordnung vom 2. Februar 1950, wonach sämtlicher Buntmetallschrott der Beschlagnahme unterliegen und dessen alleinige Verwendung sich das Ministerium für Jndustrie der DDR vorbehalten hat, wurden mit den Bemerkungen entgegegetreten, dass es sich ja im vorliegenden Falle nicht bei allen Statuen um den Begriff Schrott handele, im Gegenteil dass ja die Besatzungsmacht die Wiederaufstellung der Statue Friedrichs des Grossen befürworten würde. Herr Dr.Pockrandt fühlte sich weiter veranlasst zu bemerken, dass man ja doch nicht noch weitere Kunstwerke, wie vor 1945 der weiteren Vernichtung preisgeben sollte. Meine Entgegnung hier auf war, dass die Frage, inwieweit die Lebensinteressen des Deutschen Volkes der Verschrottung der vermeintlichen Kunstwerke entgegenstehen, doch erst ventiliert werden müsste. Ein diesbezüglicher Antrag, doch zumindest der Regierung zur Entscheidung vorgelegt werden. Jch bat dann weiter der Abteilung Pla-Ma-Sta eine Abschrift hiervon zukommen zu lassen.

Anschliessend wurde dann im städtischen Museum Broncebüsten, Broncegittern, Teile von Türen,Toren und Wandleuchtern aus Buntmetallen besichtigt, deren Verschrottung aber wegen ihres künstlerisch Wertes nicht beabsichtigt ist. Nur einige kleinere Büsten sollen zur Verschrottung gemeldet werden. Herr Hoffmann wurde von mir gebet diese Stücke über die Abteilung Pla-Ma-Sta zu melden.

Potsdam, den 20.2.1950.

Rat d. Landeshauptstadt Potsdam
1024/50
Eing. 13. MRZ. 1950
Abt. Wirtschaftsplanung

METALLWAREN UND APPARATEBAU · POTSDAM
ELISABETHSTR. 4-16
KURT KADEMANN
FERNRUF: 5246

Rat der Landeshautstadt
Potsdam
Abt. Planung, Materialversorgung
und Statistik

POTSDAM, den 13,3,5o

Berefs Ihr schreibem vom 14,2,5o
teile ich Ihnen mit, das ich vom
Städt. Museum Potsdam Folgende
Schrottmengen erhalten habe.

1o52	Kg.	Messing
5o8	"	Zink
2o	"	Bronze
2o	"	Kupfer
16oo,	Kg	Bundmetalle.

[illegible] mit Meldung Museum überein.
13/3.

KURT KADEMANN
KUNSTGIESSEREI
METALLWAREN · APPARATEBAU
POTSDAM · ELISABETHSTR. 4-16
FERNRUF 5246

Landeshaupt-
Rat der Stadt Potsdam
Amt für Volksbildung
Abt.V

Amtsstelle XVIII Ho/Ha.
Bei der Antwort bitte dieses Zeichen anzugeben

Potsdam, den 24. April 1950
Jägerallee 2, Ruf 5707

Rat d. Landeshauptstadt ...
Eing. 25. APR 1950
1548
Abt. Wirtschaftsplanung

An

die Abteilung Planung, Materialverwaltung
und Statistik
z.Hd.d.Herrn L ö w e n e r

P o t s d a m
Stadthaus

Betr.: Denkmäler aus Bronze.

Mit Schreiben vom 20.2.1950 teilten wir Ihnen mit, daß die Denkmäler Friedrich Wilhelm III. und Steuben zu verschrotten sind. Die Volkspolizei braucht den Platz und hat die Denkmäler teils beiseite rücken lassen. Wir haben an die Beseitigung dieser beiden Denkmäler laufend erinnert und bitten aus Gründen der Sicherheit nochmals um baldigen Abtransport, da eine laufende Überwachung unsererseits unmöglich ist.

Was die Denkmäler Friedrich Wilhelm I. und Friedrich II. anbetrifft, so hat der Direktor der Schlösser und Gärten, Professor Dr. K u r t h, auf seinen Antrag leider ebenfalls noch keine Entscheidung der Landesregierung erhalten. Auch wegen dieser beiden Denkmäler haben wir laufend erinnert.

I.A.

Dr. Pokrandt

Rat der Landeshauptstadt Potsdam
Amt für Volksbildung
Abt. V

Potsdam, den 25. Mai 1950
Jägerallee 2, Ruf 5707

Amtsstelle XVIII Ho/Ha.
Bei der Antwort bitte dieses Zeichen anzugeben

Rat d. Landeshauptstadt [illegible]
Eing.: 26. MAI 1950
1407
Abt. Wirtschaftsplanung

An

die Abteilung Pla-Ma-Sta
z.Hd.d.Herrn L ö w e n e r

P o t s d a m
Stadthaus

Betr.: Denkmäler aus Bronze.

Die V.V.B. Altstoffe (Schrott) hat bereits den Auftrag, das Denkmal Friedrich-Wilhelm III. und das Steuben-Denkmal zur Verschrottung abzuholen.

Inzwischen sind von dem Direktor der Schlösser und Gärten, Professor Dr. K u r t h, Verhandlungen wegen der Erhaltung der Denkmäler Friedrich-Wilhelm I. und Friedrich II. geführt worden, die jedoch daran scheitern, daß der Transport nach Sanssouci z.Zt. unüberwindliche Schwierigkeiten bereitet und finanzielle Mittel nicht vorhanden sind.

Es bleibt daher nichts weiter übrig, als die beiden Denkmäler zu verschrotten.

Wir erstatten hiervon Meldung und bitten, das Weitere veranlassen zu wollen.

I.A.
Dr. Pokrandt.

[illegible]: Koll. Hoffmann vom Museum [illegible] [illegible] gab Bescheid, daß die beiden [illegible] Denkmäler zusammen mit dem Denkmal [illegible] III. u. das Steubendenkmal von der VVB-Altstoffe [illegible] werden. Das Einverständnis der Wirtschafts- [illegible] wurde vorausgesetzt. W.S.

J. d. A.
Sonderakte gelegen
Lö.

[T]ransport muß im Interesse größerer Aufgaben zugestimmt werden [illegible] 1/6.50

(Reg. 4) A. W. Hayn's Erben, Potsdam. 2.49.5000. A 303 G. Pdm. 715

Vereinigung Volkseigener Betriebe
ALTSTOFFE (SCHROTT)
Land Brandenburg

(2) Potsdam, den 12.6.1950
Stalinallee 29

Konto: Landeskreditbank Brandenburg in Potsdam, Konto Nr. 9361
Telefon 2830, 2882 und 1533
Basa 841-263
Postscheckkonto: PSA Berlin 158241

Rat d. Landeshauptstadt Potsdam
1 9. JUNI 1950
2149
Wirtschaftsplanung

An den
Rat der Landeshauptstadt Potsdam
Abt. Planung, Materialversorgung
und Statistik

Potsdam
Dortustraße 30-33

Rat der Landeshauptstadt
Potsdam
Eing.: 17. JUNI 1950
Anlagen

Ihr Zeichen	Ihre Nachricht vom	Unsere Nachricht vom	Unser Zeichen
XXa/1	28.4.50		Gu/Rs.

Betrifft: Schrott von Denkmälern

Bezugnehmend auf Ihr obiges Schreiben teilen wir Ihnen mit, daß wir die auf dem Gelände Bauhofstraß2 2-8 vorhandenen Bronzedenkmäler abgeholt und zur Verladung gebracht haben. Mit Zustimmung des Städt. Museums sind gleichfalls die Denkmäler Friedrich II. und Wilhelm I. verschrottet worden.

Volkseigene Handelszentrale Schrott
Anstalt des öffentlichen Rechts
Filialdirektion Land Brandenburg

(Müller(

IV Quellen- und Literaturverzeichnis (*Auswahl*)

Ungedruckte Quellen

Stadtarchiv Potsdam
Magistratsregistratur

Friedhöfe	1–1/627, 628a
Kolonisten	1–3/633–635, 648
Denkmale	1–1/161, 162
	1–9/1623
	1–9/444, 445, 396, 159, 401, 611, 612, 393, 404, 398
Garnison	1–5/77–81, 82, 91–100, 704–11, 712–19, 1812–1824
Militärbauten	1–5/720–742, 750–762, 898–908, 914, 927
Schulen	1–4/313–316
Jugendkompanie/Wehrerziehung	1–4/375
Cabinetts-Ordres	1–1/610–612, 615

Brandenburgisches Landeshauptarchiv Potsdam
Aus den Beständen Kurmärkische Kriegs- und Domänenkammer, Regierung Potsdam, Hochbauämter, Polizeipräsidium Potsdam, Potsdamsches Großes Waisenhaus, Generalia und Verwaltungsangelegenheiten:
Pr. Br. Rep. 204 A, Nr. 1650
Pr. Br. Rep. 19, Pd, Nr. 2406
Pr. Br. Rep. 2 A I Hb, Nr. 1260
Pr. Br. Rep. 2 A I Hb, Nr. 1264
Pr. Br. Rep. 2 A I Hb, Nr. 938/939
Pr. Br. Rep. 27 A, Pd, Nr. 876
Pr. Br. Rep. 2 A I Hb, Nr. 681–684, 976-979
Pr. Br. Rep. 2 A Karten, Nr. 4476/1 — 4476/60
Pr. Br. Rep. 2 A III, F.Nr. 15092–15095
Pr. Br. Rep. 2 A I P, Nr. 945
Pr. Br. Rep. 57, Nr. 2967/68
Pr. Br. Rep. 2 A I Hb, Nr. 1213, 238, 1282–1283, 696
Pr. Br. Rep. 2 A I, Pd, 1458
Pr. Br. Rep. 27 B, Pd, Nr. 343
Pr. Br. Rep. 2 A I, Nr. 4563, 252–255 (Med.)
Pr. Br. Rep. 2 A II, Pd, 185–186, 188–189
Pr. Br. Rep. 2 B, Nr. 1716
Pr. Br. Rep. 2 A I, Pd, Nr. 1811–1812
Pr. Br. Rep. 30, Pd, Nr. 30–35
Pr. Br. Rep. 2 A Kt, Nr. 4435/1 — 4435/13
Pr. Br. Rep. 2 A II, Pd, Nr. 55

Literatur

Arenstorff, A.v., 75 Jahre des Königlichen 1. Garde-Ulanen-Regiments, Berlin 1898

Beutner, F.W., Die Königlich-Preußische Garde-Artillerie, Berlin 1912

Brühl, Graf F.v., Übersicht der Geschichte des Königlichen Regiments der Garde du Corps von 1740 bis 1890, Berlin 1890

Chelius, O.v., Das Garde-Husaren-Regiment während der ersten 70 Jahre seines Bestehens. Bei Gelegenheit der 70jährigen Stiftungsfeier des Regiments, Berlin 1885

Chronik des Ersten-Garde-Regiments zu Fuß und dessen Stammtruppen 1675–1900, Berlin 1902

Garnisonsbeschreibungen vom Standpunkt der Gesundheitspflege aus aufgestellt, hrsg. von der Medizinal-Abteilung des Königlich Preußischen Kriegsministeriums, Bd. 6: Potsdam, Berlin 1900

Haeckel, Julius, Geschichte der Stadt Potsdam, Potsdam 1912

Haeckel, Julius, Potsdamer Riesengarde (1713–1914). 200jähriges Gedenkblatt zur Geschichte des 1. Garde-Regiments zu Fuß und der Stadt Potsdam, Potsdam 1913

Häring, O., Geschichte der Preußischen Garde, Berlin 1891

Haslingen, Graf. v., Geschichte des Kadettenhauses in Potsdam, Potsdam 1906

Horvath, K. Ch., Potsdam's Merkwürdigkeiten, Potsdam 1798

Kanis, H., Potsdamer Baukunst, Eine Darstellung ihrer geschichtlichen Entwicklung, Berlin 1926

Kania, H., Potsdam. Staats- und Bürgerbauten, Berlin 1939

Kessel, G. v., Geschichte des Königlich Preußischen Ersten-Garde-Regiments zu Fuß. 1857–1871, Berlin 1881

Krosigh, Anton v., Abriß der Geschichte des 3. Garde-Ulanen-Regiments. 4. Juli 1860 bis 4. Juli 1885, Potsdam 1885

Manger, H.L., Baugeschichte von Potsdam, Berlin-Stettin 1789–1790

Mitteilungen des Vereins für die Geschichte Potsdams, Bde. 1–5, Potsdam 1864–1872; Neue Folge. Bde. 1–8, Potsdam 1875–1941

Müller, H., Zur Geschichte der Stadt Potsdam von 1789–1871, Potsdam 1968

Nicolai, F. Beschreibung der Königlichen Residenzstädte Berlin und Potsdam und aller daselbst befindlichen Merkwürdigkeiten, Berlin 1786 (Reprint: Berlin 1968)

Paul, W., Das Potsdamer Infanterie-Regiment 9. 1918–1945. Preußische Tradition in Krieg und Frieden, Osnabrück 1983

Reinhard, C. v., Geschichte des Königlich Preußischen Ersten Garde-Regiments zu Fuß, zurückgeführt auf die historische Abstammung des Regiments vom I. Bataillon Leibgarde, dem Regiment Garde und dem Grenadier-Garde-Regiment. 1740–1857, Potsdam 1858

Rentzell, D. v., Geschichte des Garde-Jäger-Bataillons 1808–1888, Berlin 1889

Rogge, B., Die Trophäen des Preußischen Heeres in der Königlichen Hof- und Garnisonkirche zu Potsdam, Berlin 1882

Schmidt, H.C.P., Geschichte und Topographie der Königlich Preußischen Residenzstadt Potsdam, Potsdam 1825

Siegert, W., Geschichte des Königlich Preußischen Lehr-Infantriebataillon 1820–1896, Berlin 1896

Schwipps, W., Die Königliche Hof- und Garnisonkirche zu Potsdam, Berlin 1991

Versen, F.L. v., Geschichte der Unteroffizierschule in Potsdam 1824 bis 1899, Berlin 1899

Zappe, H. (Hrsg.), Die Soldatenstadt Potsdam, Berlin 1935

Preußisches Denkmal-Institut

Verein zur Erforschung Preußischer Denkmäler e. V.
Peter Wittgens, Vorsitzender
Salmstraße 37 — 41472 Neuss
☎ 0 21 31 / 8 31 08

Wir sind: Ein Zusammenschluß von »Kunsthistorikern aus Leidenschaft« zur Erforschung Preußischer Personen- und Kriegerdenkmäler bis zum Ende der Monarchie in Deutschland.
Ziel unserer Forschungsarbeiten ist die Erfassung, Katalogisierung und Erforschung Preußischer Denkmäler, sowie Aufbau und Pflege des »Zentral-Registers der Preußischen Personen- und Kriegerdenkmäler«.

Wir suchen:
— Interessierte Mitglieder, die sich aktiv an unseren Forschungsarbeiten beteiligen möchten
— möglichst detaillierte Hinweise zu noch bestehenden oder vernichteten Personen- und Kriegsdenkmälern
— Fotos und/oder alte Postkarten, auf denen Denkmäler abgebildet sind. Bitte, stellen Sie uns diese Abbildungen (auch leihweise) zur Anfertigung von Reproduktionen zur Verfügung.

Wir bieten:
— regelmäßige Informationen über den Fortgang unserer Arbeiten
— Erfahrungsaustausch im freundschaftlichen Kontakt unserer Mitglieder
— Jahreshauptversammlungen an jährlich wechselnden Orten, in denen noch heute Preußische Denkmäler erhalten sind oder die einen besonderen Bezug zur Preußischen Geschichte darstellen.

Sofern wir Ihr Interesse geweckt haben, sollten Sie an unsere Geschäftsstelle schreiben und …
— ausführliche Informationen anfordern
— Mitglied werden und gemeinsam mit uns aktiv nach Denkmälern forschen
— als Förderndes Mitglied mit einem selbst zu bestimmenden Beitrag unsere Forschungsarbeiten unterstützen.

Aufgrund der Zwecke und Ziele des Vereins (§ 1 der Satzung) wurde die Gemeinnützigkeit des Vereins vom Finanzamt Neuss I am 26. März 1991 weiterhin anerkannt. Der Verein dient wissenschaftlichen Zwecken und kann u.a. Spendenbestätigungen ausstellen, die sich steuermindernd auswirken.

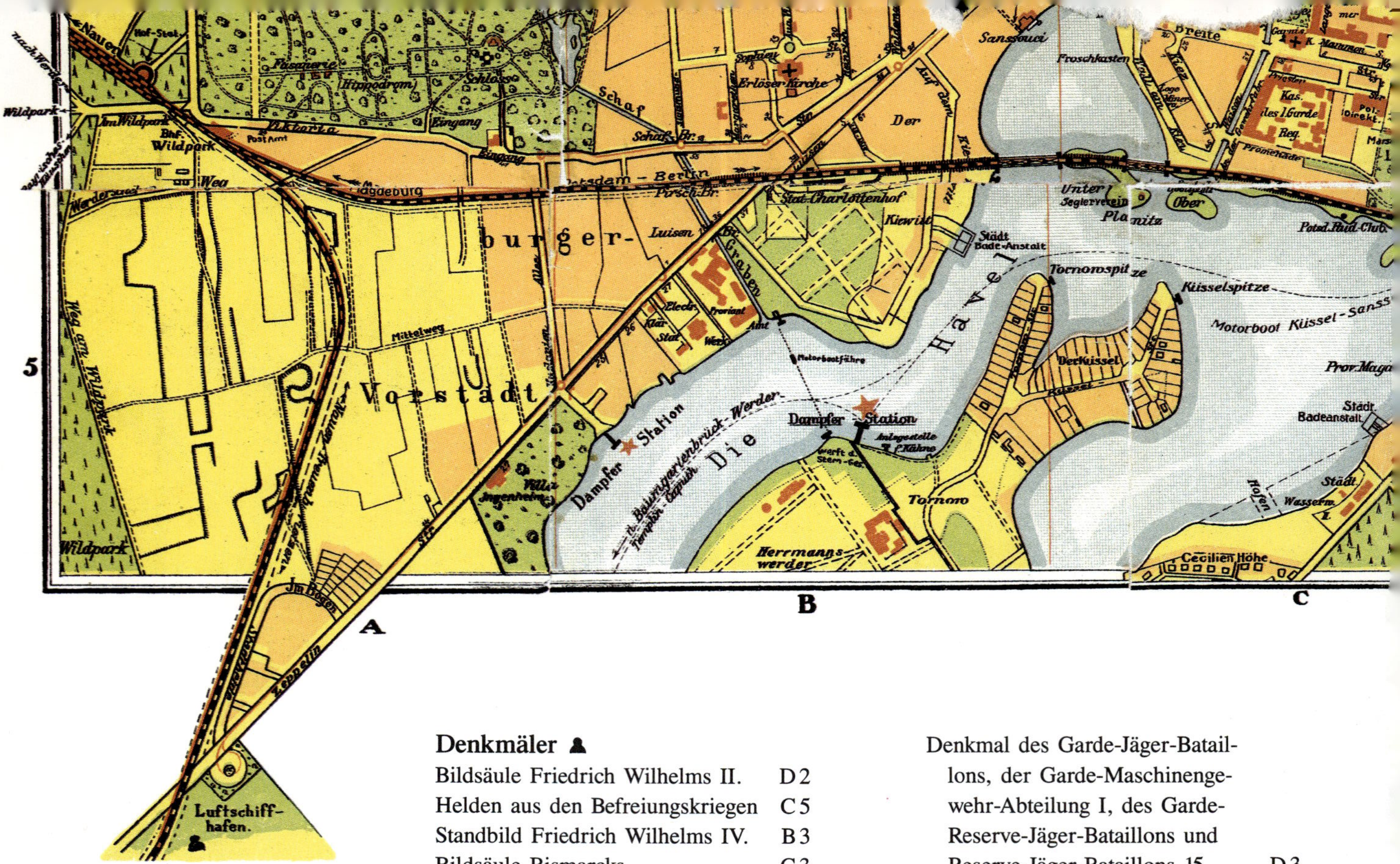

Denkmäler ♟

Bildsäule Friedrich Wilhelms II.	D 2
Helden aus den Befreiungskriegen	C 5
Standbild Friedrich Wilhelms IV.	B 3
Bildsäule Bismarcks	C 3
Eisenhart-Denkmal	C 3
Standbild Steubens	C 4
Friedrich Wilhelm I.	C 4
Reiterstandbild Friedrichs des Großen	B 3
Standbild Friedrichs des Großen	C 4
Standbild Friedrichs des Großen	B 3
Standbild Friedrich Wilhelms III.	C 4
Reiterstandbild Kaiser Wilhelms I.	C 4
Standbild Kaiser Friedrichs III.	C 4

Kriegerdenkmäler ♟

Denkmal des 1. Garde-Regiments zu Fuß und des 1. Garde-Reserve-Rgts.	C 4
Denkmal des Garde-Jäger-Bataillons, der Garde-Maschinengewehr-Abteilung I, des Garde-Reserve-Jäger-Bataillons und Reserve-Jäger-Bataillons 15	D 3
Denkmal des 2. und 4. Garde-Feld-Artillerie-Regiments	C 3
Denkmal des Leib-Garde-Husaren-Regiments	D 3
Denkmal des 1. Garde-Ulanen-Rgts.	C 3
Denkmal des 3. Garde-Ulanen-Rgts.	C 3
Denkmal des Regiments Garde du Corps	D 2
Denkmal des Lehr-Infanterie-Regiments	D 5
Denkmal für die Unteroffiziersschüler	C 3
Denkmal für die Deutschen Kraftfahrtruppen	C 6

Alphabetisches Straßen- und Plätze-Verzeichnis

Albrechtstr. . . . . D 2
Alexandrinenstr. . . . C 3
Alleestr. . . . . . C 2
Allee nach Sanssouci . B 4
An der Aufschwemme C 4
Augustastr. . . . . C 3
Auguste Viktoria-Str. . B 4
Babelsberger Str. . . D 4
Bäckerstr. . . . . . C 4
Bahnhofstr. . . . . D 5
Bassin, am . . . . C 3
Behlertstr. . . . . . C 3
Bergholz-Str. . . . . D 5
Bergstr. . . . . . . C 3
Berliner Str. . . . . D 4
Bertinistr. . . . . . D 1
Beyerstr. . . . . . . C 2
Birkenstr. . . . . . C 2
Bismarckstr. . . . . C 3
Blücherplatz . . . . D 4
Brandenburger Str. . . C 4
Brauerstr. . . . . . D 4
Brauhausberg, am . . C 5
Breite Str. . . . . . C 4
Burggrafenstr. . . . D 3
Burgstr. . . . . . . D 4
Cecilienhöhe . . . . C 5
Cecilienstr. . . . . D 2
Charlottenstr. . . . . C 4
Drewitzer Str. . . . . D 5
Ebräerstr. . . . . . C 4
Eisenhartstr. . . . . C 3
Elisabethstr. . . . . D 4
Fischerstr., Große . . D 4
do. Kleine . . D 4
Französische Str. . . D 4
do. Kirche . . D 4
Friedrichstr. . . . . D 4
Gardedukorpsstr. . . D 4
Gewehrfabrik, a. d. . C 4
Gottschalk. Privatstr. . C 3
Grünstr. . . . . . . D 4
Heiligegeistkirche a. d. D 4
Heiligegeiststr. . . . D 4
Heinrichstr. . . . . B 4
Helmholtzstr. . . . . D 3
Hessestr. . . . . . C 2
Hoditzstr. . . . . . C 4
Hohenzollernstr. . . . C 4
Hohewegstr. . . . . C 4
Holzmarktstr. . . . . D 3
Humboldtstr. . . . . C 4
Jägerallee . . . . . . C 3
Jägerstr. . . . . . . C 4
Junkerstr. . . . . . . C 3
Kaiserstr. . . . . . . C 4
Kaiser Wilhelm-Str. . . C 3
Kanal, am . . . . . . C 4
Kapellenbergstr. . . . C 2
Karlstr. . . . . C 3
Kasernenstr. . . . . . C 4
Kastanienallee . . . . A 5
Kiewitt, auf dem . . . B 4
Kiezstr. . . . . C 4
Kirchstr. . . . . . . C 4
Königstr., alte . . . D 5
Königstr., neue . . . DE 5
Kolonie Daheim . . . E 5
Kreuzstr. . . . . . . C 5
Kriewitzstr. . . . . . D 4
Kronprinzenstr. . . . B 4
Küsselstr. . . . . . . C 5
Kurfürstenstr. . . . . C 3
Leipziger Str. . . . . C 5
Lennéstr. . . . . . . B 4
Lindenstr. . . . . . . C 4
Luckenwalder Str. . . D 5
Luisenplatz . . . . . C 4
Luisenstr. . . . . . . B 4
Mammonstr. . . . . . C 4
Mangerstr. . . . . . D 3
Margaretenstr. . . . B 4
Marienstr. . . . . . B 3
Marienstr. Feldweg C 3
hinter der Marienstr. C 3
Markgrafenstr. . . . D 3
Markt, am alten . . . C 4
Markt, am neuen . . C 4
Metzstr. . . . . . . D 2
Mirbachstr. . . . . . D 2
Mittelstr. . . . . . . C 3
Moltkestr. . . . . . C 3
Mühlenweg I u. II . . D 2
Nauener Str. . . . . C 4
Nedlitzer Str. . . . . C 1
Neuer Garten . . . . D 2
Observatorium . . . . D 5
Packhofstr. . . . . . D 4
Palais, neues . . . . A 3
Parkstr. . . . . B 3
Persiusstr. . . . . . C 2
Pfingstberg . . . . . C 1
Priesterstr. . . . . . C 4
Roonstr. . . . . D 3
Ruinenberg . . . . . B 2
Russische Kolonie . . C 2
Saarmunder Str. . . . D 5
Sanssouci-Park . . . B 3
Scharrnstr. . . . . . C 4
Schiffbauergasse . . . D 3
Schloßstr. . . . . . . C 4
Schockstr. . . . . . . C 4
Schulstr. . . . . . . D 2
Schützenplatz . . . . D 5
Schützenstr. . . . . C 5
Schwanenallee . . . . E 2
Schwertfegerstr. . . . C 4
Seestr. . . . . D 2
Sedanstr. . . . . . . E 2
Siefertstr. . . . . . C 4
Sigismundstr. . . . . B 4
Sophienstr. . . . . . B 4
Spandauer Str. . . . C 3
Spichernstr. . . . . D 2
Spornstr. . . . . . . C 4
Stiftstr. . . . . B 4
Straßburg-Str. . . . . D 2
Teltow-Str. . . . . . D 5
Tornow-Str. . . . . . B 5
Türkstr. . . . . D 4
Viktoriastr. . . . . . A 4
Waisenstr. . . . . . C 4
Wall am Kiez . . . . C 4
Waldemarstr. . . . . B 4
Weinmeisterstr., Gr. . D 1
do. Kl. . . C 2
Weißenburger Str. . . D 2
Werderscher Weg . . A 5
Wildpark, am . . . . A 4
Wilhelmplatz . . . . C 4
Wollnerstr. . . . . . D 3
Wörther Str. . . . . E 2
Yorkstr. . . . . D 4
Zimmerstr. . . . . . B 4
Zeppelinstr. . . . . . A 5

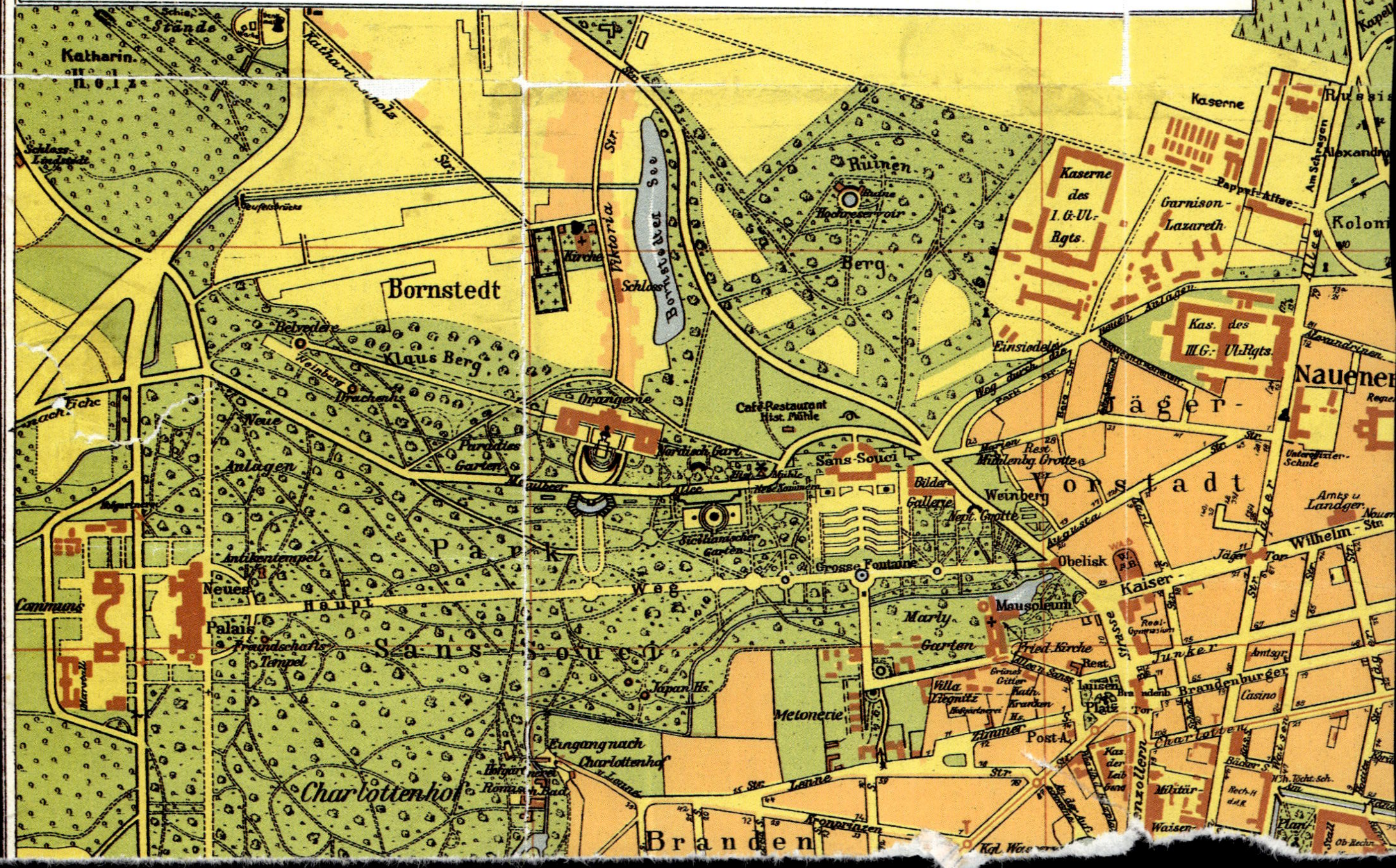

Vorstadt
Der heilige See
Berliner Vorstadt
Der Neue Garten
Jungfern See
Der tiefe See
Park Babelsberg
Park des Prinzen Leopold
Strasse 80
Berliner Str.
Städt. Wasserw. I
n. Nedlitz
nach Sacrow-Moorlake-Pfaueninsel
Der Königswald
Teltow Kanal
Schwanen Br.
Matrosen Stat.
Glienicker Brücke
Marmor Palais
Kaserne der Garde du Corps
Kaiserin Augusta Stiftung
Jägerhof
Miramare
D
E
3
2
1

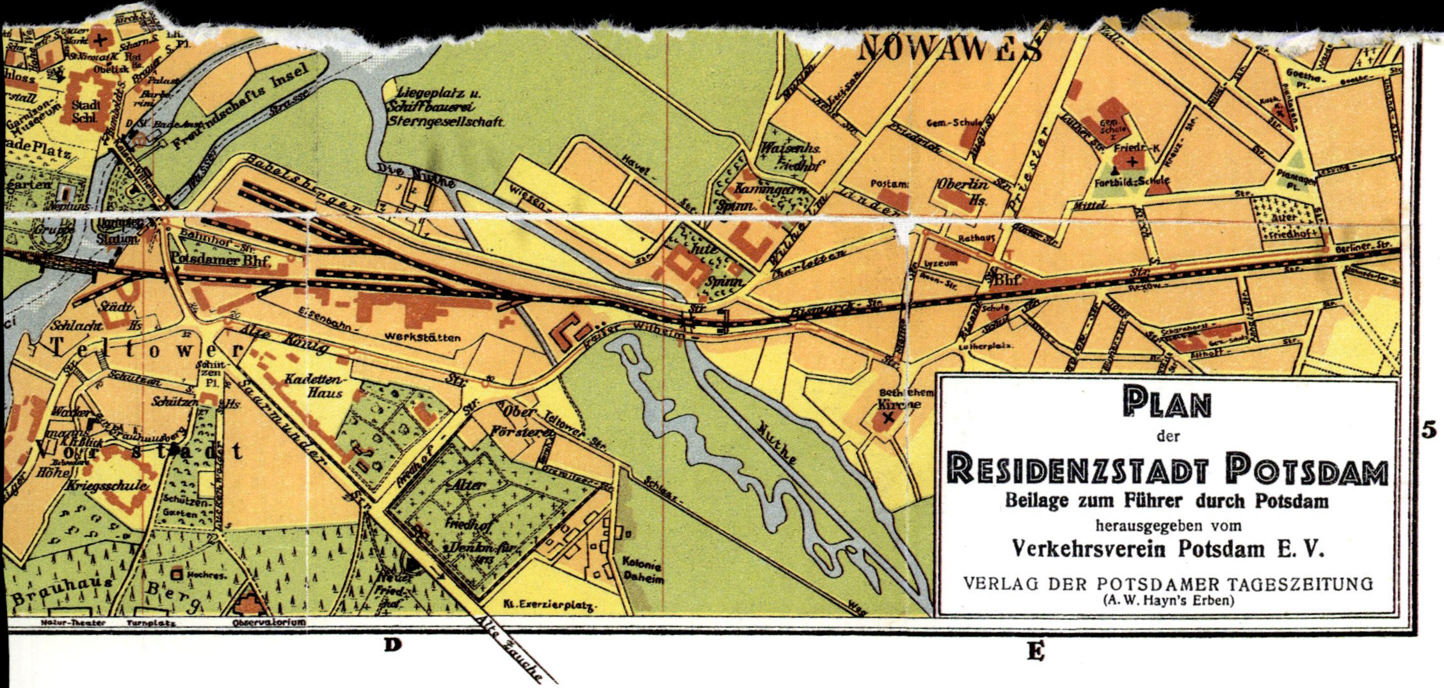

Denkmal für die Gefallenen des Sanitätskorps D 5

Gefallenendenkmal auf dem Bornstedter Friedhof B 2

Allgemeines Kriegerdenkmal auf dem Luftschiffhafen A 6

Denkmal für die Gefallenen von 1813 D 5

Denkmal für die Gefallenen des 1. Garde-Regiments zu Fuß von 1870/71 A 2

Militärbauten

Die Kasernen des 1. Garde-Regiments zu Fuß C 4

Die Kasernen des Regiments Garde du Corps D 3

Die Kasernen des Leib-Garde-Husaren-Regiments D 3

Die Kasernen des 1. Garde-Ulanen-Regiments B/C 2/3

Die Kasernen des 3. Garde-Ulanen-Regiments C 3

Die Kasernen des Garde-Jäger-Bataillons D 4

Das Lehr-Infanterie-Bataillon und seine Kasernen A 3

Die Kasernen des 2. und 4. Garde-Feldartillerie-Regiments C 1

Die Kasernen der Leibgendarmerie C 4

Die Garde-Jäger zu Pferde und ihre Kasernen C 3

Die Kriegsschulen C/D 5

Die Unteroffiziersschulen C 3

Das Große Militärwaisenhaus C 4

Das Kadettenhaus D 5

Die Lazarette C 2/3

Die Kommandantur C 4

Die Hof- und Garnisonskirche C 4

Die Gewehrfabrik C 4

Das Landwehrzeughaus D 4

Das Militärarresthaus und das Militärgerichtslokal D 4

Die Garnisonwaschanstalt D 3

Die Garnisonschwimmanstalt D 3/D 4

Das Proviantamt und die Garnisonbäckerei B 4/B 5

Die Königliche Matrosenstation E 2

Die Wachen/Stadttore C 4/C 3/D 4

Die Exerzierplätze BC/ 1/2

Die Schießstände A 2

Die Alte- oder Königswache C 4

V Lokalisierung und Veränderungen von Potsdamer Straßennamen seit 1900 (*Auszug*)

— Berliner Kommunikation — Türkstraße
— Nauener Kommunikation — Türkstraße (heute nicht mehr vorh.)
— Jäger Kommunikation — (um Jägertor — Richtung Lindenstraße)
— Neustädter Kommunikation — Hohenzollernstraße — Schopenauer Straße
— Brandenburger Kommunikation — (um Brandenburger Tor bis Kaiser-Wilhelm-Straße) — (zur) Schopenhauer Straße
— Kaiser-Wilhelm-Straße — Hegelallee
— Neue König Straße
— Berliner Straße
  — Berliner Straße
— Am Kanal — (Yorckstraße z.T./z.T. Heinrich-Rau-Allee) der Teil Heinrich-Rau-Allee wieder: — Am Kanal
— Waisenstraße — Dortustraße
— Spornstraße
— Mangerstraße
— Am Ruinenberg — Pappelallee
— Königsweg — Voltaireweg
— Lindenstraße — Otto-Nuschke-Straße — Lindenstraße
— Breite Straße — Wilhelm-Külz-Straße — Breite Straße
— Alte Luisenstraße — Luisenstraße — Leninallee — Zeppelinstraße
— Neue Luisenstraße — Zeppelinstraße — Leninallee — Zeppelinstraße
— Luisenplatz — Platz der Nationen — Luisenplatz
— Wilhelmplatz — Platz der Einheit
— Priesterstraße — Bauhofstraße — Hennig-von-Tresckow-Straße
— Brandenburger Straße — Klement-Gottwald-Straße — Brandenburger Straße
— Charlottenstraße — Wilhelm-Pieck-Straße — Charlottenstraße
— Saarmunder Straße — Heinrich-Mann-Allee

— Garde-du-Corps-Straße — nicht mehr vorhanden
— Kronprinzenstraße — Feuerbachstraße
— Kurfürstenstraße — Straße der Jugend — Kurfürstenstraße
— Markgrafenstraße — Leiblstraße
— Burggrafenstraße
— Junkerstraße
  — Gutenbergstraße
— Moltkestraße — Hebbelstraße
— Burgstraße
— Blücherplatz — nicht mehr existent
— Sophienstraße — Meistersingerstraße
— Augustastraße — Weinbergstraße
— Augusta-Victoria-Straße — Nansenstraße
— Margarethenstraße — Carl-von-Ossietzky-Straße
— Sigismundstraße — Hans-Sachs-Straße
— Französische Straße — Joliot-Curie-Straße — Französische Straße
— Roonstraße — Hans-Thoma-Straße
— Bismarckstraße — Straße der Jungen Pioniere — Berta-von-Suttner-Straße
— Wollnerstraße — Otto-Nagel-Straße
— Heiligegeiststraße — Walter-Junker-Straße
— Friedrichstraße — Posthofstraße
— Friedrich-Wilhelm-Straße — Bornstedter/Potsdamer Straße
— Kastanienallee — Prof.-Ludschuweit-Allee — Kastanienallee
— Alte König-Straße/Kaiser-Wilhelm-Straße — Friedrich-Engels-Straße
— Nauenerstraße
— Spandauer Straße
  — Friedrich-Ebert-Straße
— Schockstraße — Hermann-Elflein-Straße
— Spichernstraße — Rubensstraße
— Sedanstraße — Rembrandtstraße
— Weißenburger Straße — Ludwig-Richter-Straße
— Wörther Straße — Menzelstraße

VI Danksagung

Für Hinweise und Anregungen sowie die Verfügungstellung von Dokumenten, Fotos, Karten, Bücher, Sachzeugen und andere Informationen danken die Autoren neben den Damen und Herren des Stadtarchives Potsdam sowie dem Brandenburgischen Landeshauptarchiv Potsdam vor allem Frau Dr. Ursula Schwerk, Frau Ellen Stippler, Frau Hildegard Zache, Herrn Georg Ortenburg, Herrn Kapitänleutnant Ulrich Fügenschuh, Herrn Peter Kulling und Herrn Dr. Peter Hoch.

PLAN DER RESIDENZSTADT POTSDAM.

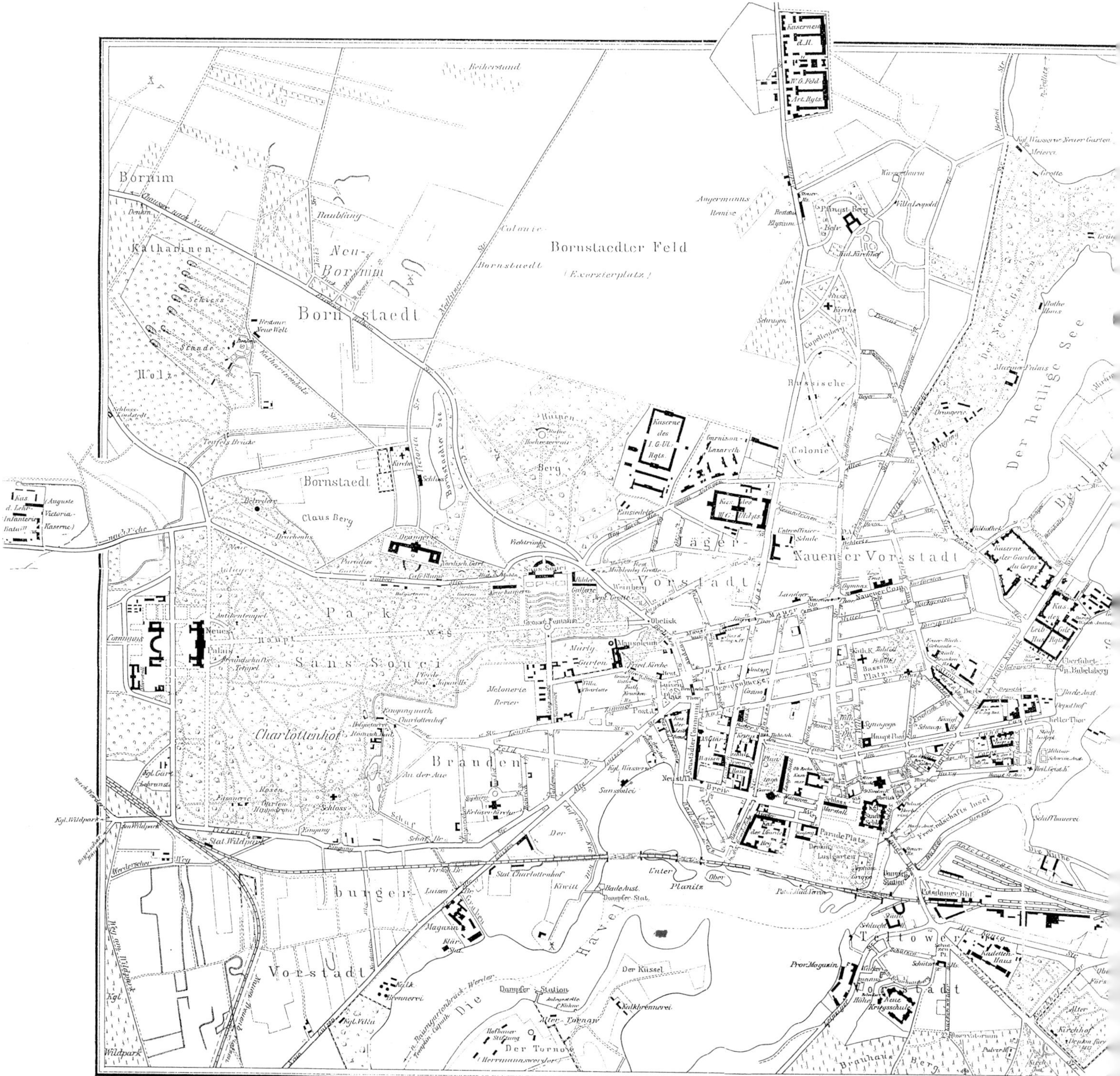